동유럽의 공산주의 유산

청산할 것인가, 기억할 것인가?

동유럽발칸연구소 인문사회연구소사업단 총서4

동유럽의 공산주의 유산

청산할 것인가, 기억할 것인가?

초판 1쇄 인쇄 2022년 1월 24일
초판 1쇄 발행 2022년 2월 3일

지은이 김신규, 김용덕, 김종석, 김지영, 이하얀, 김철민, 이선필, 송병준, 김상원

펴낸곳 인문과교양
주소 (02001) 서울특별시 중랑구 중랑천로 358-6
전화 02-3144-3740
팩스 031-655-3740

ISBN 979-11-85939-85-8 (03920)

이 도서는 2019년 대한민국 교육부와 한국연구재단 인문사회연구소지원사업 지원을 받아 출판되었습니다(NRF-2019S1A5C2A02083167).

Communist Legacies in East Central Europe

동유럽발칸연구소 인문사회연구소사업단 총서4

동유럽의 공산주의 유산

청산할 것인가, 기억할 것인가?

김신규, 김용덕, 김종석, 김지영, 이하얀, 김철민, 이선필, 송병준, 김상원

SINCE 2013

인문과교양

서문

1989년을 전후해 동유럽 각국은 체제전환을 추진하면서 민주화와 시장경제 도입의 문제와 함께 공산주의 시기의 부정적 유산을 어떻게 처리할지의 문제에 직면했다. 여기에는 옛 정권의 불법적인 행위, 인권 탄압, 부당한 억압, 재산 몰수와 직업 차별 등과 같이 다양한 형태로 자행되었던 부정을 처벌하거나 바로잡고 새로운 정의를 세우는 소위 이행기 정의(transitional justice)가 포함되어 있었다. 체제전환 이후 지속적으로 민주화를 추진하고 민주주의를 공고화하기 위해서는 옛 정권 시기의 가해자를 밝혀내 이들을 처벌하거나 아니면 적어도 가해자가 누구인지를 밝혀내고 희생자를 복권하는 정의 구축 작업이 필요하기 때문에 그 형식과 내용에서는 차이가 있을지 모르지만 거의 모든 국가에서 이행기 정의를 추진했다.

이행기 정의는 옛 억압 정권이 행한 불법적인 행위에 대한 법적 처벌은 물론 새로운 체제에서 옛 정권이 다시 집권하는 것을 막고 또 피해자의 재산이나 직업을 반환·복권함으로써 정의를 구현하는 것을 의미한다. 그렇지만 탈공산주의 동유럽 국가들이 선택한 이행기 정의 메커니즘은 국가별로 상이했다. 동독과 체코슬로바키아는 옛 정권의 고위 관료와 비밀경찰 그리고 그 협력자들을 공직에서 배제하는 정화(lustration)와 비밀문서를 공개하는 방식을 선택했다. 동시에 양국은 일부이긴 했지만 옛 정권의 불법 행위에 대한 기소와 처벌도 시도했다. 폴란드와 헝가리는 동독과 체코슬로바키아에 비해서 뒤늦게 비밀문서를 공개하고 일부 인사를 공직에서 배제하거나 혹은 자진 사퇴하도록 유도했다. 반면, 국가 분리 이후 슬로바키아나 옛 유고슬라비아 계승 국가 중 하나인 슬로베니아는 사법적 책임을 묻기 위한 기소와 처벌, 인사 검증을 통한 공직 배제보다는 옛 정권의 부정의를 밝히면서도 이를 용서하는 방법을 선택했다.

탈공산주의 동유럽 국가들이 서로 다른 이행기 정의 메커니즘을 선택한 배경에는 개별 국가가 경험했던 옛 공산정권의 특성, 공산정권이 무너지고 새로운 민주정권이 들어서는 민주화의 유형, 체제전환 이후 옛 공산계와 새로운 엘리트들이 차지하고 있던 권력의 정도 그리고 옛 정권에 대한 시민들의 인식 차이 등이 있다.

우선 공산주의 시기에 정권이 반대파의 목소리에 어떻게 대응했는지를 고려할 수 있다. 공산정권이 이들을 탄압한 경우에는 체제전환 이후에 집권한 반대파가 옛 정권의 유산을 제거하려는 강한 의지를 드러낼 수 있다. 반면, 공산정권이 반대세력의 목소리를 용인하고 정권에 대한 비판에 귀를 기울였다면 체제전환 이후 새로운 엘리트들은 옛 정권에 대한 처벌이나 검증에 별다른 관심을 두지 않을 수 있다.

민주화의 유형도 탈공산주의 동유럽 국가들의 이행기 정의 메커니즘 선택에 영향을 끼칠 수 있다. 일반적으로 공산정권이 무너지고 민주정권이 들어서는 유형은 아래로부터의 혁명, 공산정권과 반공산 민주세력 사이의 타협 그리고 공산정권 스스로가 새로운 체제로 진화하는 위로부터의 개혁으로 구분된다. 이때 아래로부터의 혁명에 의해 공산정권이 쫓겨나고 새로운 민주 정부가 들어선다면 새로운 엘리트들은 과거와의 단절을 위해 옛 공산정권의 유산을 청산할 의지가 강할 것이다. 그 반대로 위로부터의 개혁을 통해 민주화가 진행되는 경우에는 새로운 체제에서도 살아남은 옛 공산 엘리트가 스스로를 사면하거나 아니면 용서할 기회가 많아진다.

그러나 실제로 탈공산주의 동유럽에서의 과거청산 혹은 이행기 정의는 '과거의 정치'라기보다는 '현재의 정치'에 영향을 받을 수밖에 없다. 즉, 체제전환 이후의 선거에서 공산계 엘리트와 민주계 엘리트 사이의 권력 배분이 공산계 엘리트 쪽으로 기울어질 경우 옛 정권의 유산을 용서하고 잊기를 선택할 가능성이 있고 반대로 민주계 엘리트 쪽으로 기울어질 경우에는 옛 정권의 유산을 청산할 기회가 많아진다.

이처럼 탈공산주의 동유럽 각국은 옛 공산정권의 특성, 민주화의 유형, 체제전환 이후 공산계와 민주계의 상대적 권력 배분이라는 요인에 의해 기소와 처벌, 인사 검증을 통한 정화, 옛 정권의 비밀문서에 대한 접근, 옛 정권에 대한 상징적 비판, 피해자들에 대한 배상과 복권 그리고 마지막으로 용서와 잊기를 선택했다. 그러나 이러한 여러 유형의 이행기 정의 메커니즘이 상호 분리되어 존재했던 것이 아니라 상호 연결되어 있었고 현실에서는 여러 가지 유형이 서로 얽혀 동시에 추진되었다.

탈공산주의 동유럽 각국이 선택한 이행기 정의 메커니즘 중에서 가해자를 기소하고 처벌하는 '사법 정의'는 현실에서는 상당히 드물었다. 사법 정의는 가해자의 위법한 행위에 대한 책임을 묻는 것이지만, 여기에 한정되지 않고 옛 정권의 정당성을 없애고 새로운 민주정권의 정당성을 높이기 위한 목적도 지니고 있었다. 그러나 이미 많은 시간이 흘러 옛 정권이 자행했던 위법 행위를 처벌할 수 있는 법적인 시효가 만료되었을 가능성도 있고, 사법 정의 자체가 소급적인 성격이기 때문에 정치적 보복으로 악용될 소지도 있었다. 따라서 설령 각국의 새로운 엘리트들이 사법 정의를 원했다고 해도 현실에서는 그것을 강력하게 추진할 수 없었다.

'정화'로 대표되는 인사 검증은 고위 공식자의 과거 행적을 추적하여 부적격자들을 새로운 민주체제의 고위 직책에서 배제하는 방법이었다. 특히 여전히 민주주의가 취약한 체제전환 직후에는 민주화를 추진하고 국민적 통합을 도모하기 위해서라도 옛 공산정권과 관련된 인사들을 중요 공직에서 배제할 필요가 있었다. 이 경우 어떤 지위의 공직자를 대상으로 할 것인지 그리고 어떠한 기준을 통해 검증할 것인지가 문제가 되었다. 옛 공산정권에서 활동하던 당-국가 관료, 경찰, 군부 전원을 대상으로 할 것인지, 아니면 특정 인사를 대상으로 할 것인지, 만약 특정 인사를 대상으로 한다면 해당 인사를 검증하기 위해 어떤 자료를 활용할 것인지 등에 대한 복잡한 문제가 남아 있었다. 탈공산주의 동유럽 각국은 행정·사법·입법부뿐만 아니라 경찰, 군부, 미디어의 고위직을 대상으로 옛 비밀경찰과 협력했는지 그리고 이들이 옛 정권에서 불법행위를 저지르고, 숙청과 발포와 같은 억압과 대규모 학살이 관여했는지 여부를 검증하고 이를 공직 배제 및 사법 정의의 근거로 삼았다.

검증의 근거는 '비밀경찰의 파일'이었다. 이때 이 파일은 인적인 청산을 위한 검증 자료로도 활용되었지만 동시에 사회 전체적으로 옛 정권이 덮어 두었던 비밀을 공개함으로써 왜곡되고 감춰진 진실을 밝히는 더 큰 목적으로 사용되었다. 일반적으로 공산정권의 범죄행위는 비밀스럽게 진행되어 그 진실이 무엇인지, 희생자는 누구이고 가해자는 누구인지가 모호한 경우가 많았다. 또한 범죄행위를 숨기기 위해 역사를 왜곡하고 부정을 정의로 곡해하는 경우가 많아 동유럽 각국에서는 역사를 바로 세우고 정의를 구축하기 위해서라도 옛 비밀정보와 파일을 공개하는 것을 가장 중요한 이행기 정의 메커니즘으로 인식했다. 이를 통해 범죄행위를 자행한 가해자를 밝혀내 처벌하거나 인사 검증을 할 수도 있고 피해자가 누구인지를 확인해 이들에게 재산을 반환하고 이들의 직업과 명예를 복권할 수도 있었다. 탈공산주의 동유럽에서는 국가기억원 혹은 공산정권범죄기록조사부 등과 같은 기구를 두어 가해자와 피해자를 밝혀내고 역사를 바로잡는 역할을 담당하도록 했으며, 일부 국가에서는 이 기구가 가해자들에 대한 법적 처벌을 주도하기도 했다.

이러한 배경에서 본서에서는 탈공산주의 동유럽 각국이 어떠한 요인에서 어떤 유형의 이행기 정의 메커니즘을 선택하고 시행했는지를 파악하기 위해 폴란드, 체코와 슬로바키아, 헝가리, 발트 3국 등 모두 11개국의 과거청산 혹은 이행기 정의 사례를 분석했다. 각 사례연구의 저자는 역사학, 정치학, 경제학, 문화학 전공자로 자신이 전공한 분과학문의 시각에서 선택한 사례의 체제전환, 과거청산, 이행기 정의 문제를 다루었다. 어떤 경우에는 역사적인 서술을 중심으로 과거청산의 과정과 그 결과에 초점을 두기도 했으며, 어떤 경우에는 체제전환 전후의 정치적인 맥락에서 이행기 정의 메커니즘의 선택 과정에, 또 어떤 경우에는 경제적인 측면에서 계획경제에서 시장경제로의 이행에 초점을 맞추어 경제의 단절과 불연속성을 강조하기도 했다.

제1장 '1989년 공산주의 붕괴 이후 폴란드의 체제 청산'에서 한국외국어대학교 폴란드어과 김용덕, 김종석 교수는 정보기관의 문서고 개방과 이를 담당하는 국가기억원의 활동에 초점을 맞추었다. 특히 저자들은 체제전환 이후 옛 공산계 엘리트가 정권을 차지했기 때문에 공산정권 시기의 불법행위에 대한 기소와 처벌을 하지 못했다고 지적하면서도 국가기억원 설립과 비밀문서 공개법을 통해 옛 정권에서의 인권 유린 행위와 반대파를 탄압한 자들을 밝혀내는 데는 성공했다고 강조한다. 즉, 저자들은 기소-처벌을 통한 사법 정의 구현에 실패한 원인은 폴란드의 민주화가 옛 정권과 반대파의 타협을 통한 체제전환으로, 이 과정에서 옛 정권이 지분을 확보했고 더군다나 이들이 곧 정권을 차지했기 때문이라고 평가한다. 마지막으로 저자들은 반공산주의를 외쳤던 바웬사(L. Walesa)의 의심스러운 과거 행적을 거론하면서 불완전한 폴란드 과거청산의 또 다른 단면을 파악할 수 있는 기회를 제공하고 있다.

제2장 '체코와 슬로바키아의 이행기 정의: 정화와 비밀문서 공개'에서 한국외국어대학교 동유럽발칸연구소 김신규 박사는 과거청산 혹은 이행기 정의의 내용을 옛 정권의 불법행위에 대한 기소와 처벌, 가해자를 공직에서 배제하는 정화(lustrace), 과거의 부정을 공개하고 역사를 바로 세우기 위한 진실 찾기(비밀문서 공개), 과거에 불법적으로 몰수했던 재산

과 직업을 되돌려 주는 반환과 복권 그리고 용서와 화해하기로 구분하면서, 체코와 슬로바키아의 사례에서는 정화와 파일 공개가 가장 중요한 이행기 정의 메커니즘이었다고 강조한다. 또한 저자는 단일국가였던 체코와 슬로바키아가 1993년 국가 분리 이후 완전히 상이한 이행기 정의 메커니즘을 선택한 원인과 그 과정을 분석하면서 옛 공산정권의 특성과 민주화의 과정이 동일했기 때문에, 상이한 이행기 정의의 원인을 체제전환 이후 옛 공산정권 엘리트와 새로운 민주 엘리트 사이의 권력 배분 그리고 옛 정권의 정당성에 대한 인지도 차이로 파악한다.

제3장 '과거와의 단절, 미래로의 연결: 체제전환 이후 헝가리 역사 교과서의 내용 변화'에서 숭실대학교 김지영 교수는 역사 교과서 재서술이 과거사 정리에 있어 가장 효율적이고도 적극적인 방안이라고 강조한다. 저자는 공산정권 시기 정권의 이데올로기를 정립하는 역할을 한 역사서술이 많은 오류와 왜곡을 낳았다고 평가한다. 반면, 체제전환 이후에는 옛 정권 시기의 왜곡된 역사서술에서 벗어나 보다 객관적으로 역사를 연구하고 기록하려는 시도가 나타났고, 동시에 옛 정권에서 기밀로 분류되었던 자료가 공개되고 외국의 자료와 정보에도 접근할 수 있게 되어 올바른 현대사 연구와 기록이 가능해졌다고 진단한다. 따라서 저자는 헝가리와 같이 20세기에 들어 여러 차례 급격한 정치변동과 함께 집권 세력의 이데올로기 변화가 뚜렷했던 사례에서는 올바른 역사서술과 역사 읽기를 통해 특정 이데올로기 편향적인 역사를 바로잡고 옛 정권의 부정적 유산을 떨쳐 내는 것이 중요하다고 강조한다.

제4장 '불가리아의 공산체제에 대한 과거청산 과정'에서 한국외국어대학교 EU연구소 이하얀 박사는 체제전환 직후 불가리아에서는 공산정권

과 소련의 지배를 상징하는 레닌 동상을 철거하고 헌법에 명기되어 있던 '공산당의 주도적 역할' 조항을 삭제했으며 또 일부 인적 청산을 추진했지만, 전체적으로 볼 때 불충분하고 불완전한 과거청산을 했다고 평가한다. 저자는 그 원인은 무엇보다도 체제전환으로 공산 엘리트가 사라진 것이 아니라 오히려 개혁 공산당으로 변신해 정권을 차지했기 때문이라고 판단한다. 1992년과 1997년에 인사 검증을 위한 법이, 그리고 1997년과 2006년에는 비밀문서와 문서고 공개법이 제정되었지만 옛 체제의 엘리트가 새로운 체제에서도 건재했기 때문에 공산정권 시기의 부정적 유산을 청산하기 어려웠다는 것이다. 저자는 불가리아는 본격적인 과거청산을 실시하기보다는 오히려 체제전환의 부정적 결과인 경제침체와 부패와 같은 보다 현실적인 문제를 해결하는 데 집중했다고 평가한다.

제5장 '유고슬라비아 체제전환의 특징과 국제사적 의미: NATO 전략 개념 변화를 중심으로'에서 한국외국어대학교 세르비아·크로아티아어과 김철민 교수는 다른 저자들의 내적 과거청산 혹은 이행기 정의 분석과는 달리 논의를 국제 수준으로 확장해 옛 공산체제의 유산을 대신할 새로운 유산으로 NATO 가입 문제를 다루었다. 저자는 특히 옛 유고슬라비아는 체제전환과 함께 유고 내전, 보스니아 전쟁, 코소보 전쟁에 이르기까지 몇 번에 걸친 전쟁을 경험했고 민족 간, 지역 간 분쟁에 시달려왔는데, 이것이 모두 옛 공산정권과 체제의 부정적 유산으로 발생한 것은 아니지만 체제전환 과정에서 이러한 비극이 발생했다는 사실은 부인할 수 없다고 지적한다. 이런 측면에서 저자는 NATO의 전략 개념 변화를 중심으로 체제전환 시기 유고슬라비아에서 나타난 주요 양상과 특징들 그리고 그 국제사적 의미에 초점을 맞춘다.

제6장 '알바니아의 체제전환: 민주주의로의 험난한 여정'에서 한국외국어대학교 이선필 박사는 동유럽 연구자들에게도 생소한 알바니아의 사례를 분석한다. 알바니아는 옛 동유럽 공산권 중에서도 가장 폐쇄적이었던 국가로 1989년 동유럽을 휩쓸었던 '세 번째 민주화 물결'의 영향을 가장 늦게 받은 국가였다. 저자는 알바니아 공산정권 몰락이 곧 민주주의와 자본주의로의 이행으로 이어진 것이 아니며, 그 과정이 인접한 탈공산주의 동유럽 국가들에 비해 느렸고 그 성과도 뚜렷하지 않았다고 평가한다. 또한 저자는 1997년 알바니아를 뒤흔들었던 피라미드 금융사기로 인해 경제와 정치가 붕괴 직전까지 이르렀다고 진단하면서 이런 배경에서 누가 공산정권의 붕괴를 주도했는지를 통해 알바니아의 뒤늦은 민주화와 경제침체 그리고 불완전하고 불충분한 과거청산을 분석한다.

제7장 '발틱 3국의 체제전환 이행과 과거청산'에서 한국외국어대학교 국제지역연구센터 송병준 교수는 옛 소련의 구성 공화국이었던 발트 3국의 체제전환을 유럽으로의 복귀와 국가건설로 파악하면서 이 과정에서 3국의 과거청산을 비교한다. 저자는 에스토니아에서는 공산당과 경제에 깊숙이 개입해 있던 러시아인 주도로 빠르고 안정적인 정치·경제 개혁과 과거청산을 실시했다고 파악한다. 또한 저자는 인구구성에서 러시아인의 비중이 큰 라트비아는 체제전환 직후 러시아인 차별정책으로 민족갈등과 정치적 혼란을 겪었지만 러시아인의 비중이 낮은 리투아니아는 비교적 빠른 체제전환을 달성하고 과거청산을 실시했다고 설명한다. 이런 배경에서 저자는 국내 러시아인의 비중과 이들의 역할 그리고 러시아인 차별정책에 따른 체제전환과 과거청산 사이의 인과관계를 분석한다.

제8장 '우크라이나의 체제전환과 사유화'에서 국민대학교 유라시아학과 김상원 교수는 정치적·법적·제도적 측면에서의 과거청산 혹은 이행기 정의가 아닌 경제전환 특히 그중에서 사유화를 통한 옛 사회주의 경제의 부정적 유산 제거에 초점을 맞춘다. 저자는 우크라이나 경제의 잠재력에도 불구하고 사유화가 실패했던 것은 곧 옛 체제와 정권의 부정적 유산을 제거하지 못했음을 보여 주는 증거라고 강조한다. 또한 저자는 올리가르히와 정치계의 결탁으로 법치가 무너지고 거래의 투명성이 무시된 가운데 진행된 사유화가 공적 자산의 사적 독점을 유도함으로써 옛 체제의 유산을 그대로 유지하는 결과로 이어졌다고 분석한다.

한국외국어대학교 동유럽발칸연구소는 지난 2019년 한국연구재단의 인문사회연구소 사업에 선정되어 동유럽 체제전환과 통합전환의 원인과 과정 그리고 그 성과를 연구하고 있다. 이 연구의 결과물 중 하나인 『동유럽의 공산주의 유산: 청산할 것인가, 기억할 것인가』는 사업단의 1단계 2차년 연구 결과를 묶은 연구소의 네 번째 총서이다. 여기에는 사업단 연구진은 물론 사업단에 직접 참여하지는 않지만 동유럽 각국을 연구하는 지역전문가들 8명의 연구 내용이 담겨 있다. 당초에는 루마니아와 옛 유고슬라비아 계승 국가 그리고 러시아와 탈공산주의 유라시아 국가의 사례도 넣을 계획이었지만 해당 지역 연구자가 부족하고 동시에 기반 연구가 많지 않은 상황에서 성급하게 모든 지역을 포괄하기보다는 서서히 그 범위를 넓혀 가는 것이 낫다는 판단으로 우선 11개국의 사례만을 다루었다. 이후의 연구에서는 동유럽뿐만 아니라 러시아와 중앙아시아 등의 다른 탈공산주의 국가 사례도 다룰 계획이다.

동유럽 인문학과 사회과학 연구자들은 동유럽이 지니는 지역적 중요성 그리고 탈공산주의 동유럽 연구가 지니는 학문적·정책적 중요성에도 불구하고 이 지역이 여전히 학문적으로나 정책적으로 큰 관심을 받지 못하는 현실에 아쉬워하고 있다. 공산체제를 경험한 동유럽 각국의 인문, 사회, 정치, 경제, 국제관계 등은 완전히 새로운 연구 대상이며, 연구의 결과는 한반도의 격변 상황에 대비할 정책 자료로 활용될 수 있기 때문에 다른 어떤 지역연구, 사례연구보다 그 중요성이 크다고 할 수 있다. 이런 측면에서 본 연구소 사업단의 연구 어젠다 '대전환기 동유럽의 탈(脫)경계와 재(再)영역화: 삶·문화·사회체제의 전이현상' 연구는 동유럽 자체에 대한 연구는 물론 향후 격변의 한반도 연구에도 큰 기여를 할 것이라고 자부한다. 국내의 동유럽 연구자 인력이 많지 않은 관계로 더 많은 사례를 다루지 못한 아쉬움도 남고 다양한 분과학문을 통한 사례 연구를 진행하지 못한 아쉬움도 있지만 본 연구소 사업단은 계속해서 국내외 동유럽 연구자들과 함께 학문연구는 물론 정책에 기여할 수 있는 다양한 활동에 매진할 것이다.

2022년 1월

9명의 저자를 대신해 김신규

목차

제2장 — 김신규

체코와 슬로바키아의 이행기 정의: 정화와 비밀문서 공개

제3장 — 김지영

과거와의 단절, 미래로의 연결 : 체제전환 이후 헝가리 역사 교과서의 내용 변화

제6장 — 이선필

알바니아의 체제전환: 민주주의로의 험난한 여정

제7장 — 송병준

발틱 3국의 체제전환 이행과 과거청산

제8장

김상원

우크라이나의 체제전환과 사유화

제 1 장

1989년 공산주의 붕괴 이후 폴란드의 체제 청산

김용덕, 김종석

1989년 공산주의가 붕괴한 후 폴란드는 체제 청산이라는 시대적 과제에 맞닥뜨리게 됐다. 공산주의 시대의 체제 청산, 특히나 이와 관련된 정보기관의 문서고 공개는 매우 복잡하고 미묘한 사안으로 드러났다. 1992년 6월 폴란드 하원에서 내무부 장관이 최초로 공산체제 청산에 관한 법안 도입을 시도하나 성공하지 못했다. 1997년 4월 11일 처음으로 폴란드 의회가 공산체제 청산에 관한 법안을 통과시켰다. 현재 폴란드의 공산체제 청산 작업은 1944~1990년의 정보기관 문서와 그 내용에 관한 정보를 공개하라는 2006년 10월 18일자 법령에 따라 진행되고 있다. 폴란드 정보부 문서고에 소장된 문서들을 어떻게 처리할 것인가 하는 사안은 국가기억원에 관한 법령이 제정되면서 해결점을 찾았다. 2000년 초대 원장이 선출되면서 국가기억원이 창설되는 과정이 시작됐다. 그리고 국가기억원은 탄생하는 순간부터 폴란드의 공산체제 청산을 주관하는 중심 기관으로 눈부신 활동을 펼치게 된다. 반면, 폴란드에서 공산정권의 범죄자들을 추적하고 심판하는 시도는 실패로 끝났다고 할 수 있다. 과거 공산정권 시절에 자행된 사건들에서 인권을 유린하고 무력을 사용한 사람들을 가려내는 데에는 성공했다. 하지만 이들에게 명령을 내린 상급 책임자들을 심판하는 데에는 실패했다.

이 장은 『동유럽발칸연구』 40권 1호(2016)에 게재된 「폴란드 체제전환과 과거사 청산 연구」를 수정 · 보완한 글이다.

1 들어가는 말

1989년 공산주의가 붕괴한 후 폴란드는 체제 청산이라는 시대적 과제에 맞닥뜨리게 됐다. 이런 체제 청산은 국가 기관이나 조직뿐만 아니라 공산정권으로부터 탄압당하고 희생을 입은 피해자들에 대한 보상, 탄압과 범죄를 저지른 자들에 대한 심판, 예전 공산정권의 정보부 요원들과 협력자들이 체제전환 이후 공직에 오르는 것을 방지하는 규정 제정, 피해자들에게 과거 이들을 대상으로 작성된 문서를 학문과 교육적 차원에서 열람할 수 있도록 하는 문제 등을 포함한다. 폴란드의 과거 공산체제 청산은 수없이 많은 피해자에게 정의를 구현시키는 것뿐만 아니라, 공산정권을 창출한 자들 그리고 이들과 협력한 자들의 권리를 박탈하고 진정한 주권 국가를 형성하는 데 있어 사회주의 이념이 남긴 유산을 정리하는 작업이기도 하다.

폴란드에서 진행된 체제 청산 과정에서 별다른 무리 없이 진행된 사안은 공산주의 시대에 정치적인 이유로 탄압받은 사람들을 복원시키는 작업이었다. 1991년 2월에 별다른 반대 없이 폴란드 하원이 공산주의 시대에 반체제 활동으로 탄압받은 사람들에게 내려진 모든 판결을 무효화하며, 이로 인해 받은 피해를 보상하는 법안을 가결했다. 이와 동시에 1991년부터 스탈린 시대에 저지른 범죄에 대한 수사 활동이 시작됐다. 이것은 1945년부터 나치 전범에 대한 추적 및 수사 활동을 시작한 히틀러 시대 범죄조사위원회를 폴란드 민족에게 반하는 범죄조사위원회로 개조한 덕분에 가능했다. 이 위원회는 폴란드인 개인이나 집단을 대상으로 1956년 12월 31일까지 폴란드 공산정권이 저지른 스탈린 범죄를 추적하고 수사하는 활동으로 연구 범위와 영역을 확대했다.

공산주의 시대의 체제 청산, 특히나 이와 관련된 정보기관의 문서고 공개 사안은 매우 복잡하고 미묘한 것으로 드러났다. 무엇보다도 공산정권 산하 정보기관의 문서고가 소장한 자료를 둘러싸고, 체제전환이 시작된 1989년 이후부터 폴란드에서 일대 논란이 벌어졌다. 이런 논란은 다음과 같은 점에서 기인했다. 우선 무엇보다 문서고를 관장하는 사람은 자연스레 과거에 관한 정보에 접근할 수 있었고, 따라서 폴란드 내 권력 투쟁에서 이런 정보를 필요에 따라 이용할 수 있기 때문이었다. 폴란드의 체제 청산 사안에서 가장 중요한 사건이 공산주의 붕괴 직후에 벌어졌다. 1989년 가을부터 수개월에 걸쳐 폴란드 정보부와 군 정보사의 본부뿐만 아니라, 산하 모든 조직에서 소장 문서들이 대거 소각되거나 파기됐다. 이 같은 소식을 접한 바르샤바 대학교의 역사학자이자 당시 교육부 장관이던, 헨릭 삼소노비츠 교수가 1990년 3월 20일에 내무부 문서고 조사를 위한 특별위원회를 조직했다. 하지만 이 위원회는 문서고의 문서 파기를 방지하는 대책 보고서를 채택하는 데 실패했다. 이 당시 얼마나 많은 그리고 얼마만큼 중요한 서류와 문서들이 파괴됐는지

폴란드 공산 정보부의 파일 소각

는 알 수가 없다. 1992년 6월 폴란드 내무부 장관이던 안토니 마치에레비츠가 최초로 하원에서 체제 청산에 관한 법안 도입을 시도하나, 이 또한 성공하지 못했다. 이 시도는 얀 올쉐프스키 내각의 붕괴로 이어지는 결과만을 낳았을 뿐이다. 이 사건 이후 폴란드 정치계에서 체제 청산 법안을 도입하는 사안은 관심 밖으로 밀려나고 말았다. 당시 폴란드 지도급 정치인들 사이에서의 지배적인 분위기가 어떠했는지는 다음과 같은 사실에서 잘 알 수 있다. 1995년 전설적인 자유노조 위원장이자 당시 대통령이던 레흐 바웬사를 누르고 신임 대통령으로 당선되는, 공산당 출신의 알렉산데르 크바시니에프스키 후보가 대선에서 내건 홍보 슬로건은 "(과거는 잊고—김용덕) 미래를 선택합시다!"로 대변된다. 이 같은 문구 뒤에는 체제 청산 작업이 시작될지도 모른다는 두려움 외에, 다음과 같은 의도도 내재해 있었다. 당시 최대 현안은 민주주의 정치 체제를 조속히 안정화하고 시장 경제 체제를 신속히 도입하며 서구와 같은 현대 사회를 단시일에 조성하기 위해 모든 힘을 동원하는 것이며, 이미 지나간 과거는 언제나 그렇듯이 국론만을 분열시킬 뿐이라고 주장하며 폴란드 국민을 현혹시키고자 한 것이다.

2 1992년의 체제 청산 시도와 올쉐프스키 내각 해임

폴란드에서 공산체제 청산은 1992년과 1997~2007년 두 번에 걸쳐 시도됐다. 폴란드의 공산체제 청산은 국가 공공 직무를 수행하는 사람을 그 대상으로 하고 있다. 다시 말해 국가 공무원직을 수행하고 있거나 이런 직무에 임명될 후보자들을 대상으로, 1944~1990년 사이 정보부 조직에서 근무했거나 이늘 기관과 협력한 사실을 밝혀내는 과정을 가리킨다.

1991년 12월 10일에 폴란드독립연합 정당이 체제전환 이후 최초로 소집된 의회에서 보상에 관한 법률 초안을 제출하면서, 폴란드에서 공산체제 청산이 처음으로 시도됐다. 이 법률 초안의 5항 6조는 정보 조직이나 군대를 포함하는 공공 기관에 소속된 사람이나, 아니면 실질적으로 이런 기능을 수행하는 사람 또는 이들 기관과 협력하거나 감독하는 사람들을 대상으로 특별 확인 절차를 거치는 것을 의무화했다. 이런 절차 과정에서 범죄 의혹이 밝혀지는 경우, 관련자 사안을 법원으로 이송하도록 했다. 이 외에도 구체적인 세부 사항은 별도의 법률로 규정지었다. 하지만 1992년 1월 31일에 있은 첫 번째 의회 낭독에서 이미 이 법안은 거부되고 말았다.

그러나 1992년 5월 28일 현실정치연합 정당의 대표인 야누쉬 코르빈-미케가 제안한 법안을 하원이 가결하면서, 마침내 폴란드에서 최초로 체제 청산 과정이 시도됐다. 이 법안의 목적은 "특정 공공 직무를 수행하는 사람들을 대상으로, 이들이 1945~1990년 사이에 정보부와 협력했는지 여부에 관한 정보를 내무부 장관이 조사하여 발표하는 것을 의무화"했다. 다시 말해, 이 법안의 골자는 내무부 장관이 1945~1990년 사이 정보부 기관과 협력한 상·하원 의원, 장관, 주지사, 판사, 검사들의 이름을 공개하라고 행정 명령을 내리는 데 있었다. 이 법안에서 군 정보부 협력자들은 제외됐다. 이 법안은 정보부와 협력한 사람들을 가려내는 데 있을 뿐이며, 이들이 별다른 처벌을 받지 않는다고 밝혔다. 그로부터 며칠 뒤에 소위 '파일들의 밤'이라 불리는 사건이 터지며, 체제 청산 작업을 주관하던 올쉐프스키 정부가 해산됐다. 내각 해산을 둘러싸고 올쉐프스키를 지지하는 체제 청산 찬성파와, 레흐 바웬사 대통령을 선두로 하는 반대파 사이에서 격렬한 논쟁이 벌어졌다. 반대파들은 소수 연립의 내각을 유지하려는 목적으로 체제 청산 법안을 이용한다며, 올쉐프스키 총리와 마치에레비츠 내무부 장관을 비난했다. 반면, 지지자들은 공산 시대에 대한 체제 청산 작업 없이는 밝은 미래도 없다며, 실행에 옮길 것을 강력히 주장했다. 이들은 공산 정보기관과 협력한 추악한 과거가 드러날 것을 두려워한 바웬사와 일단의 정치인들이 야합하여 올쉐프스키 정부를 강제 해산시켰다고 격렬히 비난했다.

폴란드 체제 청산의 상징이 된 '파일들의 밤' 사건이 벌어진 배경과 진

파일들의 밤. 바웬사가 "어찌됐든 이 정부를 즉시 무너뜨려야 합니다."라고 말하고 있고, 맨 왼쪽에 후일 유럽연합 상임의장에 임명되는 도날드 투스크도 보인다.

행 과정을 자세히 살펴보면 다음과 같다. 우선 공산정권 시절 인권 변호사 출신으로 유명한 올쉐프스키를 총리로 하는 정부는 탄생할 때부터 소수 연립 내각이었다. 1991년 12월 23일 올쉐프스키 내각은 의회에서 과반수인 231표를 간신히 넘는 235표로 구성될 수 있었다. 이는 당시 좌파 계열의 농민당이 우파가 주도하는 연립 정부에 초대된다는 기대감으로 찬성표를 던진 덕분이었다. 하지만 농민당은 결국 올쉐프스키 연립 정부에 들어가지 않았다. 연립 정부를 확대하는 사안을 둘러싸고 수개월에 걸쳐 올쉐프스키와 우파 계열의 민주연합 정당 사이에서 진행되던 대화가 1992년 5월 초순에 중단됐다. 이와 동시에 5월 하순에 바웬사 대통령과 올쉐프스키 총리 사이에서 체제 청산 문제를 둘러싸고 충돌이 격화돼 갔다. 결국 5월 24일 민주연합이 올쉐프스키 정부 해산을 제안하고, 27일 의회에 해임안을 상정한다는 결정을 내렸다. 하지만 실상에 있어 올쉐프스키 정부의 즉각적인 해임 신청서를 제출한 사람은 다름 아닌, 바웬사 대통령 자신이었다.

그러던 와중에 5월 28일 예상치 못하게 코르빈-미케 의원이 체제 청산 법안을 의회에 상정하고, 같은 날 법안이 가결된 것이다. 이 법안은 찬성 186(대다수 정당들), 반대 15, 기권 32(좌파 정당) 표결로 통과됐다. 민주연합은 가결에 필요한 정족수인 230석이 채워지지 않도록, 다방면으로 노력했으나 결국에 가서 실패로 돌아갔다. 그로부터 다음 날인 5월 29일에 얀 로키타가 민주연합과 자유민주연맹 정당의 65명 의원들의 이름으로 올셰프스키 정부 해임안을 하원에 제출했다. 내각을 해임하는 명분은 경제 정책 실패라고 밝혔다. 정부 해임안에 대한 의회 투표는 6월 5일로 계획됐다. 6월 1일에 민주연합 정당 대표인 타데우쉬 마조비에츠키와 농민당 대표인 발데마르 파블락이 만났다. 이 자리에서 농민당은 정부 해임안에 찬성표를 던질 것을 약속했다. 그 대가로 민주연합은 대통령이 지명하는 경우 파블락이 신정부를 구성하는 데 찬성하며, 연립정부에도 참여할 것을 약속했다. 이렇게 하여 신임 총리 자리를 두고, 예전 반체제 계열의 일부 정당과 공산 계열 위성 정당 사이에서 야합이 이뤄진 것이다.

6월 4일 아침 마치에레비츠 내무부 장관은 공산 정보부의 문서고가 소장 중인 문서에, 비밀 협력자들로 등록된 사람들의 이름을 적은 소위 '마치에레비츠 리스트'를 하원에 제출했다. 마치에레비츠 장관은 리스트에 오른 사람들이 공산정권에 협력한 자들인지 그 진위는 알 수 없으며, 단지 정보부 문서고에 협력자들로 등록된 사람들뿐이라는 점을 강조했다. 체제 청산 법안이 규정한 것과는 달리, 이 리스트에는 주지사와 판사 그리고 검사들의 이름이 누락됐다. 이 리스트에는 당시 폴란드 대통령이던 바웬사와 하원 의장을 포함해, 거의 모든 정당 출신의 상·하원 의원들과 총리 자문단 그리고 두 명의 장관과 여섯 명 차관들의 이름도 올라갔다. 바로 이날 6월 4일 저녁에 하원이 올쉐프스키 정부 해임을 가결했다. 소위 '마치에레비츠 리스트'를 의회에 제출한 지 불과 15시간 만에 정부를 해산한 것이다. 그리고 이 같은 결정을 내리고 실행에 옮기는 데 앞장선 사람은 다름 아닌, 자유노조 위원장 출신으로 폴란드 공산체제 붕괴의 일등 공신이던 레흐 바웬사 자신이었다. 이 사건은 후에 가서 '파일들의 밤'이라 불리며 폴란드의 공산체제 청산에서 하나의 상징으로 남게 된다. 그리고 그 진상은 나중에 가서 밝혀지게 된다.[1]

3 1997~2007년의 체제 청산 과정

1992년 사태 이후 체제 청산과 관련된 법률 초안이 다섯 번에 걸쳐 하원 의장에게 계속 제출됐다. 그중 1994년의 첫 번째 초안은 정부 관직의 임용 조건에 관한 것이었다. 1996년의 두 번째 초안에 이어 1996년에 공공신뢰위원회에 관한 세 번째 초안이 제출했다. 같은 해에 1944~1989년 사이 정보기관 직원과 비밀 협력자에 대한 정보의 분류와 보관 그리고 제공에 관한 네 번째 초안이 의회에 제출됐다. 마지막으로 1996년에 의회가 1944~1990년 사이 정보기관의 업무와 이 시기에 근무한 공무원을 대상으로, 정보기관과 협력한 사실 여부의 공개에 관한 초안을 제출했다. 1996년 8월 23일 법령에 따라 체제 청산에 관한 법률 초안을 심의할 특별위원회가 설립됐다. 1997년 4월 11일 마침내 체제 청산 법률이 의회에서 찬성 214, 반대 162, 기권 16으로 가결됐다. 상원도 별다른 수정 없이 하원의 결정에 동의했다.

이 법률에 따르면 폴란드의 공산체제 청산은 다음과 같은 국가 공공 기능을 수행하는 자들을 심사 대상자로 한다.

- 대통령
- 상·하원 의원
- 유럽의회 의원
- 과거사 청산 법률이 지정하는 대상 외에 대통령, 상·하원 의장, 총리가 임명하거나 선출 또는 지명하는 공공 기관의 수장
- 각종 행정 기관의 수장
- 행정부와 중앙 정부 부서 또는 주 정부의 총무처장
- 판사, 검사, 변호사
- 대학교 총장, 부총장, 국립·사립 대학교 단과대 학장, 고등교육위원회 임원
- 국립인증위원회 임원
- 학위수여중앙위원회 임원
- 폴란드 국영 텔레비전·라디오방송국 감독이사회, 임원, 이사진과 피디
- 폴란드 중앙언론사 사무총장, 국장, 편집장, 지역사무소 소장
- 폴란드 통신사 회장, 부회장, 이사진과 국장, 편집장

1944년 7월 22일부터 1990년 5월 10일까지 정보기관에서 근무했거나 봉사한 경력 또는 이들 기관과 협력한 사실 여부를 증명하는, 소위 체제 청산 증명 서류는 공공 직무에 임명되거나 아니면 후보자로 지명되는 것과 동시에 제출하도록 의무화됐다. 1972년 8월 1일 이후에 출생한 사람은 이런 증명서를 제출하는 의무에서 제외됐다. 상기 법률이 발효되기 이전에 공공 직무를 수행한 사람과 정보기관에서 근무하거나 동 기

관과 협력한 사실이 공공연히 거론된 사람도 체제 청산 법정에 증명 서류를 제출할 수 있었다. 1997년에 제정된 법률에 의거해 체제 청산 법정이 설치됐다. 정보기관에서 근무한 경력과 이들 기관과 협력한 사실에 관한 진실 여부는 바르샤바의 항소법원에 의해 가려졌다. 법무부 장관의 조례로 바르샤바 항소법원 산하에 소위 체제 청산 법정이라 불리는 제5법정이 신설되며, 관련 사안의 진실 여부에 대한 판결이 내려졌다. 속기사의 참여하에 세 명의 판사가 첫 단계로 사안을 심사했다. 바르샤바 항소법원의 법원장은 산하 지방법원에서 파견된 세 명의 판사들로 심사위원회를 구성할 수 있었다. 제1심사 단계에서 판결을 내린 판사들을 제외한 세 명으로 구성된 판사위원회가 항소를 심의했다. 이 경우 위원장을 포함한 최소한 두 명의 판사가 항소법원 소속 판사이어야만 했다. 제2심사 단계에서 내려진 판결은 대법원에서 파기할 수 있었다.

현재 폴란드의 공산체제 청산은 1944~1990년의 정보기관 문서와 그 내용에 관한 정보를 공개하라는 2006년 10월 18일 자 법령에 따라 진행되고 있다. 이 법령 전문에는 다음과 같은 내용이 포함됐다. 공산주의 국가 체제의 정보기관에서의 근무하거나, 또는 인적 정보 출처를 통해 이들 기관에 도움을 주는, 특히나 반체제 민주 조직, 노동조합, 협회, 교회, 종교 단체에 반대하여 표현과 집회의 자유 권리와 생명과 자유 그리고 시민 안전의 권리를 위반하는 행위는 공산주의의 전제적인 체제를 위해 인권과 시민의 권리를 영구적으로 위반하는 것이었다. 법령은 국가기억원의 문서고가 소장하고 있는 정보기관의 서류와 이 서류들의 정보를 공개하는 원칙과 방식을 규정짓고 있다. 이 외에도 2006년 법령은 정보기관, 정보기관의 문서, 공공 직무를 수행하는 사람을 법적으로 규정지었다. 이 법령은 국가기억원의 문서고에 보관 중인 정보기관 문서 중에, 본인에 관한 파일의 유무 여부를 밝히는 확인서를 발급받도록 요구할 권리를 누구나 가지고 있으며, 공공 행정직 후보자들이 이와 같은 확인서를 제출할 것을 의무화했다. 이런 확인서의 내용이 공공 행정직 임명에 요구되는 도덕적 자격을 평가하는 데 반영하도록 했다. 이 같은 확인서는 공식인증서 형태로 발급하도록 했다. 기밀 정보 보호와 기타 법적으로 보호되는 비밀 준수에 관한 규정에 해당하는 내용, 그리고 해당자의 건강 상태와 성생활에 관한 정보는 인증서에 포함되지 않도록 의무화했다. 해당자에 관련된 제3자가 정보기관의 직원이나 요원이 아닌 경우, 인증서는 제3자의 개인 신상에 관한 정보를 밝히지 못하도록 규정했다. 만약 해당자가 이와 같은 인증서를 문서로 제출하는 데 동의한다면, 정당이나 노동조합 또는 협회도 공식인증서 제출을 신청할 권리를 가진다. 이와 마찬가지로 해외 동포 기관도 해당국에 주재하는 폴란드 대사관의 추천서를 첨부하여 인증서 제출을 신청할 수 있다. 공식인증서의 발행 기관은 국가기억원 부서장이다. 별다른 사유가 없는 한, 신청서를 접수한 날로부터 12개월 안에 모든 인증 절차를 마쳐야 한다. 이와 함께 국가기억원 원장은 인증 절차를 거부할 권리를 가진다. 인증서 제출 사안의 절차를 종료시키는 항소 결정에 대해 해당자는 주 행정법원에 고발장을 접수할 수 있다. 국가기억원 원장은 제출하는 인증서들의 목록을 작성해야만 한다. 모든 인증서는 복사본 형태로, 다시 이 복사본은 디지털 형식으로 사본을 보관해야만 한다. 누구라도 인증서 목록에 담긴 정보에 접근할 수 있으며, 인터넷을 통해서도 열람을 보장하고 있다. 해당자의 주소와 사회보장번호를 제외하고, 목록에 담긴 나머지 정보는 개인 신상 보호에 해당하지 않는다.

공산체제 청산과 관련해서 폴란드에서 자국민을 상대로 2008년도에 여론 조사를 실시한 적이 있다. 2008년 10월 2~6일 여론 조사 기관이 폴란드 전국에서 1천 명을 선발해 다음과 같이 질문했다. 첫 번째로 공산당 고위 당직자, 정보부 요원, 정권이 요구하는 대로 판결을 내리던 판사, 공산주의 선전 활동을 펼친 기자, 계엄령을 선포한 장군들을 대상으로 하여 다음과 같은 질문이 던져졌다. "폴란드에서 공산주의 체제가 붕괴한 후 민주주의 체제는 다음과 같은 사람들을 어떻게 취급했는가?" 그 결과는 아래와 같다.

민주주의 체제가 옛 공산 엘리트를 어떻게 취급했는지에 대한 설문 결과

(단위: %)

설문 대상	너무 온화하게	정당하게	너무 심하게	모르겠다
공산당 고위 당직자	43	23	9	25
정보부 요원	53	22	3	22
공산당이 요구하는 대로 판결을 내리던 판사	51	21	3	25
공산주의 선전 활동을 펼친 기자	38	25	5	32
계엄령을 선포한 장군	41	22	11	26

위 표에서 보듯이 전체 설문자의 1/4만이 관련 인물들이 법에 따라 정당하게 처벌된 반면, 대다수가 지나치게 온화하게 취급됐다고 대답했다. 폴란드 국민은 체제전환 이후 공산주의 인사들에 대한 처벌의 수위가 지

나치게 낮았다고 비판한 것이다. 두 번째로 1981년 12월 13일 계엄령을 선포한 보이치에흐 야루젤스키와 일단의 장군들에 대한 재판이 시작된 점에 관해서도 물어봤다. 설문자의 18%는 '매우 잘했다', 26%는 '잘했다', 25%는 '잘못됐다', 11%는 '매우 잘못됐다', 20%는 '모르겠다'라고 응답했다. 세 번째로 예전 정보부 요원들의 연금 수당을 감액하는 법안을 준비 중인데, 이에 대해 어떻게 생각하는지 질문이 던져졌다. 이에 '매우 좋다' 34%, '좋다' 36%, '나쁘다' 10%, '매우 나쁘다' 2%, '모르겠다' 18%라는 결과가 나왔다. 즉, 정보부 직원들의 연금 수당을 낮추는 법안에 대해 70%는 긍정적으로 대답한 반면, 17%만이 부정적이라고 응답했다.

4 국가기억원의 창설과 활동

폴란드 정보부 문서고에 소장된 문서들을 어떻게 처리할 것인가 하는 사안은 국가기억원에 관한 법령이 제정되며 해결점을 찾게 됐다. 이 법령이 제정되면서 폴란드 국민은 공산 시절 정보기관이 수집한 문서와 정보들을 열람할 수 있게 됐다. 자유노조선거운동과 자유연합 정당들이 준비한 이 법령에 대해 공산당 출신의 크바시니에프스키 대통령이 거부권을 행사했다. 이와 동시에 크바시니에프스키 대통령은 일부 선택된 학자들에게만 개방하는, 소위 '시민 문서고'를 창설하자는 대안을 제시했다. 하지만 대통령의 거부권 행사에 대해 하원이 재가결로 원안을 통과시켰다. 1년간에 걸친 노력으로 2000년에 들어와서야 비로소 레온 키에레스 교수를 국가기억원 초대 원장으로 선출하는 데 성공하며, 국가기억원이 창설되는 과정이 시작됐다. 그리고 국가기억원은 탄생하는 순간부터 폴란드의 공산체제 청산 작업을 주관하는 중심 기관으로 눈부신 활동을 펼치게 된다.

과거 한때나마 현안을 둘러싸고 벌어지는 정치 투쟁에서, 법과정의당

국가기억원 아카이브가 소장 중인 파일들

을 중심으로 하는 정치인들이 국가기억원을 이용하는 동시에 정치 도구화하고 있다는 비난이 거듭된 적이 있다. 하지만 이런 비난은 사실과 거리가 멀었다. 그 이유는 국가기억원을 창설하는 과정에 법과정의당 계열의 정치인들이 참여하지 않았기 때문이다. 국가기억원은 폴란드 자유노조 출신 정치인들만의 발의로 탄생한 것이다. 바로 이 자유노조 출신 정치인들 사이에서 1990년대 초부터 독일의 체제 청산을 성공적으로 주도한 가욱-관청(Gauk-Behoerde)과 유사한 기관을 폴란드에도 만들어야 한다는 논의가 진행됐다. 1999년에 국가기억원이 탄생하는 데에는 무엇보다 다음과 같은 세 명의 노력이 있기에 가능했다. 첫 번째 공헌자는 당시 내무행정부 장관이던 야누쉬 파우비츠키이다. 파우비츠키 장관이 비톨드 쿨레샤 교수, 안드줴이 줴피인스키 교수, 안드줴이 파츠코프스키 교수 등과 같은 전문가들과 함께 국가기억원 설립에 관한 법령을 마련했다. 두 번째 인물은 자유노조 위원장인 마리안 크샤클레프스키로, 파우비츠키 장관이 만든 국가기억원 설립 법안이 하원에서 통과할 수 있도록 정치적으로 지지했다. 마지막 세 번째 인물은 국가기억원 법령이 실현되도록 재정 지원을 아끼지 않던 예쥐 부젝 당시 총리이다.

당연한 점이지만 국가기억원은 창설하는 초기부터 공산주의 출신 정치인들에게는 눈엣가시였다. 2001년에 있은 총선에서 공산당의 후신인 민주좌파동맹의 당 대표인 레섹 밀레르가 국가기억원 폐지를 공약으로 내세웠다. 그리고 2001년 총선에서 민주좌파동맹이 승리를 거두면서 하원에서 국가기억원 폐지안을 실현시킬 수 있는 절대다수를 획득했다. 하지만 때마침 폴란드 예드바브네 지역의 유대인 학살을 다룬 얀 토마스 그로스의 저서 『이웃들: 폴란드 예드바브네에서의 유대인 학살』이 출간됐다. 출판과 함께 이 책은 폴란드 국내외적으로 일대 충격을 던지며 엄청난 논란을 불러일으켰다. 제2차 세계대전 당시 폴란드인들이 예드바브네에서 유대인을 대량 학살했다고 주장하는 그로스의 저서로 인해, 폴란드 국내뿐만 아니라 국제적으로도 일대 센세이션이 일어난 것이다. 이 사건의 진실 여부를 가리기 위해 국가기억원의 관련 부서가 진위를 밝히는 활동에 들어갔다. 그래서 이런저런 이유로 당시 좌파 출신이던 크바시니에프스키 대통령마저도 국가기억원을 폐지할 처지가 아니었다. 결국 크바시니에프스키 대통령은 국가기억원 폐지를 포기하는 대신에 예산 삭감으로 방향을 선회했다. 이로 인해 국가기억원은 창설하는 초기 단계에서부터 최소한의 예산을 확보하는 사안에서조차 심각한 제동에 걸리게 됐다. 하지만 이 모든 난관을 극복하고 국가기억원은 폴란드 과거사 청산 작업의 근간으로 자리매김하는 데 성공하여 오늘날에 이르고 있다.

국가기억원의 정식 명칭은 '국가기억원-폴란드 민족에 반하는 범죄추적위원회'로 조사와 수사 그리고 기소권을 가지는 국립 연구 기관이다. 국가기억원은 1998년 12월 18일의 '국가기억원-폴란드 민족에 반하는 범죄추적위원회에 관한 법안'에 의거해 1999년 1월 19일에 창설됐다. 국가기억원 본부는 바르샤바에 있으며, 항소법원이 위치하는 11개 도시에 지부를 가지고 있다. 이 외에도 7개 도시에 대표부를 파견하고 있다.

국가기억원의 주요 활동 방향과 임무는 ① 1944년 7월 22일부터 1989년 12월 31일까지의 정보기관 문서를 모으고 정리하는 일, ② 나치와 공산주의가 저지른 범죄를 추적하고 수사하는 일, ③ 관련 교육 활동 펼치기의 세 가지이다. 국가기억원의 연구 대상은 ① 제2차 세계대전 당시 독일이 점령한 폴란드 지역에서 나치의 민간과 군사 기관이 저지른 범죄, 강제수용소로의 이송, ② 폴란드 망명 정부의 명령을 따르던 국내군과 기타 지하 저항 단체 소속 군인들의 강제 이송과 소련이 점령한 폴란드 지역에 거주하던 주민들을 소련 영토 깊숙한 곳으로 강제 이송한 사실, ③ 1944~1947년 사이 비스와강과 부그강 사이 지역에서 소련의 비밀경찰이 펼친 진압 작전의 세 가지이다.

국가기억원은 폴란드 민족에 반하는 범죄추적위원회, 보관문서의 문서고 작업 및 열람부, 공공교육부, 체제 청산 규명부 등 네 개 조직으로 구성돼 있다. 국가기억원의 첫 번째 기구인 폴란드 민족에 반하는 범죄추적위원회는 1945년에 창설된 폴란드에서 독일이 저지른 범죄조사위원회의 후신이다. 1949년에 이 위원회는 다시 폴란드에서 자행된 히틀러 시대 범죄조사위원회로 개칭하며 1984년까지 활동했다. 그런 후 다시 폴란드에서 자행된 히틀러 시대 범죄조사위원회-국가기억원으로 이름이 바뀌었다. 1991년에 위원회의 조사 범위가 확대되며 폴란드 민족에 반하는 범죄조사위원회-국가기억원으로 개칭됐다. 이후 앞에서 거론된 1998년 법안으로 국가기억원-폴란드 민족에 반하는 범죄추적위원회로 바뀌어 현재에 이르고 있다. 두 번째 주요 기구인 보관문서의 문서고 작업 및 열람부는 1944년 7월 22일부터 1990년 7월 31일까지 정보기관이 작성하고 수집한 문서들을 수집하여 기록 보관하고 열람시키며 출간하는 업무를 담당한다. 1939년 9월 1일부터 1990년 7월 31일까지 나치 독일과 소련 정보기관이 폴란드 민족을 대상으로 자행한 범죄에 관한 문서들도 업무 대상에 포함된다. 세 번째 공공교육부는 1939~1989년 사이 폴란드 역사에 관한 연구를 수행하며 그 업적을 출간하고 대중화하는 목적으로 전시회, 교사 교육, 학술대회, 공개 강의 등을 조직한다. 공공교육부는 산하에 교육을 전담하는 11개 부서를 두고 있다. 공공교육부가 진행한 프로젝트들로는 공산주의 폴란드 정보기관의 활동 방식과 구조, 정보기관과 우파 저항 조직과의 투쟁 및 1944~1956년 사이 자행한 범죄, 교회 및 종교 자유와 정보기관의 투쟁, 사회 위기 및 민주 야권 대 공산주의 정권, 해외 망명과 재외 동포 대 정보기관, 소수 민족 대 정보기관, 창작자들과 학자들 대 정보기관, 1944~1956년 지하 활동 인사와 국민 저항 사전 편찬, 1939~1945년 전쟁과 점령에 관한 연구, 독일과 소련 점령에 관한 사전 편찬, 유대인과 폴란드인 등을 들 수 있다. 공공교육부가 펼치는 활동으로는 역사 전시회 조직, 시민 교육 센터 및 바르샤바 봉기 박물관과 공동으로 교육 프로젝트 수행, 폴란드 현대사 강의 프로젝트 수행, 역사 경연 대회 조직, 학술대회 조직, 해외 동포 프로그램을 들 수 있다. 2006년부터는 해외에서 폴란드 교육을 펼치는 교육자들을 양성하는 프로그램도 운영하고 있다. 국가기억원은 이 같은 프로그램 범주에서 교육자 양성, 학생 대상 강의 개발, 역사 전시회 조직 활동을 펼치고 있다. 매년 활동을 종합하는 의미에서 해외 동포와 폴란드 현대사가 만나는 자리를 마련해 새로운 강의 방식을 논하고 있다. 마지막 네 번째 기구인 체제 청산 규명부는 1944~1990년 사이 정보기관의 문서 및 그 내용에 관한 정보를 공개하는 2006년 10월 18일 법안에 따라 설립됐다. 체제 청산 규명부의 주된 업무는 공공 직무를 수행하는 사람이 제출하는 체제 청산에 관한 진술에 대한 진위를 확인하고 체제 청산 규명 작업을 준비하며, 국가 정보기관의 직원과 요원 및 군인, 정보기관이 첩보 활동 대상으로 삼은 사람들, 공산당과 국가 기관 수장들, 현재 공공 직무를 수행하고 있는 사람들에 대한 명단을 준비하고 발간하는 데 있다. 체제 청산 규명부의 바르샤바 본부와 산하 11개 지역 지부에서 체제 청산 규명 진위를 확인하는 작업에는 검사가 참여한다.

국가기억원 원장은 자체 이사회에서 선출된 후 상원과 하원에서 승인을 받아 5년 임기를 시작한다. 원장으로 선출되기 위해서는 하원에서 3/5 찬성을 받아, 다시 상원에서 과반수 찬성을 얻어야 한다. 폴란드 고위 공직 선출에서 과반수 절대다수를 넘는 것은 국가기억원 원장이 유일했다. 2010년 4월 29일의 법안 개정으로 현재 국가기억원 원장 선출은 3/5 찬성이 아닌, 과반수 절대다수 찬성으로 변경됐다. 국가기억원 원장은 면책 특권을 가진다. 2021년 현재까지 원장을 역임한 사람은 초대 원장인 키에레스(2000. 6. 30.~2005. 6. 30.)와 카틴 비행기 추락 사건으로 사망한 야누쉬 쿠르티카(2005. 7. 1.~2010. 4. 10.) 그리고 프란치쉑 그리치욱(2010. 4. 10.~2011. 6. 28.) 대행을 거쳐, 우카쉬 카미인스키(2011. 6. 28.~2016. 7. 11.), 야로스와프 샤렉(2016. 7. 22.~2021. 7. 23.), 카롤 나브로츠키(2021. 7. 23.~현재)에 이르고 있다.

2000~2006년 사이 국가기억원의 활동은 세 부서를 중심으로 상호 보완하는 가운데 학문적·법률적·도덕적 관점에서 공산체제를 청산하는 작업에 집중됐다. 2006년에 창설된 네 번째 부서인 체제 청산 규명부는 공공 직무를 맡는 사람들의 체제 청산에 대한 규명 진술을 기록하고 공산체제 정보기관의 직원과 요원들의 인적 사항과 이들 정보기관의 활동 대상이 된 사람들 그리고 공산당과 공산정권의 지도급 인사들과 현재 공공 직무를 맡고 있는 사람들에 관한 명부를 작성하는 데 중점을 두었다. 구조적인 관점에서 보자면 폴란드의 국가기억원은 독일, 체코, 슬로바키아, 헝가리, 루마니아, 불가리아 또는 발트해 국가들에서 활동 중인 유사 기관들과는 완전히 다르다. 폴란드의 국가기억원과 같이 일개 기관에 이처럼 다양한 업무를 위임하는 것에 관해, 처음부터 논란이 벌어지며 그 목적이 의심받았다. 국가기억원 산하 체제 청산 규명부가 당장 기록해야만 할 진술의 양만 해도 14만 명 이상의 사람들이 대기하고 있을 정도로 막대하다.

국가기억원이 활동 중인 모든 업무는 문서고를 근간으로 하고 있다. 국가기억원 문서고는 독일 게슈타포와 소련 KGB에 관한 자료도 포함하고 있지만, 대다수는 폴란드 정보기관이 작성한 문서들이다. 이들 중에는 제2차 세계대전 당시 폴란드인에게 저지른 범죄에 관한, 길이로 치면 90km 이상에 달하는 자료도 소장돼 있다. 일반 정보 파일만해도 3백만 개에 달하며, 공산정권 당시 정보기관이 폴란드 국민을 대상으로 펼친 활동이 얼마나 광범위했는가를 잘 보여 주고 있다. 2000~2008년 사이 국가기억원 산하 교육부는 문서고 자료를 이용해 600권이 넘는 서적(앨범, 모노그래프, 사전, 회고록 등)을 출판하여 폴란드 현대사에 귀중한 정보와 자료를 제공해 오고 있다. 이 외에도 문서고 자료를 사용하여 기존까지 다루지 않고 있던 폴란드 현대사에서 중요한 주제들에 관한 교육 패키지를 만들어 전국 학교에 보내는 교육 활동도 펼치고 있다. 이 같은 학문적이고 교육적인 활동 덕분에 지금까지 잊히고 무시됐거나, 아니면 거짓으로 가르쳐온 폴란드 현대사를 바로잡을 수 있었다. 특히나 국가기억원은 폴란드 민족 보존을 수호하기 위해 애쓴 공로자를 기리는 민족기억 학예사 상을 제정하여 매년 수여하고 있다. 국가기억원 문서고가 소장한 자료들은 반공 민주 인사에게 수여하는 자유-연대 십지훈장을 수여할 후보자들을 선정하는 근거로 사용되고 있다. 이 외에도 2009년에 제정된 소위 탈 정보부 법령의 심의 과정에서 예전 정보기관 요원들의 연금 액수를 하향 조정하는 데에 기본 자료로도 활용되고 있다. 탈 정보부 법령이란 공산정권의 정보기관 요원들과 1981년 계엄령 당시 창설된 구국군사위원회 임원들(또는 이들의 미망인)이 받고 있던 특별 연금 권리를 박탈하는 것으로, 이 규정에 따라 4만 1천여 명의 연금 액수가 하향 조정됐다. 문서고 자료는 이 외에도 폴란드 민족에 반하는 범죄추적위원회와 체제 청산 규명부가 활동하는 데 있어 필수 요인이다. 국가기억원 산하 문서고의 자료는 앞으로도 계속 분류 작업이 진행되며 디지털화할 계획이다.

국가기억원의 활동으로 인해 폴란드 공산주의 역사를 주제로 하는 탁월한 저서를 수없이 배출하고 있는 역사적 연구 외에도, 자료 연구와 방법론적 연구가 발전하면서 정보기관을 대상으로 하는 별도의 현대사 학문 분야가 탄생하는 의외의 결과도 나왔다. 국가기억원이 발간한 저서 중 일부는 학문 토론의 주제가 됐을 뿐만 아니라, 격렬한 정치 토론을 불러일으킨 원인으로도 작용했다. 판매 부수가 5만여 권에 이르며 베스트셀러가 된, 레흐 바웬사 대통령의 추악한 과거를 파헤친 저서가 그 대표적인 예이다. 국가기억원의 학문 결과와 업적은 여러 번에 걸쳐 비판의 대상이 됐다. 하지만 이런 비난과 비판은 국가기억원의 작업에 대한 것도 있지만, 대다수의 경우는 정치적 현안이나 상황에 따라 제기된 것들이다. 이런 점은 2010년 12월에 국가기억원이 조직한 '역사의 기억: 폴란드와 인접국들의 경험'이란 학술대회에서도 잘 드러났다. 이 학술대회에서 벌어진 토론을 두고 대회 주최자들은 역사서술의 심판장이라고 부르기도 했다.

국가기억원에서 폴란드 민족에 반한 범죄추적위원회는 매우 중요한 부서로서 나치와 공산체제에서 저지른 범죄자들을 추적하는 임무를 수행한다. 이보다 더 중요한 것은 국가기억원 법령으로 인해, 공산정권이 저지른 범죄에 대해 법리학적으로 정의를 내릴 수 있게 됐다는 점이다. 이런 규정으로 인해 아직 생존해 있는 공산정권의 정보기관과 사법 기관의 요원이나 직원들에게 책임을 묻고 추적하며 수사하는 것이 마침내 가능해졌다. 2000년부터 2009년 말까지 국가기억원의 범죄추적위원회가 9,218건의 사건을 조사하고, 이 중 6,457건을 공산 범죄로 규정했다. 이 외에도 나치 범죄로 2,404건을, 인류 평화에 반하는 범죄로 357건을 분류했다. 2009년 현재 국가기억원 소속 검사들이 391명을 법정에 고발하여 239명을 판결에 처하고 128명에게 최종 선고가 내려졌다. 수사 도

중에 8만여 명에 가까운 사람들이 증인으로 채택됐다. 이들의 증언은 수사 절차를 진행하는 데 있어, 참고 내용을 넘어서는 매우 중요한 근거 자료와 귀중한 정보들이었다. 역사학자들은 사건을 목격하거나 직접 참여한 사람들로부터 정보를 수집할 수 있다. 하지만 법적 효력을 가지는 선서 후에 말하는 증언과 아무런 제재나 구속 장치 없이 본인이 원하는 대로 말하는 것 사이에는 엄청난 차이가 있다. 이 때문에 국가기억원 소속 검사 앞에서 말하는 진술들은 폴란드 현대사의 신뢰할만한 또 다른 근거 자료로서 계속 축적되고 있는 중이다. 이런 점에서 보면 국가기억원이 가지고 있는 가치는 매우 귀중하다.

5 나가는 말

결론부터 말하자면, 공산주의 시대에 대한 폴란드의 체제 청산은 실패로 끝났다. 폴란드에서 공산체제 청산이 성공하지 못한 이유는 공산주의에서 민주주의로 전환되는 형태와 방식에서 기원한다. 1980년대 말 폴란드를 파산 상태로 내몰던 공산주의자들은 권력을 완전히 상실당하는 것을 두려워했다. 그래서 자신들의 안전을 보장받고 정치와 대중 매체에 대한 영향력을 계속해서 확보하며 그동안 끌어모은 재산을 보호받기 위해, 반체제 일부 세력과 타협하길 원했다. 바로 이런 배경하에 공산정권과의 대화에 찬성하는 자유노조 내 온건파가 선택되고, 원탁회의가 조직된 것이다. 여기에서 가진 대화에서 공산정권이 반체제 세력과 권력을 나누어 가지기로 타협했다. 그래서 비록 단기간이기는 하지만, 새로운 민주주의 폴란드의 초대 대통령에 공산정권의 독재자이던 보이치에흐 야루젤스키 장군이 선출될 수 있었던 것이다. 그리고 동유럽 최초의 비공산 민주 총리이던 타데우쉬 마조비에츠키가 조직한 정부에는 예전 공산당 출신들이 내무부와 국방부 장관 같은 요직에 임명되기도 했

원탁회의 막후에서 벌어진 술 파티. 왼쪽부터 두 번째는 민주 폴란드 초대 총리가 되는 마조비에츠키, 세 번째는 바웬사, 네 번째는 건배하는 선거일보 편집장 미흐닉, 맨 오른쪽은 1995년 대선에서 바웬사를 누르고 대통령에 당선되는 크바시니에프스키이다.

다. 1990년 폴란드통일노동당, 즉 폴란드 공산당이 해산되긴 하나, 당원 대다수는 새로운 정당인 폴란드공화국사회민주당을 결성했다. 공산주의자들이 하루아침에 갑자기 사회민주당원으로 변신한 것이다. 향후 이 정당은 1991년에 민주좌파동맹으로, 2021년부터 신좌파로 개명하며 현재에 이르고 있다. 공산당 후신인 이들 좌파 정당들은 향후 두 번에 걸친 총선에서 승리하며, 1993~1997년과 2001~2005년 사이 폴란드에서 정권을 잡았다. 그리고 1995년과 2005년 대선에서도 레흐 바웬사를 누르고, 두 번에 걸쳐 폴란드 대통령을 역임한 알렉산데르 크바시니에프스키도 바로 좌파 정당 출신이었다. 이처럼 예전 공산주의자들이 정치계에 건재하고 있음으로 인해, 폴란드에서 제대로 된 체제 청산 작업을 완수하기가 불가능했던 것이다. 심지어 예전 반체제 일부 인사들, 특히나 원탁회의에 참석한 정치인들은 공산주의자들이 저지른 범죄를 역사의 심판대에 세우지 못하도록 공산주의자들을 보호하기조차 했다. 그 비근한 예로 1970년 파업 사태와 1981년 계엄령 당시 노동자들이 사망한 사건에 책임이 있는 보이치에흐 야루젤스키가 사망하기 전까지 단 한 번도 처벌받은 적이 없는 점을 들 수 있다. 최근까지도 의회에서뿐만 아니라 대중 매체에서조차 원탁회의에서 이룬 타협은 일부 언론에서 옹호되며 지지받았다. 예를 들면, 원탁회의에서 공산정권과의 타협을 적극적으로 옹호하던 아담 미흐닉이 편집장으로 있는 폴란드 최대 일간지 『선거일보』는 과거사 진상 규명과 야루젤스키와 다른 공산주의자들을 심판하는 것에 반대하는 기사를 꾸준히 내보내고 있다.

하지만 예전 반체제 세력 중에서 공산주의자들과의 타협에 반대하던 강경파가 정권을 잡으면서, 공산체제 청산을 목적으로 하는 일부 조치들이 실행에 옮겨질 수 있었다. 얀 올쉐프스키가 총리로 있던 1992년에 처음으로 체제 청산이 시도됐다. 하지만 체제 청산에 관한 법안이 결정되던 바로 그날인 6월 4일 새벽, 의회에서 올쉐프스키 내각에 대한 해산이 결정됐다. 이렇게 해서 최초의 체제 청산 작업은 물 건너가고 말았다. 1998년 자유노조 선거운동-자유연맹의 우파 연립 내각이 들어서며, 국가기억원이 창설되는 데 성공했다. 그로부터 2년이 지난 2000년부터 실질적인 활동에 들어가는 국가기억원의 창립 목적 중의 하나는 공산체제 청산에 있었다. 즉, 국가 고위직 인사 중에서 누가 예전 공산당 정보부와 협력했는가를 밝히는 데 있었다. 국가기억원 소속 검사들은 일부 공산주의자들이 저지른 범행을 밝히는 데 성공했다. 하지만 이들은 예전 공산체제의 하급 인사들에 불과했다. 고위급 공산당 간부들은 원탁회의에서 이룬 타협으로부터 여전히 보호받고 있다. 이후 법과정의당이 정권을 잡고 있던 2005~2007년 당시 군 정보부를 폐쇄하는 데 성공했다. 폴란드 군 정보부는 러시아 조직이 상당할 정도로 침투해 있던, 예전 공산주의 시절 정보부의 연장선에 불과했다. 한편, 폴란드의 경찰과 법원 그리고 검찰도 체제전환 이후 별다른 과거사 진상 규명 작업을 거치지 않았다. 공산주의 시절의 경찰 대다수가 최근까지도 근무했으며, 이 시기 정보부에 협력하던 일부 판사들이 체제전환 이후 과거사 진상 규명의 대상이 된 사람들을 심판하는 경우마저 있었다.

체제 청산과 범죄를 저지른 공산당원을 추적하는 문제는 지금까지도 폴란드에서 현재 진행형으로 남아 있으며, 정치인들이나 정치에 관심 있는 사람들을 찬반으로 양분시키고 있다. 폴란드에서 공산주의 체제가 어떠했는가 하는 진리를 밝히고자 애쓰고 있는, 국가기억원은 창설 때부터 공격받았으며 지금도 일부 정치계로부터 공격의 대상이다. 특히나 레흐 바웬사나 알렉산데르 크바시니에프스키와 같은 유명 인사들이 공산 정보부와 협력했다는 정보가 백일하에 드러나는 경우, 이런 공격은 더욱 거세졌다. 그래서 좌파 계열 정당에 속하는 정치인들이 국가기억원을 폐쇄해야 한다며 거듭해서 주장하고 있는 것이다. 바로 이런 연유로 공산주의 붕괴 이후 폴란드의 체제 청산은 실패했다고 판정을 내릴 수밖에 없다. 폴란드의 체제 청산은 현재 진행형의 사안으로, 여전히 그 끝이 보이지 않는 미완의 과제로 남아 있다. 사법부 개혁을 둘러싸고 폴란드 현 정권이 유럽연합과 마찰을 빚고 있는 배경에는, 바로 이 같은 공산체제에 대한 청산 문제가 자리 잡고 있다. 그나마 어느 정도 진상 규명이 진행된 다른 분야와 달리, 폴란드 사법부, 특히나 판사들에 대한 체제 청산 작업은 거의 제로에 가깝다. 그래서 현 폴란드 정부가 사법 개혁, 즉 과거 공산정권에 자발적으로 협조하며 반체제 인사들을 탄압한 판사들에 대한 청산 과정을 시도하고 있다. 하지만 국내외 언론에서 보듯이, 이런 시도는 사법부 독립을 위협하는 동시에 폴란드에서 민주주의가 후퇴한다는 비난 여론에 직면할 뿐이다.

에필로그

2016년 2월 17일 폴란드 전역이 발칵 뒤집혔다. 놀랍게도 말로만 떠돌던 '바웬사 파일'이 마침내 세상에 그 모습을 드러낸 것이다. 그리고 그 사연은 다음과 같다. 폴란드 공산정권의 마지막 내무부 장관이던 체스와프 키쉬착이 2015년 세상을 떴다. 이 인물은 폴란드 체제전환의 무대이던 원탁회의에서 바웬사와 함께 대화와 타협을 주도하던 장군 출신이다. 키쉬착이 세상을 뜨고 남편의 서재를 정리하던 부인이 이상한 파일을 하나 발견했다. 파일을 살피던 부인은 깜짝 놀랐다. 바로 이것이 사람들 입에 오르내리던 바웬사에 관한 파일이었기 때문이다. 2월 16일 부인은 파일 중 몇 장을 들고 위에 거론한 국가기억원을 찾아갔다. 그리고는 9만 즈워티(대략 2,700만 원)에 팔겠다고 국가기억원 원장에게 제안한다. 파일을 살피던 국가기억원 전문가들은 대경실색했다. 사안의 중대함을 직감한 국가기억원은 즉시 키쉬착 저택을 압수 수색했다. 그리고 놀랍게도 바웬사의 파일 원본 전체를 발견했다. 파일 중에는 '볼렉(Bolek)'이라는 암호명으로 너무나도 선명하게 레흐 바웬사 자신이 서명한 것도 있었다. 하지만 바웬사는 지금까지도 이는 공산 정보부의 조작이라며 극구 부인하고 있다. 그러나 폴란드 국과수의 필적 감정 결과

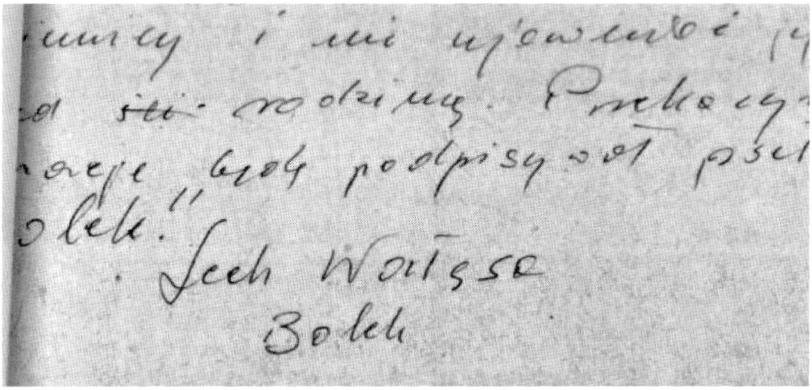

바웬사의 친필 서명

바웬사와 파일 원본

는 초지일관 바웬사의 서명이 틀림없다고 확인하고 있다. 왜 바웬사가 1992년 '파일들의 밤'에 '야간정변'의 주역으로 활약했는지, 그 진상이 마침내 백일하에 드러난 것이다.

체코와 슬로바키아의 이행기 정의 : 정화와 비밀문서 공개

제 2 장

김신규

이행기 정의의 조건과 내용 그리고 그 형식과 강도에서 탈공산주의 동유럽 국가들 사이에 상당한 차이가 있다. 동독과 체코는 체제전환 직후에 고위 공직자의 인적 청산을 시작하면서 옛 정권의 불법행위에 대한 기소와 처벌을 추진하고 비밀경찰의 문서를 공개하는 포괄적인 이행기 정의를 추진했다. 이와는 반대로 옛 정권의 불법행위에 대한 기소나 처벌은 물론 인사 검증을 통한 인적 청산도 추진하지 않은 슬로바키아와 슬로베니아와 같은 사례도 있다. 국가별로 고문자의 문제를 해결하는 이행기 정의의 시기와 내용이 상이한 것은 개별 국가가 경험한 공산체제의 특성, 체제전환의 유형 그리고 체제전환 과정에서 옛 공산세력과 민주세력 간의 세력균형 등 다양한 요인으로 설명할 수 있다. 그러나 1992년까지 단일 국가였던 체코와 슬로바키아의 경우에는 동일한 역사적 · 정치적 경험을 했음에도 불구하고 이행기 정의 메커니즘을 도입한 시기와 그 방법에서 큰 차이를 보이고 있는데, 이는 두 지역 사이의 상이한 역사 인식과 옛 공산정권에 대한 정당성 수준 차이와 같은 좀 더 특별한 요인에 의해 설명할 수 있다. 이런 사실에서 이 장의 제2절에서는 탈공산주의 동유럽에서의 이행기 정의를 간략히 살펴보고 체코와 슬로바키아가 서로 다른 시기에 상이한 이행기 정의 메커니즘을 선택한 요인이 무엇인지를 파악한다. 제3절과 제4절에서는 각각 체코와 슬로바키아의 이행기 정의 메커니즘 선택 요인과 그 내용을 살펴본다. 여기에서는 과거청산 혹은 이행기 정의의 내용을 옛 정권의 불법행위에 대한 기소와 처벌, 가해자를 공직에서 배제하는 정화(lustration), 과거의 부정의를 공개하고 역사를 바로 세우기 위한 진실 찾기(비밀문서 공개), 과거에 불법적으로 몰수한 재산과 직업을 되돌리는 반환과 복권, 그리고 용서와 화해로 구분하면서, 체코와 슬로바키아 이행기 정의 메커니즘의 주요 특징인 정화와 파일 공개에 보다 집중한다. 마지막 제5절에서는 양국 이행기 정의를 비교하면서 이행기 정의 메커니즘 차이 혹은 과거청산 실시 여부가 양국의 민주화와 민주주의 공고화에 직접적인 영향을 끼치지는 않았다고 주장한다.

1 머리말

1989년 말을 전후해 동유럽 전역에 들어선 공산정권이 무너지고 억압 정권의 퇴진을 외쳤던 반체제 혹은 개혁 공산계 주도의 새로운 정부가 들어섰다. 새로운 정부는 민주주의와 시장경제로의 이행은 물론 옛 공산 정권의 범죄 행위를 처벌하고 잘못된 역사를 바로 세우기 위한 과거청산을 추진했다. 이들은 옛 공산정권 시기에 자행되었던 인권 유린 등의 범죄를 처벌하고 부정을 정의로 대체하는 이행기 정의(transitional justice)를 통해 새로이 들어선 민주정권의 역사적·윤리적·정치적 정당성을 높이려 했다. 소위 '고문자의 문제'[1]를 해결하는 이 과정은 옛 체제와 그 체제를 떠받들었던 공산정권을 부정함으로써 아직은 취약한 새로운 민주정권과 체제의 견고한 기반을 마련하고 국민적 통합을 도모하는 과정이라 할 수 있다.

그러나 1989년을 전후해 동시다발적으로 시작된 동유럽의 체제전환 과정에서 모든 탈공산주의 국가가 동시에 그리고 동일한 이행기 정의를 추진한 것은 아니었다. 또 이행기 정의를 선택한 경우도 그 시기나 형태,

기간, 강도 등의 메커니즘이 상이했다. 예를 들어, 동독과 체코슬로바키아는 이미 1990년과 1991년에 각각 과거청산 관련 법을 제정했지만 헝가리와 폴란드는 이보다 늦은 1994년과 1997년에 각각 과거청산 관련법을 제정했다. 그와는 반대로 슬로베니아의 경우는 아예 이행기 정의 자체에 관심을 두지도 않았다.

이행기 정의의 조건과 내용 그리고 그 형식과 강도에서 탈공산주의 동유럽 국가들 사이에 상당한 차이가 있다. 동독과 체코는 체제전환 직후에 고위 공직자의 인적 청산을 시작하면서 옛 정권의 불법행위에 대한 기소와 처벌을 추진하고 비밀경찰의 문서를 공개하는 포괄적인 이행기 정의를 추진했다. 이와는 반대로 옛 정권의 불법행위에 대한 기소나 처벌은 물론 인사 검증을 통한 인적 청산도 추진하지 않은 슬로바키아와 슬로베니아와 같은 사례도 있다.

이처럼 국가별로 고문자의 문제를 해결하는 이행기 정의의 시기와 내용이 상이한 이유를 개별 국가가 경험한 공산체제의 특성, 체제전환의 유형 그리고 체제전환 과정에서 옛 공산세력과 민주세력 간의 세력균형 등 다양한 요인에서 찾을 수 있다. 그러나 1992년까지 단일 국가였던 체코와 슬로바키아의 경우에는 동일한 역사적·정치적 경험을 했음에도 불구하고 이행기 정의 메커니즘을 도입한 시기와 그 방법에서 큰 차이를 보이고 있는데, 이는 두 지역 사이의 상이한 역사 인식과 옛 공산정권에 대한 정당성 수준 차이와 같은 좀 더 특별한 요인에 의해 설명할 수 있다.

이런 사실에서 이 장의 제2절에서는 탈공산주의 동유럽에서의 이행기 정의를 간략히 살펴보고 체코와 슬로바키아가 서로 다른 시기에 상이한 이행기 정의 메커니즘을 선택한 요인이 무엇인지를 파악한다. 제3절과

제4절에서는 각각 체코와 슬로바키아의 이행기 정의 메커니즘 선택 요인과 그 내용을 살펴본다. 여기에서는 과거청산 혹은 이행기 정의의 내용을 옛 정권의 불법행위에 대한 기소와 처벌, 가해자를 공직에서 배제하는 정화(lustration), 과거의 부정의를 공개하고 역사를 바로 세우기 위한 진실 찾기(비밀문서 공개), 과거에 불법적으로 몰수한 재산과 직업을 되돌리는 반환과 복권, 그리고 용서와 화해로 구분하면서, 체코와 슬로바키아 이행기 정의 메커니즘의 주요 특징인 정화와 파일 공개에 보다 집중한다. 마지막 제5절에서는 양국의 이행기 정의를 비교하면서 이행기 정의 메커니즘 차이 혹은 과거청산 실시 여부가 양국의 민주화 및 민주주의 공고화에 직접적인 영향을 끼치지는 않았다고 주장한다.

2 탈공산주의 동유럽의 이행기 정의 메커니즘

체제전환 이후 대부분의 동유럽 국가에서 새로운 민주 엘리트와 시민사회 그리고 일반 시민들 사이에서 옛 공산정권 시기 당-국가 고위 공직자와 비밀경찰 그리고 그 협력자의 행적을 추적해 위법한 행위에 대한 기소-처벌뿐만 아니라 부당하게 기록된 역사를 바로잡는 이행기 정의가 필요하다는 의견이 대두되었다. 여기에는 옛 비밀경찰이 작성한 문서를 공개해서 비밀경찰의 범죄행위 및 여기에 협력한 공산정권 부역자들이 누구인지를 밝혀내야 한다는 의견도 포함되어 있었다. 체제전환 초기 옛 체제를 부정하는 '탈공산화(de-communization)'와 더불어 옛 정권에 충성하면서 불법을 자행했던 고문자를 기소, 처벌하고 그들이 작성한 비밀문서를 공개하는 것은 민주주의와 법치, 인권에 기반한 새로운 민주정권이 공산정권의 부정을 극복하고 새롭게 정의를 세우는 이행기 정의와도 같았다.[2]

그러나 국가별로 이행기 정의를 세우는 과거청산을 어떻게 실시할지 그리고 언제 실시하며 그것을 어느 정도의 강도와 범위로 추진할지에 대한 의견이 달랐고 국가 내부에서도 그 시행 여부 및 방법, 범위에 대한 의견이 달라 이에 대한 논쟁이 벌어졌다. 이 문제에 처음으로 손을 댄 국가는 동독과 체코슬로바키아였다. 동독은 1990년 8월 '통일조약'[3]으로 그리고 체코슬로바키아는 1991년 '정화법'[4]을 통해 옛 공산 관료와 비밀경찰이 새로운 체제에서 고위직을 차지하지 못하도록 하는 강력한 인사 검증 방법을 선택했다. 동독은 2006년까지 15년 동안, 체코슬로바키아는 당초에는 5년 한시법으로 정했는데 1993년 국가분리 이후 체코는 두 번에 걸쳐 기간을 연장했다. 반면, 슬로바키아는 국가 분리 이후 연방 정화법의 기간을 연장하지 않아 1996년에 자동 폐기되었다. 동독과 체코에 이어 1992년 불가리아와 1995년 알바니아, 1999년 루마니아도 공직자 검증을 시작하면서 옛 공신당 혹은 비밀경칠과의 관련성이 드러나면 해당 인사를 공직에서 배제했다. 그러나 이들 국가에서는 검증 대상 직위가 너무 적거나 혹은 적용 기간이 너무 짧아 인적 청산의 효과가 크지 않았다. 헝가리와 폴란드도 각각 1994년과 1997년에 인사 검증을 시작했는데, 양국의 검증은 다시 정권을 차지한 공산당 계승 정당과 야당이 된 민주 정당이 타협을 통해 해임이나 해고를 하지 않는 말 그대로 '양심적인 검증'에 머물렀다.[5]

국가별 정화의 적용 범위와 기간 그리고 그 내용이 다른 것은 옛 정권과 비밀경찰에 대한 인식 차이 때문이기도 했는데, 동독과 체코슬로바키아의 경우는 공산정권 시기 당-국가 주도하에 비밀경찰이 탄압과 억압을 자행되었다는 인식이 강했기 때문에 정화의 대상에 당-국가 관료 및 비밀경찰과 그 협력자가 모두 포함되었다. 반면, 헝가리와 폴란드는 국내의 억압은 비밀경찰의 독자적인 행위라는 인식으로 비밀경찰과 다른 억압기구와의 관련성 파악에 집중해서 새로이 선출되거나 임명된 옛 공산계 인사의 검증에는 관심을 두지 않았다. 그 대신 주로 행정관료가 검증의 대상이었는데 비밀경찰 행적 혹은 비밀경찰과 협력한 행적이 밝혀진다면 공직에서 배제하는 형식이었다. 반대로 정치인들은 비공개로 자신의 과거를 진술하는 양심적 선언으로 충분했으며, 다만 인권 탄압과 관련된 과거의 행적을 거짓으로 진술한 경우에 한해서만 공직에서 배제되었다.[6]

한편, 체제전환 이후 동유럽 각국에서는 공산정권 시기 비밀경찰이 작성한 문서를 공개할지를 두고도 치열한 논쟁이 벌어졌다. 결국 대부분의 국가는 문서 공개에 따른 피해자의 개인정보 유출 우려에도 불구하고 국가안보를 위협하는 중요 문서를 제외한 옛 정권의 억압, 인권 탄압, 불법적인 활동과 관련된 문서 그리고 비밀경찰 요원과 그 협력자의 명단을 공개했다. 여기에서도 국가별 문서 공개 범위가 달랐는데, 탈공산주의 동유럽 국가 중에서 동독이 처음으로 '옛 국가안보부의 개인정보 보안과 사용에 관한 법'을 통해 비밀문서를 공개했으며, 체코가 1996년 '비밀 파일 접근에 관한 법' 그리고 1997년 불가리아가 '공산주의 비밀 파일 공개에 관한 법', 1997년 폴란드가 기밀 파일의 해제 등을 통해 옛 비밀경찰과 정보부가 작성하고 보관하고 있던 문서를 공개했다.[7]

이처럼 탈공산주의 동유럽 각국은 기소-처벌에서 인적 청산과 비밀문서의 공개 그리고 화해와 용서에 이르기까지 다양한 수준의 이행기 정의 메커니즘을 선택했다. 이를 '처벌에서 용서까지의 가상의 연속선'[8]에 위치시키면, 가장 강력한 이행기 정의 메커니즘을 선택한 사례는 동독이었다. 동유럽 국가 중에서 유일하게 동독만이 체제전환 초기에 기소, 처벌, 문서 공개 등 세 가지 방법 모두를 채택해 가장 강력한 이행기 정의를 추진했다. 동독 바로 뒤에 체코가 위치하는데, 체코는 옛 정권의 인사에 대한 포괄적인 인사 검증을 통해 이들을 새로운 체제의 공직에서 배제하는 급진적인 정화를 추진했지만, 동독에 비해서는 비밀문서에 대한 접근이 늦었고 기소와 처벌 사례는 많지 않았다.

한편, 처벌에서 용서까지의 연속선상의 다른 쪽 끝에는 알바니아, 슬로베니아, 슬로바키아가 위치하는데, 이들 국가는 정화, 문서 공개 그리고 기소-처벌 등을 통한 이행기 정의에 관심이 없었고, 특히 슬로베니아는 어떠한 이행기 정의 메커니즘도 선택하지 않았다. 슬로바키아는 1993년 체코와의 국가 분리 이전에는 연방 정화법의 적용을 받았지만 이를 실행한 적이 없었으며, 국가 분리 이후에는 연방 정화법을 연장하지 않아 1996년에 정화법의 시효가 만료되었다. 다만 유럽연합(EU) 가입을 앞두고 2001년에 일부 과거청산 조치가 있었고 2002년에 '국가기억법'을 제정하고 국가기억원을 설립해 비밀 파일에 대한 접근을 허용했다.

처벌-용서 연속선의 중간에는 폴란드, 헝가리, 루마니아가 위치하는데, 이들은 동독이나 체코에 비해 늦게 이행기 정의를 시작했고, 또 그 내용도 동독이나 체코의 사례보다 훨씬 약한 수준에 머물렀다.

이와 같은 처벌에서 용서까지의 이행기 정의 연속선을 통해 볼 때, 탈공산주의 이행기 정의 메커니즘을 네 개의 유형으로 구분할 수 있다. 첫 번째 '강력한 이행기 정의 메커니즘'을 선택한 국가는 동독과 체코이며, 이 유형에서는 상대적으로 강력한 정화, 비밀문서 접근, 기소와 처벌을 추진했다. 두 번째 유형인 '온건한 이행기 정의 메커니즘'을 선택한 헝가리와 폴란드의 이행기 정의는 규모나 내용 면에서 동독이나 체코에 비해 온건한 수준이었고 이를 적용한 시점도 뒤늦었다. 세 번째 그룹에 속하는 루마니아와 불가리아는 기소와 처벌, 공직자 인사 검증 그리고 문서 공개라는 세 개의 주요한 이행기 정의 메커니즘 중에서 하나 혹은 두 개만을 선택한 경우로 앞선 두 그룹보다는 강도가 약한 접근법을 선택했다. 예를 들어, 루마니아는 이른 시기에 기소를 선택했지만, 인적 검증을 의미하는 정화를 시행하지 않았고, 비밀 파일에 대한 공개도 뒤늦었다. 불가리아는 정화를 비교적 일찍 추진했지만, 비밀 파일에 대한 접근이 뒤늦었고, 기소와 처벌은 아예 고려하지 않았다.[9] 마지막 네 번째 카테고리는 기소와 처벌을 하지 않았고, 인적 청산인 정화도 선택하지 않은 유형이다. 이 유형에는 비밀경찰의 문서를 공개한 슬로바키아 사례도 포함되지만, 대체적으로는 이행기 정의 메커니즘을 선택하지 않고 옛 정권과 가해자를 용서하고 잊는 화해의 정치를 선택했다. 이렇게 처벌에서 화해까지의 연속선과 이행기 정의 메커니즘의 시기와 범위, 내용에 따라 탈공산주의 동유럽 각국의 주요한 이행기 정의 메커니즘을 요약하면 다음 표와 같다.[10]

탈공산주의 동유럽의 이행기 정의: 정화를 통한 인사 검증

<table>
<tr><th>국가</th><th>채택연도</th><th>법안의 주요 내용</th></tr>
<tr><td>동독</td><td>1990년 8월</td><td>독일 통일 조약
- 비밀경찰과의 협력 검증
- 금지: 고용주는 고용인에게 과거 검증 요구. BStU가 비밀문서에 기초해 비밀경찰과의 협력 여부 결정함. 2006년 12월 28일 종료</td></tr>
<tr><td>체코</td><td>1991년 10월</td><td>체코슬로바키아 - 정화법 no. 451/1991
- 비밀경찰, 협력자, 공산당 관료, 인민군, 국가안보부, 정치국, 1948~1968년 사이 숙청위원회, KGB 군사학교 출신자, 안가 소유자에 대한 검증
- 금지: 연방과 개별 공화국에서 선출 혹은 임명(현 국회의원은 제외)직. 영관급 이상의 군인, 국영기업, 합자회사 경영진, 국영미디어, TV, 라디오 제작자, 최고 아카데미, 대법원 판사, 검사
- 검증과정 혹은 금지의 시효: 처음에는 1995년, 2000년으로 연장, 이후 상시법으로 함</td></tr>
<tr><td rowspan="2">불가리아</td><td>1992년</td><td>과학적 기구와 고위 검증 위원회 집행부에 대한 한시적인 추가 요건 도입에 관한 법안(Panev 법안)
- 공산당 지도부와의 관련성 입증</td></tr>
<tr><td>1997년</td><td>행정부에 관한 법
- 공산당 노멘클라투라 5년간 고위 공직 금지</td></tr>
<tr><td>헝가리</td><td>1994년 3월</td><td>일부 중요 직위에 대한 검증법(Act 23/1994)
- 비밀경찰 요원, 협력자의 과거 행적 검증
- 조사범위: 의회와 각료, 연방은행장과 부행장, 대사, 군장성, 헝가리 라디오, TV, 헝가리 뉴스 서비스의 사장과 부사장 그리고 편집장, 경찰국장, 국립대학의 총장, 학장, 총과장, 학과장, 판사, 지역 변호사, 일간지, 주간지 편집장, 국영기구 책임자, 국영은행, 재정기구, 보험사 사장(2006년 6월 30일까지)
- 1996년 개정: 의회나 대통령 앞에서 선서한 1972년 2월 14일 이전 출생자 공직자 전원 검증</td></tr>
</table>

알바니아	1995년 가을	정치적 · 이데올로기적 · 종교적 동기로 공산정권 동안 자행된 인권에 대한 범죄와 학살에 관한 법(대량 학살법) – 공산정권과 관련된 인사들(정치적, 중앙위원회 위원, 각료, 의원, 대법원장, 비밀경찰과 그 협력자)은 의회, 정부 및 언론사 고위 직위 배제(법안의 시효: 2002년)
	1995년 가을	공직자 인사 검증법(정화법) – 공직자들은 선거에 입후보하기 전 혹은 직위에 임명되기 전에 특별 검증위원회에 의해 검증
	1998년 1월	대량학살법 개정
폴란드	1997년 3월	정화법 – 비밀경찰과의 과거 공모에 대한 조사, 현 공직자와 다음의 직위를 가진 후보자(대통령, 의원, 내각, 판사, 검사, 대통령이나 총리, 검찰 총장에 의해 고위직에 임명된 자)들은 비밀경찰과의 협력 사실이 없음을 증명 – 거짓 증언의 경우 10년간 공직 배제
	2006년 11월	비밀경찰과의 협력 검증(모든 부서의 장) – 고위 관료, 판사, 교사, 언론인, 외교관, 시장, 국영기업의 장, 편집장, 편집인, 교장 등 – 옛 비밀경찰과 협력한 경우에는 해고
루마니아	1999년	189/1999년: 파일 접근과 비밀경찰 관련 법안 – 비밀경찰과의 협력 검증 – 옛 비밀경찰 혹은 협력자 공개 – 다만 현직은 그대로 공직 유지함
슬로바키아	1991년	451/1991 체코슬로바키아 정화법을 적용하지 않음
	1996년	정화법 폐지
슬로베니아	–	사법부 법안 – 개인의 인권이 침해된 조사 혹은 사법 소송에 참여했던 판사들은 현재의 임기가 만료된 이후에 재선출되지 못함

출처: Stan, L. (2006).

탈공산주의 동유럽의 이행기 정의: 비밀문서 공개

국가	채택시기	주요 내용
동독	1990년 8월	옛 국가보안부의 개인 정보의 보안과 사용에 관한 법 - 문서화할 권리는 없지만 정보에 대한 권리가 있음. 비밀문서에 정보가 포함되어 있는 시민들에게 그 사실을 통보 - 해당 문건의 공개는 금지함
	1992년 1월	비밀경찰 파일법 - 자신의 파일 열람 및 복사 가능
체코	1996년	Act 140/1996 비밀 파일 접근에 관한 법 - 자신의 파일 내용 열람(단, 제3자의 이름은 삭제)
	2002년 3월	Act 107/2002 비밀 파일에 대한 포괄적인 접근에 관한 법 - 성인시민들(18세 이상)은 파일에 접근할 수 있고, 비밀경찰 협력자의 파일, 비밀경찰 관료 파일 공개
	2004년	문서고법(Act 499/2004) - 반공산주의 반체제인사들의 파일 공개
불가리아	1997년 7월	공산주의 비밀 파일 공개에 관한 법안 - 현직 관료(헌법 재판소 판사 포함) 파일 공개
	2006년 12월	문서고 공개법 - 자신의 파일 열람
헝가리	2003년	자신의 파일 열람. 자신을 감시한 자들의 파일 열람
폴란드	1997년	비밀문서 공개
	2006년	현직 외교관, 각료 그리고 의원의 파일 공개
루마니아	1999년 12월	Act no. 187/1999 - 자신의 파일 열람 및 복사
슬로바키아	2002년 8월	1939년 4월 18일~1989년 12월 31일 사이 국가 보안부의 행위와 관련된 문건에 대한 접근 법 그리고 국가기억원 설립에 관한 법. Act 553/2002 - 자신의 파일 열람
슬로베니아	-	공개금지
알바니아	-	없음

출처: Stan, L. (2006).

탈공산주의 동유럽의 이행기 정의: 담당 기관

국가	기관
동독	Gauck 위원회(1992년 설립) 옛 동독 비밀경찰의 파일에 관한 연방위원회
불가리아	1. Andreev Commission (옛 비밀경찰의 협력과 문서 공개에 관한 위원회, 2001년 설립) - 5년 임기의 7인의 위원(5명은 의회가 2명은 각료회의에서 임명) 2. 옛 비밀경찰과 안보 수장, 책임자급과의 연루 폭로에 관한 위원회 - 5년 임기의 7인의 위원(의장은 대통령이 지명)
체코	공산주의 범죄 문서화 및 조사부(1995년 설립) 2002년 경찰산하로 편입
폴란드	국가기억원(1998년 설립)
루마니아	비밀문서 연구를 위한 국가위원회(2000년 설립) 6년 임기의 11인으로 구성. 전원 당적이 없으며, 의회에서 정당이 임명
헝가리	역사부(2001년 설립)
슬로바키아	국가기억원(2003년에 법무부 산하기구로 설립)
알바니아	없음
슬로베니아	없음

출처: Stan, L. (2006).

3 체코와 슬로바키아의 이행기 정의 메커니즘

이제 논의를 체코와 슬로바키아의 사례로 좁혀 1992년까지 단일한 국가였던 체코와 슬로바키아가 왜 서로 다른 이행기 정의 메커니즘을 선택했는지 그 이유를 살펴볼 차례이다. 제1차 세계대전 이후 체코와 슬로바키아가 결합한 체코슬로바키아는 제2차 세계대전 중이었던 1939년에서 1945년까지 나치 독일의 후원을 받은 슬로바키아가 독립한 적이 있었지만, 70여 년을 단일 국가로 정치, 경제, 역사, 문화를 공유했다. 전간기 동유럽 유일의 민주주의 국가이자 시장경제를 유지했던 체코슬로바키아는 1948년 2월 공산당의 쿠데타 이후 소련의 사회주의 경제체제와 획일적인 사회, 문화를 이식받았다. 1968년 '프라하의 봄'이 실패한 이후인 1969년 연방화로 연방 국가가 되었지만 체코와 슬로바키아는 오랜 기간 동안 단일한 역사적·정치적·경제적 경험을 했다. 그렇다면 이러한 단일한 경험에도 불구하고 체코와 슬로바키아가 상이한 이행기 정의 메커니즘을 선택한 이유는 무엇인가?

국가별 상이한 이행기 정의 메커니즘을 설명할 때 가장 먼저 고려해야 할 측면은 체제전환의 유형, 즉 비민주국가가 어떻게 민주국가로 전환되는지를 파악하는 것이다. 헌팅턴(S. P. Huntington)은 민주화의 과정을 옛 정권 스스로가 개혁을 추진하는 변동(transformation), 옛 정권이 민주화를 시작하지만 그 과정에서 주도권과 정당성을 잃고 반대세력이 이를 대신하는 전환(transplacement) 그리고 개혁에 반대하는 옛 정권을 무너뜨리고 반대세력이 정권을 차지하는 대체(raplacement)로 구분하고, 세 개의 민주화 유형이 이후에 전개될 이행기 정의 메커니즘 선택에 중요한 영향을 끼친다고 파악했다.[11] 여기에서 그는 대체와 강력한 이행기 정의를 그리고 변동과 용서를 짝지었고 전환과 온건한 이행기 정의 메커니즘을 연결시켰다. 즉, 옛 정권 스스로가 개혁을 추진해 체제를 '변동'시키는 경우 옛 정권의 행위자들이 권력을 유지하면서 스스로를 보호하기 위해 사면이나 아니면 용서, 잊기 등을 선택하며, 그 반대로 공산정권에 반대하는 세력이 개혁을 거부하는 강경한 옛 정권을 몰아내는 '대체'의 경우에는 강력한 이행기 정의 메커니즘을 선택해 옛 정권의 정당성을 제거하고 이들을 처벌, 정화하는 등의 조치를 취할 가능성이 높다는 것이다.

그러나 현실에서는 헌팅턴이 제시한 변수들 간의 인과성이 뚜렷하지 않다. 예를 들어, 헌팅턴은 동독과 루마니아를 제외하면 동유럽 민주화는 대부분 변동과 전환에 해당되기 때문에 '용서하고 잊기'가 이행기 정의 메커니즘에서 대세를 차지할 것이라고 예측했었다. 또한 그는 체코슬로바키아 체제전환을 옛 정권과 반대파의 타협과 협상을 통한 민주화로 분류해 용서와 잊기 혹은 상당히 온건한 이행기 정의 메커니즘을 선택할 것이라고 보았다. 그러나 현실의 체코슬로바키아는 동독과 함께 탈공산주의 국가 중에서 가장 강력한 이행기 정의 메커니즘을 선택했다. 결국 헌팅턴이 제시한 민주화의 유형과 이행기 정의 메커니즘 선택 사이의 인과관계는 입증되지 않는 셈이다.

이런 측면에서 모란(J. Moran)은 헌팅턴이 제시한 민주화의 유형 대신 '옛 공산정권이 반대파를 용인했던 수준'을 이행기 정의 메커니즘의 독립변수로 제시했다. 모란은 옛 정권에서 반대세력을 용인하는 지표로 목소리(voice)와 탈출(exit) 허용을 언급했다. 이에 따르면 폴란드와 헝가리의 공산정권은 반대파에 관용하면서 이들이 목소리를 내고 또 외국으로 탈출할 수 있도록 허용했는데, 이 경우 체제전환 이후 이행기 정의 메커니즘으로 용서와 사면을 선택할 가능성이 크다고 보았다. 반면, 공산정권 시기에 목소리와 탈출이 허용되지 않았던 체코슬로바키아와 불가리아의 경우는 체제전환 이후 정권을 잡게 되는 옛 반체제인사들이 옛 공산 지도자들에 대한 처벌을 요구할 가능성이 높다는 것이다. 이를 한마디로 요약하면 "옛 공산정권이 자유주의적일수록, 민주체제의 새로운 엘리트들 사이에서 옛 공산 지도부에 대한 용서의 분위기가 우세하다."라는 것이다.[12] 그러나 현실에서는 반체제의 목소리와 탈출을 허용했던 폴란드 역시 시기적으로는 비록 약간 뒤늦었지만 용서보다는 정화를 선택했다는 점에서는 모란이 제시한 옛 정권의 관용과 이행기 정의 메커니즘 선택 사이의 인과성도 성립되지 않는다.

한편, 웰시(H. Welsh)는 모란과 헌팅턴이 제시한 '과거의 정치'와 '현재의 정치'를 결합해 '다면적 이행기 정의 메커니즘 결정론'을 제시했다. 이에 따르면 체제전환 이후의 이행기 정의 메커니즘 선택에 영향을 주는 요인은 민주체제에서 정당 간 권력배분, 체제전환 이후 공산당 혹은 계승 정당의 세력이다. 웰시는 체제전환 이후 실시된 선거에서 옛 공산계의 세력이 약할수록 민주계가 강력한 이행기 정의 메커니즘을 선택하기 쉬워지고, 반대로 옛 공산계가 의회를 통제하는 한 그러한 가능성은 약해진다고 강조하면서 민주세력 사이의 권력배분 그리고 이들과 공산당 혹은 공산당 계승 정당 간의 권력 배분이 이행기 정의 메커니즘의 범위, 강도, 기간에 영향을 끼친다고 판단했다.[13]

윌리암스(K. Williams) 등도 체제전환 이후 옛 반체제 세력이 어느 정도의 권력을 차지하고 있는지가 이행기 정의 메커니즘 선택에 중요한 요인이라고 강조했다. 즉, "정화의 법제화는 체제전환 이후 옛 반대세력이 차지하는 권력의 크기와 정화에 대한 대중적 지지를 끌어내는 능력"이라고 파악했다.[14]

슈체르비악(A. Szczerbiak)은 옛 공산정권의 반체제 용인 수준이나 민주화의 유형과 같은 '과거의 정치'가 아니라 '현재의 정치'가 이행기 정의 선택에 영향을 끼친다고 파악하면서, 이행기 정의 메커니즘을 선택하는 시기의 정치 상황과 권력의 배분뿐만 아니라 당시의 여론과 사회적 분위기 등이 모두 여기에 영향을 끼친다고 판단했다. 다만 그는 폴란드의 사례를 통해, 정화와 같은 메커니즘이 반드시 과거의 부정을 바로잡는 이행기 정의는 아니며, 오히려 일상의 정치적 경쟁을 위한 도구로 사용될 가능성이 있다고 보았다.[15]

날레파(M. Nalepa)는 상기한 이행기 정의 메커니즘 선택 논의와는 달리 폴란드와 헝가리의 사례를 통해 옛 반대세력에 주목하기보다는 체제전환 이후 공산당 계승 정당의 행위에 주목했다. 그는 공산당 혹은 그 계승 정당이 자유화와 민주화를 지지하는 대가로 자신들에 대한 면책권을 요구했고, 처음에는 이행기 정의를 반대하다가 이후에 가서는 스스로가 정화와 같은 인사 검증을 받아들였던 사실에 주목했다. 그는 1994년 헝가리, 1997년 폴란드 공산당 계승정당의 행위는 우익 반공산계의 강력한 이행기 정의 메커니즘 선택을 예상하고 선제적으로 중도의 지지를 얻어 온건한 형태의 이행기 정의를 선택한 합리적 행위로 평가했다.[16]

스탄(L. Stan)의 경우는 기존의 이행기 정의 메커니즘 선택을 종합한 '다변인 모델'을 통해 현재의 정치, 즉 민주주의에 기반한 정치적 경쟁뿐만 아니라 옛 정권의 특성과 민주화의 유형과 같은 과거의 정치가 모두 이행기 정의 선택에 변수가 될 수 있다고 강조했다. 그는 체제전환 과정에서 옛 반체제의 구성, 경향, 규모와 옛 공산정권의 통치 성향, 즉 억압과 협력의 수준 그리고 공산정권이 들어서기 이전의 다원주의에 대한 경험을 세 가지 변수로 제시했다.[17] 이에 따르면 공산정권 이전에 다원주의를 경험한 국가에서 반체제, 대중, 그리고 핵심 지도부에서 배제된 테크노크라트가 정권에 반대한다면 체제전환 이후에는 이들이 대안 엘리트로 등장하며, 공산정권의 억압과 탄압 수준이 강했다면 강력한 이행기 정의를, 약했다면 온건한 이행기 정의를 선택할 것이다.

마지막으로 네델스키(N. Nedelsky)는 단일 국가에서 역사적 경험을 공유했던 체코와 슬로바키아가 국가 분리 이후 서로 다른 이행기 정의 메커니즘을 선택한 사례를 통해 선출(co-optation)과 내적 망명(internal exile)이라는 기준으로 옛 정권의 정당성을 평가하고 그것이 이행기 정의 메커니즘 선택에 가장 강력한 영향을 준다고 강조했다.[18] 이에 따르면, 체코보다 슬로바키아에서 공산정권의 억압 수준이 낮았기 때문에, 옛 정권 시기 슬로바키아에서 공산정권의 정당성이 더 높았고 따라서 체제전환 이후 슬로바키아에서는 옛 공산정권 처벌에 별다른 관심이 없었다. 반대로 체코는 공산정권 시기 정권의 탄압이 강했고 탄압을 받은 이들의 내적 망명 수준이 높아서 정권에 대한 정당성이 낮았기 때문에, 체제전환 이후 옛 공산정권에 대해 더욱 강력한 이행기 정의 메커니즘을 선택하고 새로운 민주정권에 대한 정당성 강화를 추진했다. 네델스키는 정권의 정당성 강화로 이어지는 메커니즘을 다음과 같이 설명했다.

> 어떤 사회에서 옛 정권의 정당성을 인정하는 수준이 높을수록, 정의구현 촉구 동기가 더 낮고, 체제전환 이후 옛 정권과 관련된 엘리트들이 정계 복귀 허용 수준이 높아진다. 옛 정권의 엘리트들이 새로운 체제에서 이행기 정의를 지지할 것 같지는 않다. 따라서 그들이 권력을 빨리 얻으면 얻을수록, 시간이 지남에 따라 자신을 검증하는 법을 만들려고 하지는 않을 것이다. 반면, 옛 정권의 정당성을 낮게 인식할수록 전환 이후 선거에서 승리한 반공산 엘리트들은 분명 공산당 계승 엘리트보다 더욱 적극적으로 '탈공산화'를 추진할 것이다.[19]

상기한 이행기 정의 선택 메커니즘을 기반으로 제4절과 제5절에서는 체코와 슬로바키아의 이행기 정의 메커니즘 선택 과정과 그 내용을 살펴본다.

4 체코의 이행기 정의

체코의 정화법은 1991년 연방법으로 제정된 '연방정부와 개별 공화국에서 특정 공직자의 조건에 관한 법(Zákon č. 451/1991 Sb., 일명 대정화법)'과 1992년 체코 공화국 의회에서 제정한 '체코 경찰과 군부의 특정 직책 수행을 위한 조건에 관한 법(Zákon č. 279/1992 Sb., 일명 소정화법)'으로 탈공산주의 동유럽 국가의 인사 검증 중에서 가장 강력한 법으로 알려져 있다.[20] 대정화법과 소정화법으로 구분되는 정화법 중에서 일반적으로 대정화법이 체코 정화법을 의미한다.[21]

체코 정화법은 옛 공산정권의 억압의 정도나 혹은 민주화의 유형에 따라 그 시기와 범위 등이 영향을 받은 것이라기보다는 체제전환 직후 새로운 민주정권 내부의 논의와 민주세력과 옛 공산세력 사이의 논쟁 그리고 사회 전체적인 조율을 거친 결과물이었다. 1989년 11월 17일 시작된 벨벳혁명으로 공산정권 퇴진 압력이 최고조에 이르면서 공산계와 반공산계 사이에 협상이 시작되었다. 이 협상은 그해 12월 29일 반체제를 대표하던 하벨(V. Havel)이 아직 공산계가 다수를 차지하고 있던 의회에서 만장일치로 대통령으로 선출되면서 반공산계의 일방적 승리로 끝났다. 하벨은 대통령으로 선출된 직후 각 정당과 정파의 대표들에게 1990년 6월로 예정된 총선에 출마할 후보자의 자격을 검증하자고 제안했다. 여기에서 그는 총선 출마 후보자들이 옛 공산정권 시기에 비밀경찰(Státní bezpečnost)이었는지 혹은 그가 비밀경찰에 협력했는지를 검증하여 만약 해당 사실이 드러날 경우 총선 출마 및 고위직을 차지하지 못하도록 하자고 건의했다.

대부분의 정당이 이에 동의했지만 공산당은 이에 강력히 반대했다. 이때의 검증은 그 결과가 공개되지도 않았고 설령 해당 인사가 옛 정권에서 비밀경찰에 협력했다는 결과가 나와도 총선 출마나 혹은 기타 공직을 차지하는 데 별다른 문제가 없었기 때문에 사실상 이행기 정의라고 규정하기 어려웠다. 그러나 이 과정에서 인사 검증을 담당한 내무장관이 자신의 이름이 기재된 옛 비밀경찰 파일을 삭제하고 그것을 은폐한 사건이 발생했다. 이와 함께 1989년 11월 17일 벨벳혁명이 정권교체를 의도한 비밀경찰의 공작이라는 소문이 돌기 시작하면서 명목상의 인사 검증이 아닌 보다 조직적이고 체계적인 이행기 정의의 필요성이 대두되었다.[22]

이를 위해 연방의회는 '11월 17일 위원회(November 17th Commission)'를 조직해 두 사건에 대한 조사를 맡겼다. 위원회는 비밀경찰의 혁명 연루 여부를 조사하는 가운데 그들이 보관하고 있던 비밀문서를 열람했고 여기에서 연방의회, 정부, 대통령처 등 현 정부의 고위직을 차지하고 있는 사람들의 명단을 발견했다. 위원회는 이를 연방의회에 보고했고, 연방의회는 위원회로 하여 연방의회 의원과 연방 장·차관들이 비밀경찰과 협력했는지를 검증하도록 하는 결의안을 통과시켰다. 위원회는 비밀경찰의 파일을 검토해 수기로 보고서를 작성하거나 혹은 문서에 직접 서명한 경우 그리고 하나 이상의 파일에 이름이 기재되어 있는 인사는 비밀경찰의 정보원 혹은 협력자였다는 증거로 사용했다. 조사 결과 연방의회 의원이 비밀경찰에 협력했다는 위원회의 결정이 나오면 해당인은 15일 내에 사임하도록 했다.[23] 그러나 일부 의원들이 사임을 거부하면서 TV로 생중계하는 가운데 연방의회 본회의에서 사임을 거부한 10명의 의원 명단을 공개했다. 이를 계기로 다시 한번 비밀경찰 협력자를 공직에서 배제하는 정화에 대한 찬반 논쟁이 거세졌다. 일부에서는 비밀경찰의 명단이 불완전하기 때문에 기재된 명단을 공개하는 것은 일종의 마녀사냥이며, 이들의 공식 해명을 듣기도 전에 명단을 공개하는 것은 무죄추정의 원칙을 위배된 것이라고 비판했다. 그러나 정화의 법제화에 대한 의회의 지지는 반대 의견보다 훨씬 강했다. 1990년 6월 총선을 통해 연방의회, 체코 의회, 슬로바키아 의회 다수를 차지한 옛 반체제 세력과 옛 공산정권의 핵심부에서 배제되었던 테크노크라트를 중심으로 한 새로운 집권 세력은 인사 검증을 통해 옛 공산정권의 부정을 바로잡고 새로운 민주체제의 정당성을 강화하려는 의지가 강했다.

마침내 1991년 10월 연방의회에서 No. 451/1991, 일명 정화법이 통과되었다. 정화법의 통과 과정도 순탄했던 것은 아니었다. 연방의회 300명의 의원 중에서 이 법에 찬성표를 던진 의원은 148명이었고 반대가 31명이었다. 나머지는 기권하거나 아니면 아예 표결에 참여하지 않았다. 정당들 사이의 의견 차이도 컸는데 체코 최대 정당이었던 중도우익의 시민민주당(ODS) 소속 의원은 전원 찬성, 슬로바키아 최대 정당인 민주슬로바키아운동(HZDS) 소속 의원은 전원 반대표를 던졌다. 시민민주당의 대표였던 클라우스(V. Klaus)는 1968년 프라하의 봄 이후 공산정권의 핵심부에서 배제되어 주변부에 머물렀던 정통 테크노크라트 출신이었고, 민주슬로바키아운동의 메치아르(V. Meciar)는 공산정권의 관료 출신이었다. 이를 통해 현재의 집권 세력이 옛 공산정권과 거리를 두었던 경우는 이행기 정의를 지지했고, 그 반대로 옛 정권과의 연속선상에 있는 경우에는 이행기 정의를 반대한 것을 확인할 수 있다.

정화법의 대상이 되는 고위 직위는 연방 수준의 고위 행정직과 영관급 이상의 군인 그리고 연방경찰과 연방 정보부, 대통령청, 연방 헌법재판소, 연방 대법원 그리고 개별 공화국 행정부 고위 인사, 의회 사무국, 개별 헌법재판소, 대법원 등이 포함되었다. 또한 여기에는 방송사와 학계의 고위 인사와 국영은행, 합자회사의 경영인, 중앙은행 고위직도 포함되었다. 한편, 정화법의 대상 시기는 1948년 2월 공산당의 쿠데타 이후 1989년 11월 17일 벨벳혁명이 시작된 시점까지로 정해졌다.

이러한 체코슬로바키아 연방 정화법은 말 그대로 공산정권 시기에 고위직을 차지하고 있던 자들이나 비밀경찰로 근무했던 자들 혹은 비밀경찰에 협력했던 자들이 새로운 체제에서 고위직을 차지하지 못하도록 배제하는 인적 청산을 의미하는데, 그 대상은 공산정권 시기에 비밀경찰, 협력자, 공산당 관료(지역 수준 이상의 정치국원), 보안대, 인민군, 민족전선 행동대, 숙청위원회 의원, 소련 군사학교 3개월 이상 수료자 등이었다.

상기와 같은 조건을 충족시켜 고위 공직을 차지하기 위해서는 내무부에서 발행하는 '관련 없음'을 증명하는 서류를 발급받아 제출해야 했다. 정화법에서는 이를 "공직에 진출하기 위해서는 상기한 내용에 해당되지 않음을, 즉 공산당 고위관료였거나 비밀경찰 혹은 그와 연루된 자 등이 아니라는 사실을 기록한 내무부 발행 증명서를 첨부해 부정정화(negative lustration)를 입증해야 한다."라고 규정했다. 또한 정화법 제5조에서는 상기한 공직을 맡기 위해서는 내무부가 발행하는 정화 증명서나 신고서, 법원의 판결문 등을 제출해야 한다고 상술하고 있으며, 제6조에서는 내무부나 법원, 심사위원회는 시민이나 혹은 단체가 요청한 증명서나 판결문 등을 발급할 의무가 있다고 규정했다.

체코의 이행기 정의: 시기와 내용

정부	정화	탈공산화	문서고
1992~1996년 클라우스(ODS-KDS+KDU-CSL+ODA): 105석, 우익-보수	연방법 효력 지속: 1991년 시민포럼 주도 정부 시기에 대규모, 소규모 정화법 제정	7/1993 공산정권 불법정권 규정법	1995년 공산주의범죄조사기록위원회 설립
1996~1998년 클라우스(ODS+KDU-CSL+ODA): 99석, 우익-보수	1996년 정화법 시효 5년 연장. 헌재 합헌 판결	-	문서접근 규정하는 첫 번째 법 제정
1998년 토숍스키 임시내각	-	-	-
1998~2002년 제만(소수정부): 74석	헌재 정화법 위헌 아님 판결	-	3/2002 문서접근 확대에 관한 법. 시민민주당(ODS) 주도
2002~2004년 슈피들라(사민당+KDU-CSK+US-DEU): 101석, 사회/보수	정화법 시효 연장, 공산당과 사민당 일부에서는 이를 반대	-	
2004~2005년 슈피들라슈피들라(사민당+KDU-CSK+US-DEU): 101석, 사회/보수	-	-	-

2005~2006년 파로우벡(사민당+KDU-CSK+US-DEU): 101석, 사회/보수	-	-	-
2006년 토폴라넥: 81석, 우익 소수내각	-	-	-
2007~2009년 토폴라넥(ODS+KD-CSL+SZ): 우익	-	-	전체주의 정권 연구소 설립
2009~2010년 피셰르 임시내각	-	-	-
2010~2014년 네차스 (ODS+TOP09+VV): 118석, 우익	판사들도 정화 적용, 과거행적 보고(헌재)	-	-
2014년 이후 바비쉬 (ANO2011)	-	-	-

출처: Šipulová, K., & Hloušek, V. (2013).

한편, 연방 정화법 제7조는 대통령이나 국회의장, 장관, 검찰총장 등도 예외 없이 직책에 선출되거나 임명된 지 30일 이내에 동일한 절차를 거쳐야 하며, 이때 내무부는 일반인들의 경우와는 달리 지체 없이 증명서를 발급해야 한다고 규정했다. 제8조와 제9조에서는 직책 유지 혹은 직책을 맡기 위해서는 18세 이상의 모든 시민이 증명서 혹은 판결문의 발급을 요청할 권리가 있으며, 이때는 증명서 발급 비용으로 200크라운을 지불하도록 했고 신청자에게 직접 증명서를 발송하도록 했다.

증명서 혹은 판결문을 발급하는 내무부는 해당 개인의 과거 전력을 검증하는 데 필요한 '심사위원회'를 구성하고 심사위원회에게 당사자에 대한 심사를 할 수 있는 전권을 부여했다. 정화법 제11조에 따르면 심사위원회는 공식적으로 내무부 산하기관이지만, 내무부에 책임을 지지 않는 독립 기관으로 운영되었다. 심사위원회는 위원장을 포함해 모두 9명으로 구성되는데, 의회 의장이 위원장을 포함해 3명의 위원을, 내무부가 2명, 정보부가 1명 그리고 의회가 3명의 위원을 임명하도록 했다.

심사위원회의 결정은 일반인들에게는 공개하지 않지만, 소송에 관련된 개인에게는 이를 공개했으며, 해당자는 이에 대한 수정을 요구할 수도 있었다. 이렇게 심의한 내용에 따라 해당 개인이 공직을 수행할 수 있는 조건을 충족시키지 못했을 경우, 위원회는 당사자에게 그 결과를 15일 이내에 통보해야 하고 당사자가 결과에 불응할 경우 다시 심의를 요청할 수도 있다. 제18조에서는 당사자가 위원회나 혹은 법원의 결정에 불복할 경우 그러한 결정이 내려진 이후 60일 이내에 결정의 수정을 요청할 수 있도록 규정했다.

한편, '11월 17일 위원회'는 연방정부에 옛 비밀경찰 파일의 기밀을 해제하고 비밀경찰과 그 협력자의 명단을 공개할 것을 제안한 바 있었다. 이 문제에 대해서 당시 연방 총리였던 찰파(M. Čalfa)는 아직 민주적 제도와 정치문화가 공고화되지 않은 상황에서 이를 공개할 경우에 해당인과 그의 가족이 괴롭힘을 당할 수 있다며 이에 반대했었다.[24] 이에 반발해 1992년 6월 총선 직전에 옛 반체제인사였던 치불카(P. Cibulka)가 개인적인 조사를 통해 20만 명에 달하는 비밀경찰과 그 협력자의 명단을 공개했다.[25] 이 명단의 진위와 상관없이 명단 공개로 인해 다시 한번 비밀경찰의 파일 공개가 중요한 정치적 의제로 떠올랐다. 그러나 계속해서 불완전한 문서 공개에 따른 부작용을 우려해 이에 대한 법제화를 꺼리다가 마침내 1996년 '비밀파일 접근법(Act. 140/1996)'이 통과되어 일반인들도 자신들과 관련된 파일을 열람할 수 있게 되었다. 또한 2002년 3월

'비밀 파일 포괄 접근법(Act. 107/2002)'을 통해서는 파일 공개의 범위가 확대되어 자신의 파일뿐만 아니라 비밀경찰 협력자들의 파일, 비밀경찰의 개인 파일 그리고 비밀경찰이 모니터하여 기록한 자들의 파일도 공개되었다. 또한 2년 뒤인 2004년에는 '문서고법(Act 499/2004)'을 통해서 비밀경찰과 협력자뿐만 아니라 정권에 적대적이었던 반체제 인사들의 파일도 공개되어 일반인들이 모든 파일을 열람할 수 있게 되었다.[26]

상기한 정화와 파일 공개 이외에도 체코에서는 1995년에 내무부 산하에 공산정권 시기의 범죄를 조사, 기록하는 특별 위원회 '공산주의 범죄행위 조사 및 기록위원회(Úřad dokumentace a vyšetřování zločinů komunismu)'가 설치되었다. 이 위원회는 옛 정권 시기의 각종 범죄를 조사하고 기록하며, 그에 연루된 인사들을 기소하고 처벌하는 목적을 지니고 있었다. 지난 2001년에는 경찰청 산하기구로 재편되어, 공산정권 시기에 벌어졌던 범죄사실에 대한 조사, 기록을 담당하고 있다. 조사위원회의 주된 업무는 1948년 2월에서 1989년 12월 29일까지 있었던 범죄와 관련된 사항을 조사하고, 1945년 1월부터 1989년 12월 29일까지 공산정권의 불법적인 행위와 관련된 문건들을 수집하고 이를 평가하여 조사 결과를 보고서로 발행하는 것이었다. 여기에 더해 사안이 심각한 명백한 불법행위에 대해서는 사법처리를 목적으로 고발조치를 취하기도 했다.

체코에서 실시된 상기한 일련의 이행기 정의 메커니즘은 법제화되기 이전부터 이미 많은 논쟁을 불러일으켰다. 특히 체코 정당체계의 특수한 상황에서 정화로 대표되는 이행기 정의가 과거의 문제가 아닌 현재의 논리로 해석되고 있는데, 특히 민주계 정당들과 공산당 간에 이 문제를 두고 계속해서 충돌했다. 체코 이행기 정의의 또 다른 문제점은 이행기 정의의 특별한 메커니즘인 정화를 시행할 자료의 부정확성을 들 수 있다. 공산정권과 비밀경찰에 의해 기록된 문서의 상당 부분이 훼손되어 해당 파일과 문서에 대한 신빙성이 떨어지는 상황에서 정화의 대상자들이 자신의 이름이 파일에 등재된 경위와 그 이유에 대해 의문을 제기하고 있고, 부정확한 자료를 이용해 정적을 공격하는 상황이 벌어지기도 했다.[27] 이를 통해 일 수 있는 사실은 비밀경찰과의 연루 사실이 정확한 근거가 아닌 불완전한 자료에 기초하고 있으며 동시에 정적들 간의 네거티브 전략으로 활용되기도 한다는 것이다. 이는 결국 이행기 정의를 세우려는 인적 청산이 정의가 아닌 부정의로 악용될 수 있음을 보여 주는 것이다.[28]

전체적으로 볼 때, 체코의 이행기 정의 메커니즘에서 정화법은 한시법이 아니라 상시법으로 옛 정권 및 비밀경찰의 불법행위와 그 행위에 협력한 인사들을 공직에서 배제함으로써 인적인 청산을 추진한다는 특징을 지니고 있다. 또한 체코의 정화법은 비자발적인 행위자와 자발적인 범법자를 구분하지 않고 이들을 모두 '공범(collective guilty)'으로 인식하여 국내외의 반발을 불러온다는 특징도 있다. 한편, 체코 정화법은 탈공산주의 동유럽에서 가장 강력한 이행기 정의 메커니즘으로 알려져 있지만, 사실상 상원과 하원의 선출된 의원들은 이에 적용을 받지 않아 이를 본격적인 인적 청산으로 볼 수 있을지도 의문시된다.[29]

5 슬로바키아의 이행기 정의

슬로바키아의 이행기 정의 메커니즘 선택 과정을 살펴보기 위해서는 국가 분리 이전 시기인 1990~1992년과 국가 분리 이후 메치아르의 민주슬로바키아운동이 집권하던 1992~1998년 그리고 그 이후 반메치아르 연대를 구성한 민주세력의 집권 시기 등 세 시기로 구분해야 한다. 비록 체제전환 이후 10여 년의 짧은 기간이었지만 각 시기에 슬로바키아의 이행기 정의 메커니즘이 확연히 구분되기 때문이다.

1991년에서 1993년 1월의 국가분리 이전까지는 슬로바키아에서도 연방 정화법이 적용되었다. 이미 언급한 바와 같이 체코슬로바키아에서 정화법 제정 이전인 1990년에 총선 출마를 위한 후보자들의 자발적인 검증 과정이 있었고 1991년 정화법 제정 이후에는 총선 출마 후보자뿐만 아니라 기존 고위 공직자들을 대상으로 법적 구속력이 있는 인사 검증이 실시되었다. 체코에서와 마찬가지로 슬로바키아에서도 옛 공산계 인사뿐만 아니라 옛 반체제 내부에서도 정화법에 대한 찬반이 극명하게 갈렸지만, 아직 자리를 잡지 못하고 있던 민주적 제도와 민주적 정치문화를 보호하고 공고화시키기 위해서는 옛 비민주 정권과의 단절이 필요하다는 사회적·정치적 동의에 따라 사회 전 영역에서 정화가 실시되었다.

앞서 1991년 연방의회의 정화법 표결에서 슬로바키아 최대의 정당이었던 민주슬로바키아운동 소속 의원 전원이 이에 반대했다고 언급했다. 민주슬로바키아운동이 대부분 옛 공산계 인사로 구성되어 있었기 때문에 이는 충분히 예상할 수 있던 결과였다. 실제로 1992년 총선 이후 슬로바키아 의회의 국방안보위원회는 민주슬로바키아운동의 대표 메치아르가 과거 공산정권 시기에 비밀경찰에 협력했으며, 그가 내무장관과 총리로 재임하던 시기에 자신의 이름과 활동이 기록된 비밀경찰 파일을 삭제했다고 폭로했다. 이를 통해 볼 때, 메치아르와 옛 공산당 인사가 주축인 민주슬로바키아운동이 정화법에 반대한 것은 충분히 이해할 수 있다. 문제는 이런 사실에도 불구하고 1992년 6월 총선에서 메치아르와 민주슬로바키아운동이 압승을 거두어 다시 정권을 차지했다는 사실이다. 이처럼 체코슬로바키아 단일 국가 시기와 국가 분리 이후 메치아르가 집권한 1993~1998년에 슬로바키아에서는 정화법이 시행되지 않았고 연방 정화법이 만료되는 1996년에 이를 연장하거나 개정하지 않아 인적인 청산의 기회를 놓쳐 버렸다.

1998년 총선으로 메치아르의 시기가 끝나면서 비로소 이행기 정의를 추진할 기회가 생겼다. 그러나 새로이 집권한 민주계 연정조차 체코와 같은 인적 청산을 위한 정화를 추진할 강력한 의지가 없었다. 반메치아르 민주 연정에는 총리 쥬린다(M. Dzurinda)의 민주연합과 옛 공산당 계승정당인 민주좌익당, 헝가리당 그리고 시민이해당 등 네 개의 정당이 참여하고 있었는데, 연립정부 내부의 민주좌익당과 시민이해당 그리고 민주연합 내부에서조차 기소와 처벌 그리고 공직 배제를 의미하는 정화를 반대했다. 특히 공산계가 주축이 된 민주좌익당과 시민이해당은 정화법을 추진할 경우 연정에서 탈퇴할 것이라고 위협함으로써 쥬린다 총리와 민주연합은 어렵사리 구성한 반메치아르 연대를 깨뜨리면서까지 정화법을 추진할 의지가 없었다.[30]

옛 비밀경찰의 파일 공개에 대해서도 메치아르나 반메치아르 연대 모두 별다른 관심을 두지 않았다. 메치아르의 입장에서는 이미 자신에 관한 비밀경찰의 파일 내용을 조작하거나 혹은 폐기한 전력이 있었기 때문에 이를 굳이 다시 추진할 이유가 없었고, 메치아르 이후의 민주계 연정조차도 이 문제를 다시 끄집어내어 친메치아르파를 자극해 그들에게 세력을 결집할 기회를 줄 생각도 없었다. 다만 1999년 말 당시 법무부 장관이었던 차르노구르스키(J. Čarnogurský)가 체코의 공산범죄기록조사부를 모델로 옛 공산주의 범죄를 조사하고 법적인 처벌을 주도할 기구의 설립에 관한 법을 발의했다. 그러나 연립정부를 구성하고 있던 민주좌익당과 야당인 민주슬로바키아운동이 이를 강력히 반대했다. 범죄기록조사부 법안의 입법이 가로막히자 차르노구르스키는 법무장관 재량권으로 법무부 내부에 자신을 포함해 단 두 명으로 구성된 '공산범죄기록부'를 설립했다. 공산범죄기록부는 1948년에서 1989년 공산정권 시기에 자행된 범죄를 기록하고 희생자들이 재산을 돌려받고 범죄로 인한 손실보상을 받을 수 있도록 법적인 조언을 제공했다. 그러나 워낙 인력이 적었고 또한 해당 문서가 내무부 소관이었기 때문에 차르노구르스키의 법무부가 옛 비밀경찰의 파일에 접근할 수 없어 제대로 된 활동을 할 수 없었다.[31]

슬로바키아의 이행기 정의

<table>
<tr><th>정부</th><th>정화</th><th>탈공산화</th><th>문서고</th></tr>
<tr><td>1992~1994년
메치아르(HZDS+SNS):
89석, 사회계</td><td>연방정화법 효력 유지. 1991년 시민포럼 정부 대규모, 소규모 정화법 제정</td><td>-</td><td>-</td></tr>
<tr><td>1994년
모라브칙(HZSD)</td><td>정화법 시행되지 않음</td><td>-</td><td>-</td></tr>
<tr><td>1994~1998년
메치아르
(HZDS+SNS+ZRS+RSS):
83석, 좌익(사회계+탈공산계)</td><td>1996년 연방정화법 시효 만료</td><td>1996년 공산 정권의 비도덕성 및 불법성에 관한 법</td><td>-</td></tr>
<tr><td>1998~2002년
쥬린다
(SDK+KHD+SDL+SOP):
93석, 우익, 2개의 사회계</td><td>-</td><td>-</td><td rowspan="2">차르노구르스키 국기기억법 입법 실패. 2002년 국가기억법 입법. 2002년 국가기억원 설립</td></tr>
<tr><td>2002~2006년
쥬린다
(SDKU+SMK+KDH+ANO):
78석, 우익</td><td>-</td><td>반공산주의 저항운동에 관한 법</td></tr>
<tr><td>2006~2010년
피초(SMER+SNS+LS-HZDS): 좌익사회계, 85석</td><td>-</td><td>-</td><td>-</td></tr>
<tr><td>2010년 이후
라디초바
(SDKU+SAS+MOST-HID+KDH): 우익, 79석</td><td>-</td><td>-</td><td>랑고쉬 국가기억원 논쟁 재점화</td></tr>
</table>

출처: Šipulová, K., & Hloušek, V. (2013).

이런 상황에서 2001년 언론에서 슬로바키아의 이행기 정의가 인접한 체코나 폴란드, 헝가리에 미치지 못하고 옛 비밀경찰과 그 협력자들이 새로운 체제에서도 여전히 고위직을 차지하고 있다는 소위 '슬로바키아의 (무관심한) 비밀경찰 현상'을 비판하고 나섰다.[32] 언론 기고를 통해 학자들과 일반 대중들은 공산정권 시기 슬로바키아에서 정권에 대한 반대의 목소리가 높지 않았고, 1969년 이후의 정상화 시기도 체코와 비교해서 억압적인 시기가 아니라 오히려 그 시기의 공산정권이 슬로바키아의 발전에 기여했기 때문에, 공산정권과 그 엘리트에 대한 정당성이 체코에 비해 상당히 높았다 보고 이런 이유에서 슬로바키아에서는 대체로 이행기 정의에 무관심하다고 평가했다.[33]

이처럼 체코와는 상이한 공산정권 인식으로 슬로바키아에서 이행기 정의에 대한 사회적 관심이 적었지만 차르노구르스키는 계속해서 이 문제를 정치 의제로 끌고 왔고 자신과 마찬가지로 옛 반체제 인사였던 랑고쉬(I. Langoš)와 함께 비밀경찰의 문서가 포함된 문서고의 개방에 관한 새로운 법안을 발의했다. 물론 여전히 공산계가 주축이었던 민주슬로바키아운동과 민주좌익당은 문서개방이 기존의 형법, 문서고법, 공공질서법, 국제인권조약과 충돌하고 개인의 프라이버시를 침해한다는 이유를 들어 이 법안에 반대했다. 동시에 이들은 문서 공개에 따라 정보부의 정보와 활동이 공개되면 국가안보에 치명적인 위협을 받을 수 있다고도 경고했다.

이런 반대에도 불구하고 마침내 2002년 슬로바키아 의회에서 랑고쉬가 제안한 법안이 통과되었다. 일명 '국가기억법(Act No. 553/2002)'을 통해 1939년 4월 18일에서 1989년 12월 31일까지 비밀경찰과 정보부의 문서가 공개되었고 이를 담당할 국가기억원이 설립되었다. 이 법에서는 평화, 인도주의에 반한 범죄와 전쟁범죄를 처벌한 의무, 인권을 파괴하고 법을 유린한 국가가 희생자들을 위로할 의무, 억압적 당국의 행동을 밝힐 국가의 의무, 과거를 모르는 이들이 과거를 되풀이할 우려 그리고 국가가 국민에 반대해 자행한 어떠한 불법적인 행동도 감추어서는 안 되며, 잊어서도 안 된다는 사실을 적시했다.[34] 이 법을 통해 국가기억원(Ústav pamäti národa)이 설립되어 이곳을 통해 일반인들이 비밀경찰의 파일을 열람할 수 있게 되었다.

사실 이 법안이 의회를 통과할 수 있었던 것은 1998년 총선 이후의 원내 파편화 현상과 함께 2002년 총선 직전이라는 특수한 정치적 맥락 때문이었다. 앞서 언급한 바와 같이 1998년 반메치아르 연립정부에 참여하고 있던 민주좌익당의 경우 과거청산과 관련된 어떠한 법안에 대해서도 반대하면서 연립정부가 이를 추진할 경우 연립에서 탈퇴하겠다고 위협했다. 그러나 2002년 총선 직전에 더 이상 연정 탈퇴라는 위협은 통하지 않았고, 언론과 여론에서 슬로바키아의 부진한 이행기 정의를 비판하는 목소리가 커지면서 이와 관련된 법안을 무턱대로 반대할 수도 없었다. 이런 상황에서 2002년 7월 국가기억법 1차 표결에 참석한 93명의 의원 중 82명이 찬성표를 던졌다. 일단 의회를 통과한 법안은 대통령의 서명이 필요한데, 당시 대통령 슈스터(R. Schuster)가 이 법안에 거부권을 행사하면서 다시 의회 재표결에 들어갔다. 2차 표결에 참석한 115명의 의원 중에서 82명이 이 법안에 찬성했다. 2차 표결에는 민주슬로바키아운동 의원 중 절반 이상이 참여하지 않았지만, 민주좌익당 소속 의원 18명 중 17명이 찬성표를 던졌고, 역시 이 법을 반대해 왔던 시민이해당 소속 의원 8명 중 4명도 찬성표를 던졌다. 이는 2002년 총선으로 집권할 세력이 더 강력한 이행기 정의 법안을 추진하지 않을까 우려한 민주좌익당과 시민이해당이 선제적으로 온건한 이행기 정의에 찬성한[35] 일종의 '정치적 헤징'으로 볼 수 있다.

국가기억법과 그에 따른 국가기억원 설립을 통해 옛 비밀경찰의 파일에 담긴 정보가 공개되었다. 비밀경찰의 파일은 가해자 파일과 피해자 파일로 구성되어 있는데, 가해자 파일에는 정보요원과 협력자의 명단이 포함되어 있었다. 국가기억법에 따라 원칙적으로 모든 파일이 공개 대상이었는데, 피해자에 관한 파일은 가해자인 비밀경찰 및 그 협력자가 제공한 내용이며 여기에는 피해자에 대한 개인정보가 포함되어 있어 피해자의 개인정보 유출 우려가 있었다. 그러나 기억법에서는 누가 비밀경찰의 감시, 조사 대상이었고 또 피해자였는지를 알 권리가 있고, 누가 해당 정보를 수집하고 기록하고 또 제공했는지를 알 권리가 있다며 모든 파일에 대한 공개를 원칙으로 규정했다.[36]

국가기억원의 활동에는 옛 정권의 희생자와 가해자를 공개하는 것뿐만 아니라 이러한 정보를 통해 과거를 올바로 기록하고 평가하는 연구 활동도 포함되어 있다. 이를 위해 국가기억원 내부에 역사연구부를 두어 전체주의 시기를 공정하게 평가하고, 자유를 상실하게 된 원인과 그 과정을 분석하며 이 시기에 외세의 개입을 정확히 파악하도록 했다.[37]

문제는 국가기억법이 옛 정권과 비밀경찰 그리고 그 협력자들의 정보를 공개하는 것에 그치고 있어 본격적인 의미에서 이행기 정의를 구축하는 작업이라고는 할 수 없다는 사실이다. 검증을 통해 인적 청산이 법적으로 규정되어 있지도 않고 또 이들에 대한 어떠한 처벌도 명문화되어 있지 않기 때문이다. 그러나 국가기억원을 통해 비밀경찰과 협력한 인사들의 명단이 공개되면서 입법부, 행정부 및 종교계 인사들이 속속 사퇴하는 일이 벌어졌다. 즉, 국가기억법은 법적인 처벌과 배제를 규정하지는

않았지만, 현실에서는 간접적으로나마 검증에 따른 처벌 효과를 보이고 있는 것이다.[38]

이러한 사실에서 슬로바키아의 이행기 정의 메커니즘은 문서 공개를 포함하고 또 일부 기소-처벌 노력도 있었지만 대체적으로는 용서-화해의 방법을 선택했다고 할 수 있다. 사실상 과거 공산정권의 정당성이 체코에서 비해 높았고 또 현재의 정치에서 옛 공산계가 다수를 차지하고 있었기 때문에 슬로바키아가 선택한 이행기 정의의 범위와 강도가 체코에 비해 상당히 낮은 수준에 머물러 있을 수밖에 없었다.

6 맺음말

체코와 슬로바키아의 이행기 정의 메커니즘 선택에 영향을 준 변수는 무엇보다도 옛 정권이 부과한 억압과 공산정권에 대한 시민들의 정당성 수준 그리고 체제전환 이후의 공산당 혹은 공산당 계승 정당이 차지하고 있는 위상과 권력의 수준이었다. 즉, 옛 정권의 억압 수준이 강하고 반대파의 세력이 약했으며, 새로운 체제에서 공산당 혹은 계승 정당의 세력이 약했다면 체코의 경우처럼 엄격한 이행기 정의를 그리고 그 반대의 경우인 슬로바키아에서는 온건한 정의 혹은 용서와 잊기를 선택했다.

체코와 슬로바키아의 이행기 정의

구분	체코	슬로바키아
공산정권의 억압 수준	중	하
공산체제에서 반대파의 지위	보통 조직, 의견표출 제한적	약한 조직, 의견표출 제한적
이행의 형태	타협된 이행의 요소가 포함된 붕괴	

새로운 체제에서 옛 공산계의 지위	정계에 존속, 영향력은 제한적	정계에 존속, 연립정부에 참여
정권변화 직후 이행기 정의 형태	엄격	온건(기록과 복권)
일정 기간 이후의 이행기 정의 형태	변화 없음	문서 공개와 일부 정화

출처: Šipulová, K., & Hloušek, V. (2013).

체코와 슬로바키아의 이행기 정의를 비교한 위 표와 같이, 1993년 국가 분리 이후 체코와 슬로바키아에서 시행된 이행기 정의의 범위와 규모 그리고 그 내용은 큰 차이가 있었다. 체코는 1991년 제정된 연방 정화법을 지속·연장했던 반면, 슬로바키아는 기존 연방 정화법의 시효가 만료되는 1996년에 이에 대한 연장을 전혀 검토하지 않았다. 물론 슬로바키아는 연방 정화법의 시효가 유지되던 시기에도 이를 적용하지 않았었다. 한편, 비밀문서 공개의 경우 체코는 1996년 비밀문서 접근을 허용하기 시작한 이후 몇 번에 걸친 법 개정을 통해 계속해서 옛 비밀경찰이 작성한 문서의 공개를 확대했던 반면, 슬로바키아는 2002년에 가서야 국가기억법을 통해 국가기억원을 설립하면서 문서를 공개하기 시작했다.

이 외에도 양국은 옛 공산정권을 불법화 혹은 부당한 정권으로 규정함으로써 옛 공산정권의 정당성을 낮추고 동시에 민주정권에 대한 정당성을 높이는 상징적인 조치를 취했다. 체코는 이미 1993년 7월에 '공산정권 불법화에 관한 법'을 통과시켜 공산정권 자체를 불법 정권으로 규정했으며, 슬로바키아는 1996년에 와서 공산정권의 비도덕성과 불법성에 관한 법을 통과시켜 옛 정권의 부도덕함과 부정의를 강조했다.

한편, 양국이 선택한 상이한 이행기 정의 메커니즘이 민주화와 민주주의 공고화에 직접적인 영향을 끼쳤는지는 확실치 않다. 기소와 처벌에 가까운 강력한 이행기 정의가 새로운 체제의 정당성을 높이고 이에 대한 국민적 통합을 가져오는지, 아니면 그 반대로 과거의 불법적 행위와 부정을 용서하고 잊어서 보복의 정치를 마감하고 타협과 대화를 통해 민주적 정치문화의 발전을 가져오는지는 명확하지 않다. 어떤 이행기 정의 메커니즘을 선택해야 민주화를 진행시켜 민주주의 공고화에 기여하는지는 확실하지 않지만, 한 가지 확실한 사실은 강력한 이행기 정의 메커니즘을 선택했던 체코나 그 반대로 용서와 잊기를 선택한 슬로바키아의 경우 현 시점에서 민주화 수준에 큰 차이가 없다는 점이다. 따라서 민주화 국가가 과거청산 혹은 강력한 이행기 정의를 통해 옛 비민주 정권의 불법과 부정을 처벌하여 새로운 민주정권의 정당성을 높이고 그것이 국민적 통합에 기여할 것이라는 주장은 더 많은 사례분석을 통해 그 타당성을 검증받아야 할 것이다.

제 3 장

과거와의 단절, 미래로의 연결 : 체제전환 이후 헝가리 역사 교과서의 내용 변화

김지영

동유럽 국가들의 체제전환은 20세기를 마감하는 시점에서 역사를 새로 써야 할 만큼의 중차대한 사건이다. 훗날 역사가들은 동유럽의 체제전환을 20세기에 가장 중요한 사건의 하나라고 평가할 것이다. 이런 인식은 체제전환의 당사자들인 동유럽들에게 더욱 절실할 것이다. 따라서 이들이 과거와의 단절, 즉 공산주의 과거와의 단절 속에 미래와의 연속을 시도하는 몸부림은 당연하다고 할 수 있다. 이런 상황 속에서 역사교과서의 재서술을 통한 과거사 정리 시도는 가장 효율적이며 적극적인 해결 방식일 것이다. 이 장에서는 이런 인식과 전제를 바탕으로 체제전환시기 이전과 이후의 헝가리 역사학계에서 나타난 역사서들의 서술 방향을 추적해 보았다. 헝가리는 20세기 한 세기의 역사에서 자본주의적 제국주의, 사회주의 혁명, 반혁명, 두 번의 세계전쟁, 공산주의, 다시 자본주의로의 체제전환의 역사를 경험한 나라이다. 따라서 역사서술은 다기할 수밖에 없다.

헝가리 역사서술의 경향이 역사적으로 큰 사건이 발생했을 때 헝가리의 관점에서 서술되었다는 점은 부정할 수 없는 사실이다. 이와 같이 '국가에 봉사하는' 역사학계의 경향은 사회주의 시절에도 결코 감소하거나 줄어들지 않고, 오히려 적극적으로 참여한 면이 있다고 할 수 있다. 그럼으로 이 시기에 저술된 역사서들이 왜곡되었다는 점은 부정할 수 없다. 이러한 역사서술의 경향은 1989년부터 시작된 체제전환과 더불어 보다 객관적인 시각의 역사서술로 변화되는 양상을 보이고 있다. 체제전환 이후 헝가리의 역사서술은 헝가리 역사학자들 스스로의 노력과 외국 학자와의 협력, 공동 연구들 통하여 헝가리 역사서술이 세계의 역사서술의 보편적 수준에 접근하도록 노력하고 있으며, 현재 역사교과서의 서술 경향은 이러한 노력이 반영되어 있다고 할 수 있다.

이 장은『서양사론』111호(2011)에 게재된「단절과 연속: 체제전환 이후 헝가리 역사서술 방식의 변화」를 수정 · 보완한 글이다.

1 서론: 헝가리 역사서술의 부침(浮沈)

20세 말 세계 역사의 가장 중요한 사건의 하나가 동유럽 사회주의 국가들의 체제전환이라는 데에는 큰 이견이 없다. 1917년 볼세비키 혁명으로 소련이 탄생하고, 뒤를 이어 사회주의 국가들이 성립된 후 한 세기도 지나기 전에 다시 자본주의적 모습으로 되돌아온 것이다. 물론 1940년대 동유럽 국가들이 사회주의를 수용하기 이전의 그 모습으로 되돌아간 것은 아니다. 동유럽 사회주의 국가들이 추구했던 지향점은 1980년대 말 서유럽의 모습이었을 것이다. 따라서 대부분의 유럽국가들이 가입한 공동체인 유럽연합에의 가입이 체제전환을 경험한 대부분의 국가들이 추구하던 지상 목표였으며, 이에 더하여 유럽의 공동 군사기구인 나토의 가입 또한 중요한 목표였음은 분명하다. 이러한 양상은 곧 과거와의 단절, 즉 사회주의 시절의 유·무형의 유산들과의 결별과 극복을 의미한다.

사회주의 시기 동유럽 국가들의 사회 모습은 소련을 모델로 하여 그와 유사한 형태의 국가를 건설하는 데 초점이 맞추어졌다. 일상의 삶뿐만 아니라, 학문과 예술, 심지어는 자연과학의 분야까지도 소련을 모델로 하는 통일적인 연구 시스템이 도입되었다. 사회주의권의 맹주이자 경제, 과학적인 측면에서도 가장 선진적인 소련은 동유럽을 포함한 모든 사회주의 국가들이 답습해야 하는 이상향이었고, 동유럽 국가들은 충실하게 소련의 모델을 답습하였다. 인문과학 분야도 예외는 아니었다.

인문과학 분야 중 개별 국가의 이데올로기적 정향성이 강한 역사학 분야도 소련이 추구하는 '공식적 마르크스 레닌주의' 이데올로기에 입각하여 자국의 역사를 서술했다. 마르크스-레닌주의에 입각한 동유럽 국가들의 역사서술 방식은 변증법적 유물론에 기초한 사관으로서 소련 역사서술의 기본방식과 동일하였다. 헝가리도 소련의 역사서술 방식에 기초한 역사서술이 이루어졌다. 헝가리는 쿤 벨라가 공산당을 창당한 시점부터 지식인과 엘리트들의 협조 아래 이데올로기 투쟁을 강력히 추진하였고, 그 성과로서 세계에서 두 번째로 프롤레타리아 혁명을 성공시킬 수 있었다. 그러나 정권을 장악한 공산당 정부의 과격한 개혁과 혁신은 인민의 반발을 불러왔고, 헝가리의 프롤레타리아 혁명은 133일 만에 실패하고 말았다. 헝가리 공산당은 이러한 역사적 경험을 교훈 삼아 제2차 세계대전이 끝난 후 살라미 전술을 통해 권력을 획득하였다. 헝가리 공산당은 1919년 혁명의 실패 후 지하로 잠적하였지만, 제2차 세계대전이 끝날 때까지 내적 준비에 만전을 기하였으며, 이를 바탕으로 제2차 세계대전 후 정권을 장악할수 있었던 것이다.

헝가리 공산당은 정권을 장악한 후 공산 헝가리가 당면한 가장 중요한 과제가 이데올로기의 정립이라고 보았다. 프롤레타리아 혁명은 부르조아 자본가, 즉 기존의 기득권질서에 저항하여 그들의 세계를 전복한 것이었기 때문에, 혁명을 지지하는 무산계급은 물론 사회진보와 변혁에 우호적인 지식인과 프티 부르조아들의 지지를 얻어 내는 것도 시급한 과제였다. 이러한 일련의 작업은 당연히 당의 이데올로그들과 공산당에 협조적인 지식인들의 주도적인 참여로 이루어졌고, 이들이 민중을 상대로 이데올로기화 작업을 수행하는 데 가장 중요한 교재가 역사 교과서였던 것이다.

헝가리 공산당은 첫 번째 혁명의 실패를 교훈 삼아 대중추수주의적인 대중전략에서 탈피하여 공산주의 혁명 자체의 정당성과 필요성을 입증하고, 한편으로는 혁명의 효과가 인민의 삶에 고루 스며들 수 있도록 이데올로기화 작업을 병행했던 것이다.

헝가리의 역사서술은 유구한 전통을 갖고 있다.[1] 중세 이후로 헝가리의 역사서술은 다른 유럽의 역사서술과 크게 다르지 않았다. 그러나 이러한 전통은 20세기에 접어들면서 다소간의 변화를 보이게 되었다. 그 이유는 헝가리의 정치적 지형이 여러 차례에 걸쳐 뿌리부터 개편되었기 때문이다. 헝가리의 현대사는 경험해 볼 수 있는 정치 체제는 다 경험해 보았다고 할 수 있을 정도로 격렬한 정치적 변화들로 점철되어 있다.

헝가리는 제1차 세계대전이 종결된 후 오스트리아-헝가리 이중제국을 계승하여 헝가리만의 단독적인 입헌군주제를 도입하였고, 입헌군주제가 단명하자 곧바로 대통령 중심제의 공화국을 건설하였다. 그 후 헝가리 공산주의자들에 의하여 세계에서 두 번째로 사회주의를 근간으로 하는 프롤레타리아 인민혁명이 성공하였지만, 133일 만에 실패로 끝나고 말았다. 이후 반혁명을 통하여 섭정이 통치하는 제한적인 의회 제도를 수용하였고, 이후 파시스트(화살당) 독재와 다당제 의회제도를 다시 도입하였고, 제2차 세계대전의 종전과 더불어 패전국으로서 소련에게 점령되었다. 따라서 제2차 세계대전이 끝난 직후부터 헝가리는 강력한 소련의 영향 아래 놓이게 되었고, 공산화가 완료된 1949년부터 체제전환 시기까지 소련식의 정부가 헝가리를 통치하였다. 이후 1989년부터 시작된 헝가리의 탈사회주의 체제전환을 통하여 민주주의와 자유 시장경제 제도에 근거한 다당제 의회제도가 성립되어 오늘에 이르고 있다.

헝가리 현대사에 있어 이중제국체제, 사회주의 체제, 간전기의 독립군주국체제, 파시스트체제, 공산주의 체제는 헝가리가 원해서 도입한 체제라기보다는, 당시의 국제적 상황에 따라 주변국들과의 관계 속에서 어쩔 수 없이 받아들여진 경우가 대부분이다. 따라서 새롭게 부상한 정치주도세력은 이러한 불안정한 상황을 극복하기 위해 '국가정체성'이라는 모호한 정치적 수사를 사용하는 경우가 많았고, 대부분 그것은 극단적인 민족주의 혹은 파시즘과 상당한 연관을 맺고 있었다.

'국가정체성의 확립'이라는 거창한 구호는 국민들을 정치적으로 동원해 내는 효과적이고 주요한 수단이다. 따라서 새로운 정권이 들어서게 되면 '국가정체성 확립'이 주요한 화두로 떠오르게 되고, 이와 같은 '국가적 정체성 확립'의 기제로 가장 손쉽게 선택된 방법이 역사서술 방식에 대한 관여 혹은 통제였다고 할 수 있다. 여기서 새로운 정치세력이 역사서술에 대한 관여를 통해 자신들이 의도하는 역사 인식을 일반 대중에게 확산시키기 위해 학교에서 진행되는 역사수업을 이용하는 것은 동서고금을 막론하고 매우 자주 등장하는 방식이라 하겠다.[2] 이러한 인위적인 관여는 필연적으로 '역사왜곡'을 가져올 수밖에 없는데, 이러한 점이 이 장에서 갖는 문제의식이라고 할 수 있다. 따라서 이 장에서는 헝가리 역사학계의 서술 방향을 체제전환 시기 이전 및 이후로 나누어 역사서술 방식과 방향에서 어떠한 변화가 있었는지 논의해 보고, 이를 통하여 역사 교과서를 통한 헝가리 과거청산의 내용을 검토해 보고자 한다.

헝가리의 체제전환이 헝가리 역사학계에 가져온 가장 중요한 의의는 인문학 전반에 걸쳐 하나의 기준으로 작용하던 마르크스주의적 관점이 폐기되고, 보편적 기준에 따르는 역사서술 방식이 채택되었다는 점이다. 체제전환 이후 헝가리의 첫 번째 민주주의적 집권정당이었던 헝가리 민주포럼(MDF)은 교육 과정 전반에 영향을 미치고 있던 소위 '좌파적 · 인민적 관점'의 철폐를 추진하여 1994년 '기초 교육 과정 원칙'을 제정하고, 그에 따라 역사 교과서 및 여타 인문 과목의 대대적인 개편에 착수하였다. 이 과정에서 민주화된 헝가리의 새로운 교육 이념으로서 '민족 전통의 고양'과 '민족 정체성에 대한 국민 의식의 함양'이 제시되었고, 여기에 더하여 '고대의 문화유산과 기독교에서 생성된 유럽 문화유산'의 중요성이 강조되면서 선택 과목 중 종교 과목에 대한 교육이 진행될 수 있도록 관련 규정들이 정비되었다.[3] 이러한 집권 헝가리 민주포럼의 원칙은 헝가리의 인문학이 새로운 개념과 서사로 변화되어야 한다는 것을 의미하는 것으로, 다분히 의도적으로 '역사학계'를 겨냥한 것이기도 하였다.[4] 헝가리 역사학계는 사회주의 통치 기간에 '정치의 시녀 노릇을 한 역사'[5]로서 그 역할을 하였는데, 헝가리 공산당 소속의 '당사 연구소' 소장이 헝가리 공산당 권력 서열 상위에 오를 정도로 긴밀한 협조 체제를 유지하고 있었던 점에 비추어 역사학계에 대한 '정리'는 필연적인 수순이었다고 할 수 있다.

헝가리는 자본주의와 공산주의, 다시 자본주의를 받아들인 매우 특별한 경험을 갖고 있는 나라로서 정권의 성격에 따라 역사서술 방식이 달라졌다는 점은 시사하는 바가 매우 크다. 따라서 당면한 체제의 성격에 따라 역사학의 서술방식이 어떻게 변화해 갔는지 추적해 보는 것은 매우 의미 있는 작업이 될 것이며, 헝가리 공산당과 유사하게 역사를 일원화하여 국가 이데올로기의 성립을 시도하였던 유사한 경험을 갖고 있는 우리에게도 '역사서술의 당파성'이 갖는 위험성과 관련하여 타산지석이 될 수 있을 것이다.

공산당 정권의 특성은 단일하고 일원화된 역사관을 주입하는 것이다. 그리고 그러한 단일한 역사관을 인민에게 주입하는 작업을 수행하는 가장 적절한 도구가 역사교과서이다. 따라서 역사 교과서의 국정화를 시도하여 국가적 차원에서 이데올로기의 통일을 시도했던 것은 전체주의 국가에서나 가능한 일이었기에 우리나라에서도 전 국민적인 저항을 불러오게 되었던 것이다. 이론의 여지 없이 특정한 사관으로 국민의 이념적 정향을 하나로 정리하고자 하였던 시도 자체는 그 내용의 여부를 떠나 파시즘적 국가에서나 볼 수 있는 것이다.

헝가리 역사서술 방식의 변화를 추적해 보면 헝가리 역사학계의 주류 관점은 기독교-민족주의적 관점, 마르크스주의적 관점, 민주주의적 관점의 세 가지로 나뉨을 알 수 있다. 그러나 이 장의 목적이 체제전환 시기 이전과 이후의 역사서술 방식의 변화를 살펴보는 것이기 때문에 현재 헝가리 역사학계에서 사용되는 구분법을 사용하지는 않고, 통시적 관점에서 체제전환기 이전과 이후로 크게 대별하여 서술 방식·경향의 변화에 대해 논의할 것이다. 따라서 이 장은 제1차 세계대전이 끝나고 헝가리에서 기독교 민족주의가 열광적으로 제창된 기독교-민족주의적 관점의 역사서술기, 1920년부터 1938년까지의 전간기, 파시즘의 광풍이 몰아닥친

제2차 세계대전 시기, 공산주의 체제가 전환된 1989년까지의 시기를 하나의 절로, 1989년 체제전환 이후의 시기를 또 하나의 절로 설정하여 서술하였다.

이 장에서는 '검증공인 역사서'가 존재했던 제1차 세계대전 이후와 사회주의 시기는 '공식 역사서' 또는 '검증된 역사서'[6]의 텍스트를 분석했고, 1989년 체제전환 이후에는 '공식 역사서'가 존재하지 않기 때문에 헝가리에서 대중적 지명도를 갖고있는 여러 출판사에서 간행한 통사(通史)와 시대사 관련 역사 문헌들을 분석하였다.[7] 또한 헝가리의 과거 역사에 대한 현재의 재해석과 서술을 통하여 헝가리가 과거사를 정리하는 방식을 살펴보았다. 과거의 불합리하고 부정확했던 사실을 역사 교과서를 수정하고 새로 서술함으로써 부드럽게 해결하는 방식은 과거청산의 다른 유형이라고 할 수 있다.

동유럽 사회주의 국가들에서 재판을 통한 사법적 과거청산이 대부분 큰 성과를 거두지 못하고 용두사미에 끝난 이유는 과거청산 작업이 끝난 후 과거청산 작업의 결과가 가져올 후폭풍이 너무 클 것이라는 점을 잘 알고 있었기 때문일 것이다. 과거청산의 대상과 시행자, 즉 사법적 판단을 내려야 하는 주체와 사법적 판단을 받아야 하는 대상이 동질적이거나 혹은 이웃이기도 했다는 점이 동유럽의 과거청산 문제가 당면한 현실이었다는 점을 기억해 둘 필요가 있다.

따라서 이 장에서는 동유럽 국가들이 이러한 상황 속에서 직면하고 있는 과거청산의 방법으로 새로운 관점의 시대 해석이 포함된 역사 교과서의 서술이 중요한 방법이 될 수 있다는 입장에서 논의를 펼쳐 나갔다.

2 체제전환 시기 이전의 헝가리 역사서술

현대 헝가리 역사서술에서 '강한 의식적 혹은 이데올로기적' 역사서술의 경향이 나타나기 시작한 때는 오스트리아-헝가리 제국의 해체가 확정되고, 전승국들에 의한 헝가리의 분리가 결정된 1918년 이후로 보는 것이 타당하다. 1918년은 헝가리가 제1차 세계대전에서 패배한 해로서, 헝가리의 역사상 가장 비극적인 해라고 간주된다. 대다수의 헝가리인은 제1차 세계대전에서 패배가 반역자와 매국노에 의한 것이라고 주장하는 극우주의자들의 주장에 동조하였다. 이러한 사회적 분위기가 이 시기의 역사서술의 관점을 기독교-민족주의적 관점으로 편향되게 한 중요한 원인이다. 이 기독교-민족주의적 관점은 헝가리가 제1차 세계대전에서 패하고 난 후, 1918년부터 1919년 사이에 등장한 까로이 미하이에 의해 시민민주주의적 혁명이 성공하여 헝가리 역사상 처음으로 공화국 형태의 국가를 건설한 시기에 나타난 서술방식으로서, 이러한 서술의 전제는 헝가리가 자랑스러운 '기독교와 민족주의적 정신'에 입각한 국가로서의 정체성을 가지고 있으며, 그러한 토대 위에 국가를 통치하여야 한다는 것이다.[8] 따라서 이 역사서술의 특징은 헝가리의 기독교적인 성격과 헝가리 민족이 유럽에 존재하는 것에 대한 당위성, 유럽민족이 아닌 아시아계 민족으로서 1천 년간 유럽에 정착할 수 있었던 사실에 대한 자신감과 우월함, 언어에 있어서 헝가리어의 비유럽적 특성을 강조함으로써 헝가리 민족의 특별함과 강인함, 유연성을 강조하는 방향이었다고 할 수 있다. 이러한 서술 방향은 까로이 미하이 정부의 적극적인 지원 아래 문화 예술에 있어서 국가가 필요로 하는 '공식적인 문화 예술 정책'에 부합하는 것으로서 '관변' 역사서술의 특징을 보여 준다. 이 시기의 역사서술은 까로이 정부의 문화정책 기초하여 이루어졌다고 할 수 있다.

기독교-민족주의적 역사관에 의하면 헝가리는 예수가 그러했듯이 유럽이 지은 죄를 대속하는 속죄양으로서 존재했다는 것이다. 즉, 헝가리가 유럽의 기독교 세계가 범한 죄를 다 짊어지고, 그에 대한 책임을 안았다는 것이고, 이로 인해 제1차 세계대전에서 패배한 다른 국가들보다 훨씬 더 가혹한 대우를 받았다는 것이다. 이러한 가혹한 대우를 받은 데에는 헝가리가 유럽에 기원을 둔 민족이 아니고, 아시아에서 유럽으로 이주하여 정착한 민족이었기 때문이라는 인식이 기저에 깔려 있다. 따라서 유럽이 적의 침략, 특히 동쪽에서 내도하는 적들의 침략을 받아 위기에 처했을 때, 헝가리가 유럽의 기독교 국가들을 대표하여 유럽을 구해 내었는데, 그러한 공로를 인정받지 못하고 패배자의 위치에 놓이게 된 것은 외부의 적, 그리고 그들과 내통한 내부의 적 때문이라고 보고 있는 것이다.[9] 이러한 서술 경향은 전간기 시기를 통틀어 가장 유력한 역사서술 방식으로 자리하게 되었고, 이러한 경향은 제2차 세계대전이 끝날 때까지도 지속되었다. 따라서 이 시기의 역사서술은 극우적인 관점과 시각을 보여 준다는 점이 중요한 특징이라고 할 수 있다.

헝가리의 우파적인 역사서술의 방식과 관련하여 현재 헝가리의 상황에 대하여 주목할 필요가 있다. 헝가리에서 1980년대 말의 체제전환이 끝나고 30여 년이 지난 현재에도 이와 같은 극우적이고, 기독교적인 역사관이 재등장하고 있다는 것이다. 문제는 이러한 현상이 유럽의 난민 문제, 소수민족 문제, 빈부 격차의 문제 등과 복합적으로 연결되어 작용하고 있지만, 전체적으로 우경화되는 유럽 사회의 경향과 맞물려 있고, 유럽의 다른 우파 혹은 극우파 세력들과도 연대를 하고 있다는 점이다. 이러한 양상은 전쟁에서 패한 헝가리가 전간기에 직면했던 상황과 매우 유사하다. 체제전환 이후 2000년대에 들어서면서 헝가리의 상황이 외형상 전간기와 유사하게 나타나는 점은 다양한 측면에서 분석의 필요성이 있고, 그 현상의 향후 진행여부를 주목해 보아야 한다.

기독교-민족주의적 역사관에 의한 서술의 경향은 1949년 공산당이 헝가리를 완전히 장악함으로써 중대한 변화를 맞게 된다. 지금까지의 서술방식이 모두 폐기되고, 소위 마르크스-레닌주의적 관점의 서술방식이 나타나게 되었다.

이 서술방식은 1949년 이후 체제전환 시기까지 헝가리 공산당의 이념적 산실의 역할을 했던 '공산당 당사 연구소'에 의해 주도되었다. 공산당 당사 연구소는 마르크스-레닌주의에 입각한 역사 이론을 토대로 하여, 소위 '서술지침'을 제정하고, 헝가리의 모든 역사학자, 교사, 지식인들은 이 지침에 의하여 저술 활동을 할 것을 강제하였다. 물론 공산당 시기의 역사서술 방식은 헝가리와 주변의 공산국가들, 예컨대 폴란드, 체코슬로바키아 등도 별반 차이가 나지 않았다. 왜냐하면 이들 국가들이 따랐던 역사서술 방식은 소련의 역사서술 방식이었다. 그렇기 때문에 헝가리를 비롯한 동유럽의 국가들은 역사서술의 방식에서 서로가 큰 차이를 보일 수가 없는 구조였던 것이다. 특히 스탈린 시대에는 헝가리를 비롯한 동유럽 국가들은 자신들이 집필한 역사서들을 소련의 과학아카데미에 보내 소련 학자들의 검증을 받아야 하기까지 하였다.

이 시기 헝가리 역사서술의 가장 중요한 원칙은 기본적으로 '마르크스주의적 관점'과 '반파시즘적 관점'에서의 역사서술이었다. 특히 헝가리 당사 연구소에서 정의한 '반파시즘적 관점'은 제2차 세계대전이 '파시즘과 반파시즘의 투쟁'으로서, 제2차 세계대전에서 소련의 승리는 '파시즘에 대한 반파시즘의 위대한 승리'라는 점을 기본 관점으로 하는 것이었다. 따라서 헝가리는 이러한 소련에 의해 '해방된' 국가임으로 철저히 반파시즘적인 역사서술방식을 준수해야 한다는 것이었다. 이러한 원칙은 단지 역사서술에서만 끝나지 않았다. 역사(서술)에 대한 관점의 변화는 학문적인 관점에서뿐만이 아니라 사회적인 부분에서의 변화도 요구하는 것이었다.

역사서술에 대한 관점이 정립되어 가던 1949년 이후 1953년까지의 기간 중 역사서의 재서술작업과 동시에 헝가리의 전 사회적인 분야에서 파시스트에 대한 과거청산 작업이 이루어졌던 것이다. 헝가리에서의 과거청산 작업은 매우 격렬하게 진행되어 파시스트와 그 부역자들, 인민의 적에 대한 대대적인 검거와 기소, 재판이 이루어졌다. 이 와중에서 약 5년에 걸쳐 27,000여 명이 기소되었는데, 그중에는 제2차 세계대전 기간 중 파시스트로서 헝가리를 통치했던 살러시와 그의 동료들도 포함되어 있었다. 이들 대다수의 '파시스트'들은 대부분 변변한 재판의 형식도 갖추지 못한 소위 '인민법정'의 판결에 따라 반역죄로 투옥되었다. 이 중 우두머리 급의 파시스트 477명에게 사형이 선고되어 189명의 형이 집행되었다.[10]

공산정권에서 진행된 역사서술에 대한 당과 정부의 관여는 반파시스트 정권을 자임하는 공산당 정권에게 있어 손쉽고 빠르게 인민에게 공산정권의 정당성을 널리 알려 줄 수 있는 효과적인 방안이었다. 이러한 관점으로 서술된 교과서와 역사서들이 학교와 서점을 통해 대중에게 보급되기 시작했고, 대학, 연구소, 지식인 단체, 문화 단체 등은 학회, 강연회, 언론과의 인터뷰 등 다양한 방식으로 이러한 관점을 전파시키는 데 협력하였다. 이러한 역사서술 방식은 1960년대 중반에 이르기까지 거의 변함없이 유지되었다. 이 시기의 역사서술의 전형은 모드 얼어다르(Mód Aladár)와 언디치 에르지베트(Andics Erzsébet)의 저술에서 찾아볼 수 있다. 모드 얼어다르는 이와 같은 역사서술의 방식을 '계급투쟁적' 관점이라 칭했으며, 몰나르 에릭(Molnár Erik)은 이를 '마르크스주의적 이론 투쟁'이라고도 정의하였다.[11] 1964년 헝가리 학술원 역사연구소의 주도로 당의 공식 입장을 반영하여 최초로 마르크스주의적 관점에서 전체 헝가리의 역사를 시대 순으로 다룬 『헝가리의 역사(Magyarország története)』 제1판 8권이 간행되었다. 저자들은 이 책 제1권의 서문에서 마르크스주의적 관점을 반영하여 이 책을 서술하였음을 밝히고 있다.[12] 이 책은 1950년대 초까지 당사 연구소에서 발간되던 팸플릿 형식의 간략한 역사서의 수준을 벗어나 전문적인 역사서의 형식을 갖춘 것으로서, 당시 헝가리 역사학계의 전문가를 총동원하여 마르크스주의적 관점에서 학술적으로 서술하였다고 할 수 있다. 이 책이 발간된 이래로 이 시기에 발간된 다른 역사서들은 『헝가리의 역사』에서 다루고 있는 내용의 범주를 벗어나지 않는 선에서 기술되었다. 『헝가리의 역사』는 1960년대와 그 이후 체제 전환시기 이전까지 헝가리 역사서술에 있어 '전범'이 되었으며, 헝가리의 공식적인 역사서로서 기능하였다.

1970년대에 들어서면서 헝가리 역사학계의 서술경향은 전 시기에 비하여 양적·질적으로 눈에 띄는 발전을 보여 준다. 특히 1976년부터 1978년에 걸쳐 전술한 『헝가리의 역사』 중 누락되었거나 부족한 분분을 보충하여, 1890년부터 1946년까지의 현대사 부분을 다룬 4권이 출간되었다. 이 방대한 전집은 헝가리 현대사의 개척자인 랑키 죄르지(Ránki György)와 허이두 티보르(Hajdu Tibor), 틸코브스키 로란트(Tilkovszky Loránt), 허낙 뻬이떼르(Hanák Péter), 무취 페렌츠(Mucsi Ferenc)의 공동편집으로 출간되어, 비교적 풍부한 자료와 내용으로 이 시기의 헝가리 학계의 경향을 살펴볼 수 있게 해 준다. 물론 이 역사서들 역시 기본적으로 마르크스주의적 관점에서 서술되었음은 두말할 나위가 없다. 예를 들어, 1988년에 간행된 이 전집의 제3판 제13권의 서문에서도 "헝가리 민족의 투쟁, 운명의 시기를 풍부하고 극적으로 서술하였다. 이 작업은 헝가리의 역사를 다루는 첫 번째 마르크스주의자의 변증법적 종합의 한 부분으로서"[13]라는 표현이 발견되고 있다. 이 전집의 다른 권이나 판본의 권두에 그런 구체적인 표현이 생략된 경우에는 책의 내용 중에서라도 그러한 표현을 찾아내는 것은 어려운 일이 아니다. 이 방대한 전집을 필두로 하여 헝가리 현대사 분야의 저술들이 비교적 풍부하게 간행되었다. 그러나 이 시기에 간행된 현대사 분야의 저서들은 대부분 전술한 『헝가리의 역사』의 내용을 축약한 것이거나, 『헝가리의 역사』에서 미진한 부분에 대한 내용을 좀 더 보충하는 정도의 저술들이다. 왜냐하면 이 시기에는 『헝가리의 역사』가 '공식 역사서'의 역할을 했기 때문에 『헝가리의 역사』에서 보이는 관점이나 경향을 탈피하여 서술한다는 것은 거의 불가능에 가까운 일이었기 때문이다. 따라서 이 시기는 당사 연구소의 주도로 제정된 지침에 의거하여 '표준적인' 형태의 역사서들이 집필되었던 시기로 규정할 수 있다.

이 당시 헝가리 학술아카데미의 검열부서들은 출간되는 역사서들이 당사 연구소의 지침을 얼마나 정확히 준수하는지 매우 정밀하게 점검하였고, 매년 금서목록이 정해지고, 그 저자들에 대한 유형무형의 제재가 취해졌다.[14]

이 시기의 역사서술에서 발견되는 또 하나의 특징은 내용적으로 헝가리 현대사 부분 중 가장 중요한 시기로 간주되는 호르띠 미끌로시(Horty Miklós) 제독이 섭정을 하고 있던 전간기 시기의 역사에 대해 한결같이 부정적인 태도를 취하고 있다는 점이다. 그것은 아마도 호르띠 시대에 헝가리의 경제적 위기 상황을 극복하고, 제1차 세계대전의 패배로부터 기인한 헝가리의 상처를 어느 정도는 치유했으며, 헝가리의 위대한 타협 정치가로 불리우는 베뜰렌 이쉬뜨반의 존재 때문일 것이다. 베뜰렌 이쉬뜨반은 호르띠 치세에 약 10년간 수상을 역임하며 헝가리의 재건을 위해 분투한 정치가이다. 그러나 베뜰렌 이쉬뜨반은 제2차 세계대전 말기에 헝가리에 진주한 소련군에게 체포되어 소련으로 강제 이주되었다. 그 후 1946년경 소련 시골의 한 병원에서 병사한 것으로 알려져 있는데, 공산주의 정권하에서는 이러한 사실이 매우 불편할 수밖에 없는 이유가 되었던 것이다. 물론 호르띠가 보수반동적인 정치가이기는 했지만, 소련에 의한 베뜰렌 이쉬뜨반의 처리가 수면 위로 부상하는 것은 헝가리 공산당 정권에게는 바람직하지 않은 사안이었다.

1980년대에 들어와 헝가리 역사의 연구와 교육에 대한 정부의 통제가 조금씩 느슨해지기 시작하였다. 우선적으로 전문 역사연구서나 학술저서들에 대한 통제가 서서히 완화되기 시작하였다. 따라서 이 시기 역사학자들은 이데올로기의 영향을 비교적 적게 받으며 자신의 분야에서 연구에 매진할 수 있었다. 그러나 헝가리 정부는 이러한 전문적인 분야에 대한 통제를 완화하는 대신에 학교교육에서 역사교육에 대한 감독과 감시를 풀지는 않았다. 또한 대량으로 인쇄되는 값이 저렴한 역사서적들에 대한 감독을 강화하면서 일반인들에게는 정부가 원하는 방향으로 역사교육이 이루어지도록 유도하였다. 따라서 1980년대는 전시기에 비하여 다소 완화되고, 전문적인 분야에서의 상대적으로 자유로운 연구 분위기가 어느 정도 조성되었다고는 할 수 있지만, 공교육 분야에서의 감독과 통제는 여전하였다고 할 수 있다.

이 시기 헝가리 현대사에 대한 기념비적인 전문 연구서가 출간되었는데, 그것은 벌로그 샨도르(Balogh Sándor) 교수의 편집으로 1985년에 출판된 『20세기의 헝가리(Magyarország a XX. Században)』(Budapest, 1985, Kossuth)이다. 이 책은 그동안 공개되지 않았던 자료들을 발굴하여 비교적 중립적인 입장에서 헝가리의 현대사를 기술한 책이다. 1980년대 후반 『20세기의 헝가리』 출간 이후에 발행된 대부분의 헝가리 현대사 저술들은 이 벌로그 교수의 저작에 의지하고 있는 바가 크다고 할 수 있다. 벌로그의 이 저서는 헝가리 역사학계의 서술방식이 과거의 당파적 경향에서 역사적 사료와 경험적 사실에 근거한 방향으로 나아가는 모습을 보여 준 저작으로서 헝가리 현대사 연구에 있어 꼭 참고해야 할 필독서라 하겠다.

벌로그의 저서와 대비되는 다른 하나의 기념비적 저서는 유하스 줄러(Juász Gyula)의 『헝가리 외교정책: 1919~1945(Magyarország külpolitika: 1919~1945)』(Kossuth Könyvkiadó, 1988, 제3판)'이다. 이 저서는 헝가리 학술원 역사연구소(A Magyar Tudományos Akadémia Történettudományi Intézete)가 심혈을 기울여 편집한 헝가리 현대사 문헌 중 가장 중요한 자료로 간주된다. 이 책은 1969년에 초판이 발간된 이래로 1975년과 1988년에 개정판이 출간되었다. 이 책이 최초로 출간된 1969년의 초판과 1988년의 제3판을 비교해 보면, 동일한 저자의 책이면서도 시대에 따라 관점의 변화가 있었음을 확인할 수 있다. 예를 들어, 상기한 베뜰렌 이쉬뜨반에 대한 서술을 보면 초판과 재판에서는 그가 '부르주아 계층 출신의 반혁명인사'[15]라는 인식이 유지되고 있는데, 제3판에 이르러서는 이전 판의 인식이 유지되면서도 '복잡한 헝가리 정치계를 화합과 통합의 리더십으로 이끈 인물'로 평가한다는 내용이 새로 포함된 것을 확인할 수 있다.[16] 유하스의 저서는 20세기 헝가리 외교사 문헌 중 매우 중요한 작품 중의 하나라고 평가할 수 있는데, 3판에 걸쳐 개정판이 나오면서 시대적 흐름을 잘 반영하였다고 할 수 있다. 물론 제3판이 준비되던 1980년대 후반의 소련과 동유럽의 개방적·개혁적 분위기도 이러한 서술을 가능하게 하는데 도움을 주었다고 볼 수 있다. 따라서 1980년대의 역사서술은 제한적이기는 하지만 서술의 객관성과 공정성을 확보하려고 노력하였으며, 이러한 노력이 결과로 1980년대는 1960년대나 1970년대에 비하여 비교적 공정하고 개관적인 역사서술이 이루어졌다는 점이 특징이라고 할 수 있다. 이러한 성과는 전문적인 학술서나 역사서에 대해서는 비교적 검열과 통제가 심하지 않았던 시대적 분위기와도 연관된다 하겠다. 부다페스트 대학교의 현대사 교수인 제이들레르 미끌로쉬(Zeidler Miklos)는 이러한 경향에 대해 고등교육기관과 학술적인 연구소들에서는 광범위한 학문적 자유가 향유되기도 하였다고 평가하고 있다. 즉, 대학을 포함하는 고등교육기관과 학술연구기관의 연구자들은 제한적이기는 하였지만 독일, 영국, 프랑스 등의 학자들과 학술적인 교류를 통하여 서유럽의 역사서술에 대해서 알고 있었으며, 다소 늦기는 하였지만 독일, 영국, 프랑스 등에서 생산된 연구업적들을 연구에 활용할 수도 있었다는 것이다. 또한 1980년대 후반의 체제전환기에 이르러서는 마르크스주의적 역사관의 전면적이 폐기나 부정이 이루어지지는 않았지만, 거대담론적인 논의를 제외하고는 마르크스주의적 사관의 영향이 주류는 아니었다고 평가하고 있다.[17] 이러한 변화는 1980년대 말 급격히 도입된 정치적 다원주의에 의한 영향이 크다. 물론 1980년대 말까지는 아직 검열과 통제의 기능이 국가에 의해 이루어지고 있었던 것도 사실이지만, 체제전환기에 이르러서는 이러한 기제가 더 이상 작동하지 않게 되었던 것이다.

3 체제전환 시기 이후의 헝가리 역사서술

1989년의 체제전환은 헝가리 역사학계에 근본적인 변화를 요구하였다. 비록 1980년대 말의 개방적 분위기에 의해 헝가리 역사학계의 흐름이 마르크스주의적·교조주의적 경향에서 벗어났다고 하더라도, 전술한 것처럼 이러한 움직임은 학계의 전면적인 현상은 아니었다고 할 수 있다. 따라서 국가의 이념이 바뀐 상황에서 과거와의 단절, 혹은 과거에 대한 정리와 극복이 가장 중요한 문제로 대두되게 되었던 것이다. 물론 이러한 '정리'의 필요성이 가장 강력하게 제기된 분야가 '역사학' 분야였다. 50여 년간 헝가리 사회를 지배하던 마르크스주의적 가치를 하루아침에 변경하여야 하는 작업은 간단치 않은 여파를 몰고 왔는데, 그 가장 대표적인 예가 '역사투쟁'이라고 불리는 역사학계의 이론투쟁이었다. 이 논쟁의 주안점은, 체제전환 이전의 헝가리 역사서술은 '왜곡된' 역사서술이었으며 이러한 '왜곡'에 있어서 헝가리의 지식인들은 무죄가 아니라는 점이었다. 이러한 논쟁은 정치권에서 먼저 제기되어 곧 사회적인 문제로 대두되게 되었다. 결국 이 논쟁은 헝가리에서의 과거사 정리 문제로 연결되어 조용한 가운데 현직에 있던 과거 공산당 출신의 관료, 언론인, 학자들 중 일부가 은퇴하는 것으로 마무리되었고, 그와 더불어 역사서술에 있어 새로운 방식이 적용되어야 한다는 필요성을 확인시키는 계기가 되었다. 이러한 역사투쟁은 그 진행과정에서 단지 역사학계뿐만 아니라 다른 학문분야, 나아가 헝가리 사회의 여러 분야에서 '역사'에 대한 논의를 유발하는 계기가 되었다. 이러한 과정 속에서 분야별로 사회주의 시기의 저작들을 대체하는 새로운 저술들이 나타나기 시작하였던 것이다. 전문 역사학자들뿐만이 아니라 인문, 사회, 자연 등 각 분과 학문분야에서도 이러한 양상을 목격할 수 있으며, 역사학 분야를 제외하고는 정치학계에서 역사투쟁의 영향이 가장 현저하였다고 할 수 있다. 즉, 정치학계에서는 국가체제론과 정치사를 연구하는 비허리 미하이(Bihari Mihály), 정치체제론과 헝가리정당정치를 연구하는 아그 어띨러(Ágh Attila), 정치구조와 정당정치를 연구하는 꾀뢰쇠니 언드라시(Körösényi András), 토뜨 처버(Tóth Csaba), 뙤뢱 가보르(Török Gábor), 헝가리 외무장관을 역임한 외교사 분야의 예센쓰끼 게저(Jeszenszky Géza), 국내정치와 정당정치를 연구하는 꺼프론처이 까로이(Kapronczay Károly), 비에르너츠키 실란드(Biernaczky Szilánd) 등이 체제전환 이후 역사투쟁의 영향을 받아 변화된 시각으로 헝가리 현대정치와 정치사에 대한 저작들을 내놓은 대표적인 학자들이다.[18]

이러한 새로운 시각을 반영하는 저작들의 증가는 체제전환 이후 헝가리 역사학계, 나아가 지성계의 변화를 보여 주는 대표적인 흐름의 하나라고 할 수 있는데, 이와 같은 흐름은 사회문제에 대해 문학자나 예술가 등 지식인 계층의 참여가 오랜 전통으로 자리 잡은 헝가리 지식인 사회의 한 특징을 반영하는 것이라고 할 수 있다. 물론 이러한 지식인 계층의 현실 참여는 비단 헝가리에만 국한된 것은 아니었고, 체코, 폴란드 등 헝가리와 유사한 사회주의 체제를 경험한 나라에서도 발견할 수 있는 일반적 현상이었다.[19]

전술하였듯이 체제전환 이후 헝가리 역사서술의 특징은 지식인 사회의 변화와 더불어 전문적인 역사학자에 의해 저술된 학술서, 학술논문뿐만 아니라 문학자나 정치평론가, 언론인들도 헝가리 역사에 대한 나름대로의 시각과 주장을 담은 글을 펴내기 시작했다는 점이라고 할 수 있을 것이다. 헝가리 지식인들이 '역사'와 '역사서 저술'—전문적인 역사서술이든 비전문적인 역사서술이든—에 대해 관심을 가진 이유는 헝가리 지식인들에게 일종의 '부채의식' 같은 것이 존재하였기 때문이라고 할 수 있다. 이 '부채의식'은 사회주의 정권시절에 침묵할 수밖에 없었던 자신들의 과거사로부터 비롯된 것이라고 할 수 있는데, 헝가리에서 사회주의시대를 살아온 헝가리의 지식인들은 정도의 차이는 있을지언정 사회주의가 유지되어 오는 데 일조했다는 점에서 자유로울 수 없기 때문이다. 따라서 자신들의 과거에 대한 성찰이 이와 같은 방식의 '청산'으로 나타났다고 할 수도 있을 것이며, 체제전환 이후 양적으로 풍부하고 질적으로 다양한 역사서의 출간이 활발히 이루어질 수 있었던 데에는 이러한 배경이 자리하였기 때문이라고 볼 수 있다. 이와 같은 변화와 더불어 헝가리 유수의 출판사들도 정부의 직접적인 통제와 관리에서 벗어나 독자적인 작품들을 발간하기 시작하였다. 특히 대표적인 출판사들 간에 일종의 '출판영역'에 대한 분할이 이루어지면서 출판사별로 독자적인 영역을 구축하기 시작했다.[20]

체제전환 이후 역사서술에 있어 두드러진 현상은 마르크스주의적 관점의 사관에서 자유로워졌다는 점이다. 이것은 물론 마르크스주의적 관점의 역사서술이 완전히 폐기되었다는 것을 의미하지는 않는다. 즉, 역사서의 서술에 있어 마르크스주의적 관점에서 기술하여야 하는 의무적 사항이 폐지되었다는 것이지, 마르크스주의적 역사서술이 금지되거나 부정되지는 않았던 것이다. 체제전환 이후부터는 역사서술에 있어 어떠한 관점을 선택할 것이냐의 문제는 전적으로 작가 자신이 선택하고 책임져야 할 일이었다.

자유로운 역사서술이 가능한 환경이 만들어지면서 가장 우선적으로 나타난 역사서술 방식의 변화는 목적론적 서술방식에서 사료중심적 역사서술로의 전환이다. 즉, 과거 정권에서 지켜지던 '지침'인 '목적론적 계급투쟁'의 관점으로부터 생긴 왜곡을 제거하기 위해 전통적인 사료 중심적 연구방법의 도입은 필연적이었다고 할 수 있는 것이다.

이러한 시대적 변화에 의해 역사학계에서 가장 먼저 변화의 요구에 직면한 곳이 헝가리 학술원 역사연구소였다. 앞에서도 밝혔듯이 헝가리 학술원 역사연구소는 헝가리의 '공식 역사'를 편찬하는 기관으로서 사회주의 시기 헝가리 역사학계를 대표하는 중요한 기관이었다. 사회주의 시기에는 대학과 학술원의 역할이 서로 다르게 규정되어 있었는데, 고등학위를 수여하고 연구를 수행하는 기능은 학술원에 부여되어 있었고, 대학은 학사학위와 대학박사(석사와 박사의 중간정도에 해당)를 수여하며, 주로 교육기능에 중점을 두고 있었기 때문에 대학은 실질적인 학문의 중심 역할을 수행하지 못하였던 것이다. 따라서 체제전환과 더불어 이러한 헝가리 학술원의 기능에 대한 문제가 제기된 것은 당연하다고 할 수 있다.

헝가리 학술원 역사연구소는 체제전환 이전까지 헝가리의 역사문제에 대해 해석 및 판단, 서술에 있어 그 내용을 결정할 수 있는 권한을 행사하며 헝가리 역사서술의 방향을 주도해 왔는데, 체제전환 이후 이러한 역사연구소의 기능이 잠정적으로 유보되게 되었던 것이다. 물론 현재까지 헝가리 학술원 역사연구소는 학문적으로 왕성한 활동을 하고 있으며, 그곳에서 일하는 역사학자들은 헝가리 최고의 권위를 가진 역사학자들임에는 이론의 여지가 없다. 체제전환 이후 '공식적인' 역사서술의 과업이 사라졌음에도 불구하고, 오늘날까지 헝가리 학술원 역사연구소의 역사학자들은 헝가리 역사학계의 가장 중요한 저서들을 계속 편찬해 오고 있다.

체제전환 이후의 상황을 맞이하여 헝가리 학술원 역사연구소는 먼저 체제전환 이전 시기부터 간행하여 왔던 『헝가리의 역사(Magyarország története)』의 간행을 중지하였다. 앞에서도 밝혔듯이 『헝가리의 역사』의 기본적인 관점은 마르크스주의적 관점이었다. 따라서 마르크스주의적 역사관이 폐기된 시점에서 그 관점에 의해 저술되어 오던 헝가리 역사서의 편찬이 중지된 것은 당연한 일이었다. 이후 역사연구소는 엥겔 빨(Engel Pál), 써까이 페렌츠(Szakály Ferenc), 꼬샤리 도모꼬시(Kosáry Domokos)의 공동 작업을 통해 『유럽 내의 헝가리인들(Magyarok Európában)』이라는 제목의 역사시리즈를 편집하였다. 이 책은 정치사의 범주를 벗어나지 않으면서도, 전문성과 가독성 사이에서 균형을 맞추었고, 어느 한편에 치우치지 않은 객관적 입장을 유지하고 있다고 평가받는다.[21]

체제전환 이후 변화된 사관에 의한 역사 교과서들은 1991년부터 민영 출판사인 이크버(Ikva) 출판사에 의해 간행되었다. 이크버 출판사는 체제전환기 이후 등장한 역사인식에 의해 집필된 대략 100페이지 내외의 소책자 두께의 책을 발간하기로 결정하고, 부다페스트 대학교 역사학과의 교수들을 중심으로 필진을 구성하여 책의 편찬에 들어갔다. 이 시도는 큰 성공을 거두었고, 이후에 계속해서 역사 저작들이 나오는 견인차의 역할을 했다. 이크버의 책들은 사회주의 시대에 비해서 상당히 비싸진 가격대의 서적들임에도 불구하고, 내용이 충실한 책은 독자들이 구매한다는 평범한 사실을 재확인시켜 준 의미 있는 저서들이다. 또한 이크버 출판사의 기획은 체제전환 이후 기존의 학자들이 그동안 자신들의 책에서 유지해 오거나, 혹은 포함되었던 마르크스주의적 내용을 제거하고 객관적인 역사서술을 시도하게 했다는 점에서 역사학자들에게 '자기성찰적' 계기를 부여한 의미 있는 시도라는 평가를 받는다. 이크버 출판사에서 출판된 가장 대표적인 책들은 먼저 헝가리 현대사의 대가 중의 한사람인 부다페스트 대학교의 게르게이 예뇌(Gergely Jenő) 교수가 저술한 『헝가리의 혁명 1918~1919』를 들 수 있다.

게르게이는 1918년과 1919년에 걸쳐 발생한 '사회주의 혁명'과 '반혁명'에 대해 기술하며 프롤레타리아 인민혁명의 필연성과 당위성을 강조하던 기존의 시각에서 탈피하여 혁명의 내적 요인과 사회·경제사적 분석, 주변 국가들과의 세력 다툼, 소앙탕트 국가들의 견제라는 내용을 서술함으로써 사회주의 시대의 서술과 완전히 다른 방식을 보여 주었다. 특히 소앙탕트에 대한 기술은 사회주의 시대에서는 금기시되어 오던 주제이기 때문에, 헝가리의 독자들에게 신선한 충격을 가져다주었다. 또 다른 중요한 저서는 모제쉬 미하이(Mózes Mihály)가 저술한 『서구 시민민주의의 탄생』이다. 이 책에서는 서구 민주주의의 내용과 양상, 진행 과정에 대해 소개하고 있는데, 이 저서 또한 체제전환기의 헝가리 독자들에게 새로운 세계에 대한 그림을 보여준 저서로 평가받는다. 이 외에도 부다페스트 대학교 사학과 교수인 세렌체시 까로이(Szerencsés Károly)는 『제2차 세계대전 이후 정치발전의 주요 방향들』이라는 저서에서 헝가리 현대 역사의 발전과정을 세력 균형과 권력 투쟁의 관점에서 파악하였다. 또한 께르떼스 이쉬뜨반(Kertész István)은 『고대 그리스와 로마의 역사』라는 저서에서 서구의 관점으로 서술된 서양 고대사를 소개하였다. 요나쉬 일로너(Jónás Ilona)는 유럽의 탄생이라는 저서에서 근대 유럽형성에 대한 서구이론을 소개하였는데, 특히 프랑스 혁명에 대해 자세히 다루었다는 점이 특징이라고 할 수 있다. 또한 부다페스트 대학교 역사학과 교수인 게르게이 언드라쉬(Gergely András)는 『헝가리의 역사 1790~1918』이라는 저서에서 헝가리의 근현대사에 대한 교조주의적 해석을 탈피하여 서구의 시각과 유사한 관점에서 헝가리 현대사를 새로 서술했다. 깔마르 야노쉬(Kalmár János)는 16~18세기의 헝가리 역사를 서술하면서, 그동안 마르크스주의적 관점에서 과대평가되어 왔던 농노, 혹은 농민들의 봉기에 대해 비교적 공정한 평가를 내리고 있다. 쉬뽀쉬 뻬떼르(Sipos Péter)는 『제2차 세계대전과 그 이후의 평화』라는 저서에서 제2차 세계대전의 발발과 그 경과, 진행과정, 결과, 이후 생성된 세계체제와 질서에 대해 사실에 충실한 기술을 보이고 있으며, 이 저작은 학계뿐만 아니라 일반인에게도 큰 호응을 얻은 저서이다. 제1차 세계대전에 대해서는 부다페스트 대학교 역사학과 교수인 걸란떠이 요제프(Galántai József)가 『전쟁과 평화체결(1914~1918)』이라는 제목의 저서에서 헝가리가 제1차 세계대전에 참가하게 되는 원인과 그 결과를 비교적 쉽게 서술하고 있다.[22] 이러한 이크버 출판사의 저작들과 더불어 대학교재 수준 및 전문 연구서 수준의 저작들이 새로 발간되기 시작했다. 먼저 교과서출판사(Tankönyvkiadó)가 1980년대 간행하였던 자사의 책들을 대폭 수정하고 증보하여 대학 교과서 수준의 역사서를 출간하였다. 제일 먼저 나온 책이 베르떼니 이반(Bertényi Iván)과 져빠이 가보르(Gyapay Gábor)가 공저한 『헝가리의 짧은 역사(Magyarország rövid története)』인데, 이 책에서는 사실에 기초하여 헝가리의 전체 역사를 담담히 기술하였다.

다음으로는 사회주의 시대에 잊히거나 의도적으로 배제된 과거 유명 저자들의 저서들이 재생되어 출판되기 시작했다. 이러한 현상은 '단절'된 헝가리의 지성사가 '연속'의 길로 들어서는 것으로서 상당히 중요한 의미를 갖는다. 이것은 마치 르네상스가 고전의 부활을 통하여 흥기했던 것과 마찬가지로 헝가리 역사서술에서 과거의 유구한 역사서술의 전통으로 되돌아감을 의미한다고도 할 수 있는 것이다. 이러한 움직임은 체제전환 이후 헝가리의 정체성을 어떻게 규정할 것인가 하는 문제와 맞물려 매우 빠른 속도로 확대되었다. 먼저 20세기 초 헝가리 지식인의 대표자격인 섹퓌 줄러(Szekfű Gyula)와 호만 발린트(Hóman Bálint), 께레니 까로이가(Kerényi Károly) 1928년에 공동으로 편집한 『일반 역사』가 재생되어 출간되었다.[23] 이미 1989년에 섹퓌의 대작인 『삼대와 그 이후(Három nemzedék, és ami utána következik)』가 출판되었고, 1990년에는 1928년에 호만 발린트와 공동으로 저술한 5권의 『헝가리 역사(Magyar történet)』가 출판되었다. 1993년에는 도마노브스키 샨도르(Domanovszky Sándor)가 편찬한 5권짜리 대작인 『헝가리 문화사(Magyar művelődéstörténet(1939~1942)』가 출판되었다.[24] 이와 같은 추세는 1990년대 말까지 계속되었는데, 이 기간 중 재출간된 대부분의 서적들은 역사서와 문학서들이었다. 이 시기 동안 새로 서술된 역사서들과 리프린트의 형태로 재출간된 사회주의 시기 이전의 저서들로 인하여 헝가리의 역사서술은 완전히 사회주의 시절의 역사서술 방식에서 탈피했다고 해도 과언이 아닐 것이다.

21세기로 들어오면서 더 많은 '완전한 형태'의 헝가리 역사들이 출판되었다. 또뜨 이쉬뜨반 죄르지(Tóth István György)가 편찬한 『천년의 헝가리 역사, 정착부터 현재까지의 헝가리 역사(a Millenniumi magyar történet. Magyarország története a honfoglalástól napjainkig)』는 헝가리의 현대사에 중점을 둔 저작이고, 끄리스토 줄러(Kristó Gyula), 버르떠 야노쉬(Barta János), 게르게이 예뇌(Gergely Jenő)가 공동으로 저술한 『초기 시기부터 2000년까지의 헝가리 역사(Magyarország története az előidőktől 2000-ig)』는 1990년대 이후의 최근 현대사 부분에 대해서 상당한 지면을 할애하고 있다.

체제전환 이후 헝가리의 역사서술에 있어 가장 표준적이고 정평 있는 저서로 평가받는 책은 1995년 초판이 나온 롬쉬치 이그나츠(Romsics Ignác)의 『헝가리 역사(Magyarország története)』이다. 이 책은 헝가리의 역사를 유럽사, 세계사와 항목별로 비교하며 서술하는 방식으로 집필되어 헝가리 역사서술의 수준을 한 단계 끌어올렸다는 평가를 받는다. 이 책에서는 헝가리 역사가 단일하고 독립적인 역사가 아니며, 늘 주변 국가들과의 협력, 투쟁, 갈등, 조화 속에 성장해온 것이라고 서술하고 있으며, 이러한 점에서 헝가리 민족의 우월성이나 독특성을 추구하기보다는 유럽에 존재하는 유럽인으로서 조화롭게 살아가야 한다는 점을 강조하고 있다. 특히 20세기의 헝가리 역사를 바꿔 놓은 세 번의 중대한 전환점이 있는데, 1920년의 트리아농 조약, 제2차 세계대전 후 소련의 영향권 아래 들어감, 마지막으로 1989~1990년의 체제전환이라는 구분법으로 헝가리 현대사를 정의한다. 이러한 롬시취의 정의는 사회주의 시기, 사회주의 이전 시기를 모두 통틀어 헝가리의 현대사를 새롭게 규정하는 시대 구분으로서, 체제전환 이후 헝가리 역사학계가 필요로 하고 있었던 과제를 해결했다고 할 수 있다.[25] 이와 디볼이 헝가리 역사시술의 완진한 변화가 이룬 마지막 프로젝트는 오시리스 출판사가 기획한 『국가와 기억(Nemzet és emlékezet)』이라는 제목의 시리즈이다. 이 프로젝트는 2002년부터 시작하였는데, 핵심적인 내용은 헝가리 역사의 중요한 순간들을 동시대의 자료들과 후세의 평가를 통하여 규정하는 것이다. 이 프로젝트에는 헝가리 역사학계의 유수한 학자 중 80여 명이 참여하고 있다. 현재까지 성 이슈트반 왕과 헝가리의 국가 형성, 트리아농 조약, 타타르의 침공, 라코치의 자유를 쟁취하기 위한 투쟁, 1867년의 타협, 제2차 세계대전, 모하치의 패전, 1956년 헝가리 혁명 등에 대해 저술이 완료되었으며, 계속해서 현대사 부분의 다른 중요사건들에 대한 저술이 이루어질 예정이다.

20세기의 헝가리 현대사에서 가장 중요하게 논의되는 주제들은 제1차 세계대전과 헝가리의 분할, 트리아농 조약, 호르띠 정권의 대내외 정책, 평화적인 영토 수정, 제2차 세계대전에서 헝가리의 역할, 라꼬시 시대, 1956년 혁명, 까다르 시대의 폐해들, 국경 너머 이웃 국가에 외국인으로 존재하는 헝가리계 소수 민족의 상황, 1989년 이후의 체제전환의 과정이다. 이 주제들에 대한 과거의 평가에 대해 새롭게 연구와 저술 작업이 현재에도 진행형으로 계속되고 있는 것이다.

이와 더불어 현재 헝가리 역사학계에서 방법론적인 차원에서 그동안 다소 미진했던 분야들에 연구도 활기를 띠고 있다. 여성사 부분과 젠더 문제, 이민사 혹은 이주사 등도 역사학의 중요한 연구 분야로서 인정받고 있으며 이에 대한 연구도 서서히 증가하고 있다.

4 결론

이 장에서는 체제전환시기 이전과 이후의 헝가리의 역사학계에서 나타난 역사서들의 서술방향을 추적해 보았다. 헝가리는 내륙아시아의 초원지대로부터 유럽대륙으로 이주하여 정착한 경험을 갖고 있는 나라로서, 20세기 한 세기의 역사에서 자본주의적 제국주의, 사회주의 혁명, 반혁명, 두 번의 세계전쟁, 공산주의, 다시 자본주의로의 체제전환의 역사를 경험한 나라이다. 헝가리는 이 와중에서 1989년부터 시작된 사회주의로부터 체제전환으로 인하여 사회의 많은 영역에서 급격한 변화를 경험하였는데, 정치·경제적 측면의 체제전환뿐만 아니라 학계, 문화계, 예술계 등 다양한 분야에서도 변화에 직면하게 되었다. 학계에서는 인문·사회과학, 즉 역사학, 철학, 법학, 정치학 분야 등에서 공산주의 시대에 사용되었던 기존의 연구방법론, 패러다임, 가설, 내용과 현저한 차이를 보이는 변화를 맞이하게 되었다.

헝가리의 역사서술은 역사적으로 큰 사건이 발생한 매 국면마다 국가의 이데올로기를 정립하는 데 봉사하는 역할을 담당하였다는 점은 부정할 수 없는 사실이다. 이와 같이 '국가에 봉사하는' 역사학계의 경향은 사회주의 시절에도 결코 감소하거나 줄어들지 않고, 오히려 적극적으로 참여한 면이 있다고 할 수 있다. 이러한 경향은 사회주의 시절의 억압적인 분위기 속에서 헝가리 역사학자들이 직면했던 피할 수 없는 운명이기도 하였다. 따라서 이 시기에 저술된 많은 저작들에 상당한 왜곡이 보인다는 점은 사실이라고 할 수 있다. 그러나 이러한 경향은 1989년부터 시작된 체제전환과 더불어 보다 객관적인 시각의 역사서술로 변화되는 양상을 보이고 있다. 더군다나 사회주의 시절에는 금기시되었던 국가 안보와 관련된 자료들이 개방됨으로써 헝가리 현대사 연구에 큰 진전을 보게 되었다는 점은 매우 고무적인 일이라고 할 수 있다. 특히 과거사와 관련된 자료들을 공개함에 있어 다소간의 논란이 있었음에도 불구하고 '국가보안부'의 자료들을 개방하기로 한 점은 헝가리 역사학계의 발전을 위해 매우 긍정적으로 작용할 것이다.

체제전환 이후 자유로워진 출판 환경은 헝가리에서 간행되는 역사서 종류를 다양하게 하고, 서술의 관점에서 객관적 시각을 갖도록 하는 데 크게 일조를 하였으며, 이러한 분위기는 향후에도 지속될 것으로 보인다.

헝가리 역사학계의 입장에서 볼 때 체제전환의 또 다른 열매 중의 하나는 헝가리 학자들이 해외에 보존된 수많은 헝가리 관련 문서들에 접근할 수 있게 되었다는 점이다. 특히 독일 슈타지 문서보관소, 러시아의 문서보관소들의 자료에 접근하여 헝가리의 역사를 보다 입체적으로 그려 낼 수 있게 된 점은 새로운 환경의 변화이다. 헝가리가 체제전환을 이룩하면서 전 국민에게 광범위한 여행의 자유를 보장한 것이 학자들에게 가장 좋은 계기가 되었던 것이다. 물론 헝가리 주변국가들의 문서보관소에 접근이 가능해진 것도 헝가리 역사학의 전환에 크게 이바지하였다는 점을 간과해서는 안 된다. 유럽연합 등에서 헝가리 등 동유럽 연구자들을 위해 기금을 조성하여 그들의 연구를 지원한 점도 기억해 두어야 할 사항이다.

헝가리 역사학계는 이러한 외국과의 확장된 공동연구, 혹은 현지 연구의 기회를 활용하여 1990년대 초부터는 미국, 프랑스, 영국, 독일, 이탈리아, 심지어는 러시아와의 공동 연구도 수행하게 되었다. 유럽의 지리적 특성으로 인하여 주변국들과 국경을 맞대고 있는 현실에서 어느 한 나라만의 독자적인 국가사가 단독적으로 존재하기는 어렵다. 따라서 이해관계가 얽혀 있는 당사자들과의 공동연구는 거시적인 시각에서 헝가리 역사를 조망할 수 있게 해 준다.

체제전환 이후 헝가리의 역사서술은 헝가리 역사학자들 스스로의 노력과 외국과의 협력, 공동 연구들 통하여 미래의 헝가리 역사서술이 세계의 역사서술의 보편적 수준에 접근하도록 노력하고 있으며, 현재 나타나는 역사교과서의 서술 작업은 이러한 노력이 일환이라고 할 수 있다.

불가리아의 공산체제에 대한 과거청산 과정

제 4 장

이하얀

이 장에서는 불가리아의 체제전환 과정을 시간의 흐름에 따라 살펴보며 그 속에서 청산작업이 이루어졌는지를 살펴보는 것을 목적으로 한다.

약 40년 동안 공고히 유지되었던 공산체제를 하루아침에 무너뜨리고 새로운 체제를 받아들이기는 쉽지 않았다. 시장 경제 체제로 이행하는 과도기 속에서 각 정권은 변화된 세상을 만들겠노라며 천명하였지만 정작 전 정권이 만들어 놓은 문제를 해결하기에 급급했다.

불가리아에서는 과거에 대한 청산과정이 이루어졌다고 보기 어렵다. 체제전환 직후에는 불가리아 내 여전한 정치적 풍토 때문에 소수민족에 대한 잔혹한 동화 운동과 같은 엄연한 범죄를 다루기보다는 논란의 여지가 적은 경제적 혐의에 대해 먼저 집중하였다. 불가리아 사회당이 지배하는 정부가 집권하는 한, 검찰이 중요 문서에 접근하는 것을 전 공산주의 관료들이 차단할 수 있었기 때문이다. 디미트로프 정부 집권 당시 공산주의자들이 입수하였던 토지를 반환하고 전 정권 출신 공무원의 숙청 혹은 처벌에 몰두하였다. 또한 또도르 지프코프 전 대통령이 유죄 판결을 받고 7년 형을 선고받았다. 지프코프는 중동부유럽의 과거 지도자 중 가장 처음으로 재판을 받고 유죄 판결을 받았지만, 그는 교도소에 투옥되는 대신 가택연금으로 복역할 수 있었다. 과거청산은 종교계에도 똑같이 적용되었다. 하지만 불가리아 국회의사당에는 여전히 전 공산주의자들이 가득했다. 이는 디미트로프 정부의 과거청산 작업이 제대로 이루어지지 않았음을 보여 준다.

이번 장에서 서술된 내용의 범위는 체제전환의 태동이 일었던 1989년부터 몇 번의 정권 교체가 이루어졌던 1997년까지이다. 체제전환기 전후 불가리아의 사회 및 경제적 배경은 어떠하였는지 정권별로 이전의 어두웠던 과거를 뒤로하고 민주 불가리아를 만들기 위해 어떤 노력을 하였는지 알아보고자 한다.

이 장은 『EU연구』 60호(2021)에 게재된 「중동부유럽 국가의 공산체제전환과 청산과정에 대한 연구: 불가리아 사례를 중심으로」를 수정 · 보완한 글이다.

1 머리말

불가리아의 수도 소피아의 중심부에는 26m 길이의 동상이 우뚝 서 있다. 왼손에는 부엉이가 올라와 있고 오른손에는 월계관을 쥔 왕관을 쓴 '소피아 여신상'이다. 소피아를 대표하는 상징이자 '지혜'를 의미하는 이 동상은 소피아 시내 전체를 온화한 표정으로 내려다보고 있다. 이 여신은 불가리아 국기가 나부끼는 불가리아 의회 건물을 마주하고 있다. 의회 건물은 1990년까지 붉은 별을 단 공산당 건물로 사용되었고 소피아 여신상 자리에는 공산주의 지도자이자 이념 자인 블라디미르 레닌의 기념비가 놓여 있었다. 공산정권이 무너지고 레닌 동상은 1991년 해체되는데 이후 그를 대체할 인물을 찾는 데 10년이라는 긴 시간이 걸렸다. 각 정권, 각 정당 또는 단체별로 선호하는 인물이 달랐고 어떤 이들은 아예 동상을 없애는 편이 옳다고 주장하였다. 새로운 세상을 만들고자 하였지만, 의견이 일치되기 어려웠고 갈등만 커졌다. 동상과 관련한 이 단편적인 일화는 마치 불가리아의 체제전환 과정을 축약적으로 보여주는 것 같다.

약 40년 동안 공고히 유지되었던 공산체제를 하루아침에 무너뜨리고 새로운 체제를 받아들이기는 쉽지 않았다. 시장 경제 체제로 이행하는 과도기 속에서 각 정권은 변화된 세상을 만들겠노라며 천명하였지만 정작 전 정권의 뒤치다꺼리를 하느라 발전을 하기에는 역부족이었다.

이 장에서는 불가리아의 체제전환 과정을 시간의 흐름에 따라 살펴보며 그 속에서 청산작업이 이루어졌는지를 살펴보는 것을 목적으로 한다. 서술된 내용의 범위는 체제전환의 태동이 일었던 1989년부터 몇 번의 정권 교체가 이루어졌던 1997년까지이다. 체제전환기 전후 불가리아의 사회 및 경제적 배경은 어떠하였는지 정권별로 이 전의 어두웠던 과거를 뒤로하고 민주 불가리아를 만들기 위해 어떤 노력을 하였는지 알아보고자 한다.

2 체제전환기 전후 불가리아의 정치 · 사회적 상황

1) 체제전환기 전후 사회적 배경

제2차 세계대전 직후 중동부유럽의 국가들은 공산주의자들이 점차적으로 권력을 장악하면서 자연스럽게 스탈린주의와 공산주의 이데올로기를 받아들여 소련을 그대로 복제한 듯한 사회주의를 채택하였다. 불가리아에서는 제2차 세계대전이 끝날 무렵, 1944년 8월 5일, 소련군이 불가리아에 진입하여 전쟁을 선포하였고 콘스탄틴 무라비예프 총리가 소련에 항복을 선언한다. 친소 공산주의자들의 조직인 조국전선(The Fatherland Front, ОФ: Отечествен фронт)이 9월 9일 정권을 잡으며 불가리아 왕국이 몰락하고 본격적으로 공산주의가 들어서게 된다. 공산정권 산하에서 불가리아는 산업화를 일구어 냈고 1950년대 후반에는 농업과 공업이 7:3의 비율을 보였다. 공산정권의 소련식 경제 발전 계획은 전통적인 농업 국가였던 불가리아의 산업구조를 바꾸어 놓았다. 1947년 기존 헌법에 따라 사회주의 헌법을 제정한 불가리아는 새로운 인민공화국 법제를

불가리아 인민공화국 국장
출처: Wikimedia Commons

1971년 불가리아 인민공화국 헌법
출처: BG now

확립하게 된다. 체코슬로바키아와 폴란드가 민법전을 제정한 것과 다르게 불가리아는 법전 편찬을 하지 않고 개별 법률을 제정하였다. 소련의 스탈린이 사망한 뒤 중동부 유럽국가들은 사회주의를 합법화하며 사회주의 통치를 강화하기 위해 사회주의 헌법을 제정하였다. 불가리아 또한 헌법을 제정하며 강력한 사회주의를 구현하고자 하였다. 1971년 5월 18일, 불가리아는 소련 법제에서 약간 변형을 주어 '불가리아 인민공화국(People's Republic of Bulgaria, Народна република България)'의 헌법을 제정한다.[1]

1989년 독일의 베를린장벽이 무너지고 러시아에서는 개혁 개방을 외치는 젊고 새로운 지도자가 등장하면서 중동부유럽 국가들에도 시장경제화와 정치적 민주화가 추진된다. 1954년부터 1989년까지 35년이라는 긴 세월 동안 불가리아를 통치해 온 불가리아 공산당의 총 서기장 또도르 지프코프(Todor Zivkov)의 국가 운영은 실패작이었다. 불가리아는 이웃 국가 중에서도 가장 낮은 수준의 사회경제적 수준을 보였다.[2] 경제적 어려움을 호소하는 불가리아 국민

1989년 11월 10일 불가리아 공산당 전체회의에서의 또도르 지프코프(오른쪽)와 뻬떠르 믈라데노프(가장 왼쪽)
출처: DIR

의 불만이 극에 달했고 크고 작은 단체에서 전국적 시위가 발생하며 민주화를 요구하는 목소리가 높아졌다. 불가리아에서는 체제전환의 시발점이 시민봉기에서 시작되었으나, 국가 권력이 지배 세력에게 집중되어 있어 결국 상부 주도 때문에 체제가 전환되었다고 볼 수 있다. 체제전환 이후에도 완전히 새로운 개혁을 펼친 것이 아니라 스탈린식 경제정책을 고수하며 부분적인 개혁을 감행하였다. 게다가 지배세력의 교체도 이루어지지 않았다. 이 때문에 시장경제체제로의 전환속도가 느릴 수밖에 없었다.

1989년 11월 10일, 불가리아 공산당 중앙위원회는 전체회의를 열고 지프코프가 당수와 국가 원수직을 사임하도록 강요받는다.[3] 그를 대신해 뻬떠르 믈라데노프(Petar Mladenov)가 공산주의 정권의 마지막 지도자

민주세력동맹 로고
출처: UDF

불가리아 공산당 로고
출처: Wikimedia Commons

로 선출되며 1990년 2월 2일까지 민주 불가리아의 초대 대통령이 된다. 믈라데노프는 체제전환을 위한 개헌안을 제시하였지만 불안전한 체제전환 과정이 이어진다.

이후 새로운 정치조직들이 대거 등장하였다. 이들 중 일부는 완전히 새로운 정당이고 일부는 과거 정당들이 옷을 갈아입은 형태였다. 1989년 12월 7일, 비공산주의 정치 단체 중 14개가 연합하여 민주세력동맹(UDF: The Union of Democratic Forces, СДС: Съюз на демократичните сили, SDS: Sayuz na demokratichnite sili)을 형성하였다. 불가리아의 민주주의 도입을 목표로 하는 이 정당은 과거의 무능한 불가리아 인민공화국을 타파하고 민주주의 국가를 만드는 것을 기치로 세웠다. 민주세력동맹의 첫 번째 당수는 젤류 젤레프(Zhelyu Zhelev)로 결정되었다. 한편, 불가리아 공산당(BCP: Bulgarian Communist Party)의 새로운 지도자인 뻬터르 믈라데노프(Petar Mladenov)는 12월 11일부터 13일까지 중앙위원회 전체회의를 소집한다. 그는 과거 잘못에 대한 참회를 표명하며 앞으로는 민주국가로 탈바꿈할 것이며 1947년부터 현재까지 진행되었던 허울뿐인 정치쇼보다는 실속 있는 의회 활동이 있을 것이라고 약속했다. 하지만 시대는 참회나 변화에 대한 약속보다는 진정한 변화를 원했다.

민주세력동맹은 12월 14일 헌법 제1조의 폐지를 요구하는 대규모 시위를 조직하였다. 국가와 사회에서 공산당의 주도적인 역할을 보장하고 불가리아를 '노동자계급이 주도하는 사회주의 국가'로 규정하고 있는 조항을 삭제할 것을 요구하였다. 1월 초까지 국가 전체에서 법령을 지지하는 세력과 반대하는 세력 간의 크고 작은 시위가 벌어지며 격렬한 반응이 일어났다. 공산주의 통치가 여기저기서 무너져 내리는 상황을 보면서, 특히 민주세력동맹이 대규모 대중 시위를 지지할 수 있음을 확인하고 나서는 불가리아 공산당 당원들은 반대파의 요구에 귀 기울이지 않을 수 없었다. 이에 불가리아 공산당 지도자들은 12월 15일, 당의 권력독점을 한 달 안에 종식하겠노라 천명하고 재야세력과 헝가리와 폴란드를 모델로 하는 '불가리아 원탁회의'를 시작하기로 동의한다. 불가리아의 비공인노조 뽀드끄레빠(Podkrepa)의 지도자 콘스탄틴 트렌체프(Konstantin Tranchev)는 당의 제2인자인 정치국원 안드레이 루카노프(Andrei Lukanov)와 총리 게오르기 아타나소프(Georgi Atanasov)가 민주세력동맹의 의장인 젤류 젤레프와 등 재야지도자 네 명과 첫 회담을 한다. 의회는 이날 국민의 끈질긴 요구에 굴복, 공산당의 지도적 역할을 보강한 헌법 조항을 1990년 1월 폐기하겠다고 약속하는 선언문을 만장일치로 채택하였다.[4] 의회는 또 모든 정치범의 즉각 사면을 결의하고 형법 중 11개 조항을 폐지했는데 이후에는 사회체제를 폭력으로 변동시킬 것을 주장하는 선전행위에 대해서만 3년까지 징역에 처할 수 있도록 하였다. 원탁회의에서 불가리아 공산당과 민주세력동맹은 똑같은 수의 대표자를 내기로 했다. 이들 모두 전체주의 기구가 파괴되어야 한다는 데 동의한다. 원탁회의에서는 공산당이 40년간 통제해 온 정치, 사회단체로부터 공산당을 분리하는 방안에 대해 논의하였다. 이후 사회 기관 및 조직에

공산주의 청년단체 해단식
출처: Open Society Institute Sofia

서 자체적인 변화가 일어났다. 각 기업은 직장 내 당 조직을 금지 또는 폐지하고 공산주의 청년단체는 스스로 해산하였다.[5] 불가리아 공산주의를 대표하는 조직들의 해체가 자발적으로 이루어진 것이다.

1990년 1월 30일, 불가리아 공산당은 제14차 당대회를 소집한다. 당대회에서 믈라데노프는 구제도가 당과 국민에 대한 독재조직이었다고 말하며 또도르 지프코프를 횡령, 권력남용, 인종적 적개심 유발을 포함한 다수의 혐의로 체포할 것을 발표했다. 또 믈라데노프는 민영화, 탈중앙화, 민주화를 바탕으로 하는 경제가 재건될 것이라고 말했다.

> 총선을 3개월가량 앞둔 지금 불가리아 공산당이 현재의 국가위기를 타개해 나갈 수 있는 유일한 방안은 거국정부 수립이며 우리는 이를 위해 부단히 노력해야 합니다.

다당제 민주주의가 도입되고 당과 국가의 완전한 분리가 이루어질 것을 약속하며 그는 당 대표직을 포기한다. 지금까지 관례적으로 한 사람이 맡았던 공산당 서기장과 국가원수의 역할이 앞으로는 분리돼야 할 것이라고 촉구함으로써 이는 곧 당정분리가 임박했음을 암시하였다. 의회에 상정된 개헌안에는 믈라데노프가 의장을 맡은 국가평의회가 없어지고 그 대신 대통령직이 신설되도록 명시되었다. 이 개헌안이 실현되면 믈라데노프는 당서기장 직을 포기하고 불가리아의 개혁지도에 진념하기 위해 대통령으로서 정부 수반 역할만을 담당하게 되는 것이다. 동시에 안드레이 루카노프를 총리로 새로운 정부를 구성하게 된다. 공산당의 지도적 역할 규정조항 삭제, 군사력 독점 그리고 시장경제체제 및 다당제 도입 등 공산당 지도부가 제시한 개헌안을 불가리아 의회가 승인한다. 헌법 제1조 "종교, 민족과 관계없이 모든 불가리아인을 대표하는 국가"라는 조항을 삽입한다.

아이러니하게도, 전체주의의 붕괴는 불가리아 역사상 최초의 순수 공산주의 정부를 만든다. 이듬해 4월 불가리아 공산당은 불가리아 사회당(BSP: Bulgarian Socialist Party)으로 당명을 바꾸고, 수많은 공산주의 인사들이 이 당에 입당한다.

당을 국가와 사회에서 분리하려는 시도는 개인의 자유 확대와 기본적인 사회 경제 개혁 또한 포함하였다. 이는 곧 내무부 제6국, 비밀경찰의 폐지를 의미하였다. 1990년 2월부터 민간 농업이 합법화되고 노동·고용에 대한 제한을 철폐하는 동시에 소매업, 서비스 산업 그리고 관광 분야에서 민간기업을 허용하게 된다. 3월 5일 의회는 불가리아에 거주하는 모든 시민에게 자신의 이름을 자유롭게 선택할 수 있는 법안을 통과

시킨다. 1970년대 초 불가리아 공산정권은 터키인에 대한 불가리아식 동화를 요구하며 터키식 이름을 슬라브식 이름으로 개명해야 했고 이를 거부할 경우 처벌을 받았다. 어쩌면 당연한 권리인 본인의 이름을 자유로이 정할 수 있는 권한 부여는 소수민족에 대한 처우개선 사항으로 볼 수 있다.

루카노프 내각은 시장경제체제 도입을 가시화하기 위해 경제부흥책을 발표하였다. 농업 생산성 증대를 우선으로 서비스, 경공업, 식품업 등 소비재 산업 성장을 도모하는 내용을 담았다. 공업 부문 전체 투자액 중 2/3를 기술개발에 투자하였고 외자 유치를 위해 외국인 투자가 기대되는 사업에 대해 투자 우선권을 부여하였다. 수출 가능한 품목 생산에 주력하고 대(對)코메콘(COMECON) 국가 외 다른 국가에 대한 수출을 증가시켰다. 생필품 가격을 체제전환 직전 수준으로 동결시켜 재정수지를 개선하고자 하였다.

1990년 4월, 대통령제를 채택하고 사회주의 국가에서 민주 헌정 국가로 국가 성격을 변경하는 개헌안이 승인되며 비로소 정치적·경제적 민주화가 시작된다.

불가리아 정치시스템을 재설계하기 위한 대국민 의회가 1990년 6월 10일과 17일에 열렸다. 불가리아 사회당이 211석, 민주세력동맹이 144석, 불가리아 내 터키계 소수민족의 권익을 대표하는 권리와 자유의 운동(MRF: Movement for Rights and Freedoms)은 총 16석의 의석을 차지한다.[6] 루카노프는 총리직을 유지한다. 새로운 의회의 구성은 새로운 헌법 구성 단계의 시작을 의미해야 했지만 그렇지 않았다. 권리와 자유의 운동당의 존재에 분노한 반터키 시위가 열렸고 의회의 부정선거를 조사할

1989년 12월 14일 육군 장관과 전투 장관에게 명령하는 믈라데노프. "탱크가 시위장에 와야 합니다."
출처: Youtube

것을 요구하였다. 7월 초 시위대는 믈라데노프가 등장하는 한 영상을 공개하였는데, 그가 1989년 12월 시민 시위대를 상대로 탱크를 사용할 것을 촉구하는 내용이었다.

이에 믈라데노프는 자신의 잘못을 인정하고 사임하고 젤류 젤레프가 뒤를 잇는다. 믈라데노프가 사임했음에도, 시위는 멈추지 않았다. 언론과 국가 생활 전반에 대해 공산당의 통제를 끝내라는 시민들의 요구가 여전히 빗발쳤으며 8월 말 공산당 당사에 불을 지르기도 하였다. 겨울이 와도 실질적인 변화의 모습은 보이지 않았고, 정치적 교착상태와 악화한 경제 상황으로 사회적 불안은 커져만 갔다. 1989년 이후 거리는 시위자들로 가득했다. 시민들의 거리시위는 불가리아의 체제전환 이후 지속해서 나타나는 현상이다. 11월 29일, 루카노프는 의회의 절차가 아닌 민중의 요구로 인해 사임하였다. 12월 20일 새로운 행정부가 비당원 출신 변호사인 디미터르 뽀뽀프(Divitar Popov)를 총리로 세워 출범한다.

2) 민주주의 기구의 건설(1990년 12월~1991년 10월)

1989년 11월부터 12월까지 전체주의 기구의 대부분이 해체되었다. 불가리아는 외교 관계에 있어 새로운 행보를 보인다. 소련과 끈끈하게 연결되어 있던 고리를 느슨하게 하는 동시에 칠레, 남아프리카, 이스라엘 등과 새로이 외교 관계를 수립한다. 전체주의 체제가 해체되었다고 하나, 민주주의 체제는 아직 구축되지 않고 있었다. 국민들의 민주주의에 대한 요구를 충족시켜 주지 못했으며 전국민의회에서 합의점을 찾기 어려웠기 때문이다. 이러한 합의점을 찾는 것이 뽀뽀프 정부의 사명이었다. 뽀뽀프는 '민주주의 사회로의 평화로운 이행을 보장하기 위한 정부 구축'을 목표를 내걸었고 취임의 조건으로 주요 정당들은 평화롭고 질서 있는 체제전환에 동의해야 한다고 주장했다. 이를 위해서는 경제정책이 반드시 동반되어야 했다. 뽀뽀프 내각은 불가리아의 경제 개혁을 본격화하기 위해 경제개혁 법안을 입안하고, 의회의 승인을 받았다. 회계법, 토지소유 및 이용법(농지법), 경쟁 및 비독점보호법(독점금지법), 외국인투자법, 상법, 중앙은행법, 국가예산법, 은행여신법 등을 제정한다. 1991년 1월, IMF, World Bank와 같은 국제금융기관과 협의하여 새로운 경제개혁 프로그램을 발표하는데, 이 프로그램은 ① 과잉유동성에 따른 시장불균형, ② 재정수지 불균형, ③ 국제수지 불균형의 조기해결을 주요 목표로 삼는다. 1991년 2월부터 불가리아의 상품 및 서비스에는 ① 자유가격, ② 고정가격, ③ 정부에 의한 관리가격 등 세 가지 종류의 가격을 설정하고, 전력·난방·LP 가스·석탄·석유 제품은 고정가격, 몇몇 식료품과 공공요금 14개 기본요금은 정부에 의해 4~11배로 가격 인상을 한정 짓고, 기타 상품의 가격 자율화를 이루어 냈다. 불가리아 레바화의 과잉유동성 및 가격자유화에 따른 인플레이션 억제를 위해 중앙은행의 기준대출금리가 1991년 1월에 4.5%에서 15%로 인상되었고, 2월에는 45%로 상승한다. 국민의 저축장려를 위해 국가저축은행의 예금금리에 관한 규정을 개정하여 1개월 정기예금금리 42%, 3개월 정기예금금리 39%, 6개월 정기예금금리 36%로 상향 조정한다. 외화의 유입을 촉진하고, 불가리아의 통화인 레바(Leva)의 태환성을 높이기 위해 1991년 2월 레바 환율을 대폭 평가절하하였으며, 변동환율제를 도입한다. 또한, 농지법의 제정을 통해 국유농장, 협동농장에 편입되었던 토지를 원소유자에게 반환하도록 하였다. 이는 폴란드식 경제 개혁을 본떠 도입한 것으로 나중에 사회적 고통을 야기한다.

경제 개혁 이외에도 소수민족 우대를 위한 정책을 펼쳤다. 1991년 2월, 교육부 장관은 불가리아 내 터키 민족이 다수 사는 지역에서는 지역 주민들의 요청이 있으면 각 학교에서 주 4시간의 터키어로 교육이 진행될 것이라고 발표했다. 이를 거부하는 지역[특히 슈멘(Shumen), 라즈그라드(Razgrad), 꺼르잘리(Kurdjali)]의 교사들이 파업에 돌입했고 불가리아 학부모들은 자녀를 학교에 보내지 않았다. 민주 연합동맹은 이 개혁에 반대하는 사람들은 1980년대에 소수민족통합정책을 추진한 사람들이라며 비판하였지만 결국 터키어 교육 계획은 9월로 연기되었다.

필립 디미트로프(Filip Dimitrov)가 민주 연합동맹의 정당 대표로 취임하면서 공산당이 주도한 의회가 구성한 헌법을 신뢰할 수 없음을 주장하며 6월 9일부터 단식투쟁을 벌였다. 1991년 7월 12일 중동부 유럽 국가 중에서 최초로 민주적인 헌법으로 개정하였는데, 이는 불가리아 독립 이후 네 번째 개정이었다. 경제적으로는 자유시장제도를 도입하고 정치적으로는 의회민주주의 제도를 도입하는 것을 골자로 하였다. 국민의 직접 투표로 선출된 대통령의 임기는 5년으로 정해졌다. 대통령 후보는 경선에 나가기 직전 5년간 불가리아에 거주해야 하는 조건이 붙었다. 이는 어린 나이에 왕위에 올랐다가 국외로 추방당했던 시메온 2세(King Simeon II)가 대통령 선거에 나오는 것을 막으려는 조치였다. 당시 국민 사이에서는 불가리아의 정치·사회적 어려움을 과거 왕족이 정권을 잡으면 해결 해 줄 수 있을 것이라는 막연한 희망이 있었기 때문이다. 헌법재판소가 수립되었고 입법부는 총투표의 4%를 득표한 정당들에 의해 비례대표로 선출된 240명으로 구성될 예정이었다. 1991년 10월 13일에 새로운 체제하에서 첫 번째 선거가 열렸다. 38개의 정당이 선거에 참여했지만, 오직 3개의 정당만이 4%라는 장애물을 통과할 수 있었다. 민주 연합동맹이 110석, 불가리아 사회당이 106석을 차지하였고 MRF는 24석을 부여받았다.[7]

3) 공산주의 정권에 대한 반쪽짜리 청산작업(1991년 10월~1992년 10월)

선거 후 민주 연합동맹 지도자인 필립 디미트로프가 새로운 정부를 조직했다. 그의 내각은 주로 민주 연합동맹 당원들로 구성되었다. 1992년 초 대통령 선거에서 젤류젤레프가 임기 5년의 직선 대통령에 당선되었다. 디미트로프 정부는 1년을 채우지 못하고 교체되었다. 하지만 임기 중 가장 큰 업적은 과거 공산주의 정권에 대한 청산작업을 했다는 것이다. 공산주의자들에 의해 압수되었던 땅을 반환하려고 애썼으며 전 정권 출신 공무원의 숙청 혹은 처벌에 몰두하였다. 장군 10명과 759명의 장교를 퇴직시켰다.

이는 이전 내각과는 확연하게 다른 모습이었다. 공산주의 통치 기간에는 지프코프와 그의 동료들이 자행한 심각한 인권 유린이 허용되었다. 체제전환 직후에는 불가리아 내 여전한 정치적 풍토 때문에 소수민족에 대한 잔혹한 동화 운동과 같은 엄연한 범죄를 다루기보다는 논란의 여지가 적은 경제적 혐의에 검사들이 먼저 집중하였다. 범죄 수사가 진행 중이던 1990년과 1991년 초에도 지프코프의 반터키 정책에 대한 대중의 지지는 여전했고 지프코프 시대에 대한 정치적 평가를 포함하는 재판을 하기에는 시기상조로 여겨졌다. 불가리아 사회당이 지배하는 정부가 집권하는 한, 검찰이 중요 문서에 접근하는 것을 전 공산주의 관료들이 차단할 수 있었기 때문이다. 그러나 1991년 10월, 민주세력동맹의 선거 이후 정치적 풍토는 지프코프와 그의 동료들이 공산주의 통치 동안 자행한 인권 유린에 대해 기소하는 것이 이전보다 자연스러워졌다. 과거 학대 혐의로 조사를 받는 공무원의 수는 50~60명이었으며 지프코프는 1980년대 중반 불가리아의 소수민족과 종교적 소수민족의 동화 운동에 관여했다는 혐의를 받았다. 인종 증오를 선동하고, 터키인, 포막스인(Pomks), 집시 민족을 불가리아화하였던 잔인한 운동을 시작한 이유로 인종 차별 혐의로 기소되었다.[8]

1992년 9월 4일, 또도르 지프코프 전 대통령이 유죄 판결을 받고 7년형을 선고받았다. 지프코프는 중동부유럽의 과거 지도자 중 가장 처음으로 재판을 받고 유죄 판결을 받았지만, 그는 교도소에 투옥되는 대신 가택연금으로 복역할 수 있었다. 1989년 말 집권에서 축출된 직후 또도르 지프코프 전 대통령은 가까운 동료와 가족에게 현금, 아파트 및 기타 특권을 제공한 혐의로 가택연금 및 권력 남용 혐의로 기소되었다. 또한, 1959년부터 62년까지 잔인한 학대로 인해 불가리아인 147명이 사망한 두 곳의 노동자 수용소(레베치 수용소와 스크라베나 수용소)를 설치한 혐의도 추가되었다. 재판은 1991년 2월 25일 시작된 이후 지프코프의 건강 악화로 인해 계속 연기되다가 18개월이 지난 후 지프코프는 유죄 판결을 받았으며 약 2,400만 달러를 유용했다는 이유로 7년의 징역형을 선고받았다. 지프코프의 오른팔이자 정치국원이었던 밀코 발레프(Milko Valev)는 공동 피고인이었다. 그 또한 유죄 판결을 받고 2년의 징역형을 선고받았다. 지프코프와 전직 관료들의 혐의 중 일부는 현재 공산주의 정부에 원조를 제공한 것이었다. 1992년 7월 22일 지프코프는 공적 자금을 쿠바, 예멘 인민 민주 공화국, 니카라과, 모잠비크, 아프가니스탄과 같은 공산주의 정부에 군사 및 경제 지원을 하여 불가리아의 경제 재앙에 이바지한 혐의로 기소되었다.[9]

이반 타타르체프(Ivan Tatarcvev) 불가리아 검찰총장은 이들 국가에 2억 6,400만 달러와 5,600만 루블을 제공한 것으로 파악되었다. 또한 6,300만 달러, 5만 독일 마르크, 12만 톤의 원유가 원조 또는 무상 신용으로 제공되었다. 35년간 당을 이끌었던 전 서기장 지프코프의 최측근인 강경파 정치국원 그리샤 필리포프, 게오르기 아타나소프와 안드레이 루카노프 전 총리, 불가리아 공산당 서기장 에밀 흐리스토프와 스토얀 밀차일로프도 비슷한 혐의로 기소되었다.

앞에서 논의한 사례 외에도 체르노빌 원전 사고 은폐에 가담한 이들

재판장에 들어선 또도르 지프코프
출처: Blitz

이 기소되었다. 1992년 12월 12일에 그리고르 스토이치코크 전 부총리와 류보미르 신다로프 전 보건부 장관은 체르노빌 사고 영향을 은폐한 과실 혐의로 유죄 판결을 받았다. 대중에게 사고 사실을 명명백백하게 알리고 방사선 피폭을 최소화하는 방법에 대한 상세한 지침을 제공하는 대신 사고를 완전히 덮으라고 명시적으로 지시했다는 것이 문제가 되었다. 법원은 이것이 국민의 건강과 경제에 손해를 끼쳐서 체르노빌과 관련된 불가리아의 문제를 악화시켰다는 점을 강조했다. 법원은 두 전직 장관이 방사능의 영향으로부터 정치 엘리트를 보호하기 위해 특별한 예방 조처를 해 달라고 요청함과 동시에 공공의 안전을 무시한 것은 특히 중대한 범죄라고 판단했다. 스토이치코크와 신다로프는 각각 징역 3년과 2년을 선고받았다.[10]

재판을 받고 있는 스토이치코크(오른쪽)와 신다로프(왼쪽)
출처: BTA

1992년 7월 7일, 검찰총장의 요청에 따라 전 총리이자 불가리아 사회당의 국회의원이었던 안드레이 루카노프의 의원 면책권을 박탈했다. 이틀 후인 7월 9일, 그는 체포되어 국비를 유용한 혐의로 기소되었다. 루카노프가 부의장을 대행하고 있던 게오르기 아타나소프 정부하에서 루카노프는 특정 사회주의 국가들에 대한 원조를 승인한 각료회의의 결정으로 기소되었다. 루카노프와 다른 피고인들의 변호사들은 그들이 기소된 행위로 피고인들이 개인적인 이득을 취하지 않았으므로 불가리아 법을 위반하지 않았다고 주장하였다. 그러나 재판부는 기소된 각 피고인이 개별적인 범죄 유죄를 가지고 있다는 것을 보여 주는 증거를 제시하였다.

과거청산은 종교계에도 똑같이 적용되었다. 불가리아 정부는 1991년 종교 업무 위원회(Board of Religious Affairs)를 창설하고 국가 종교 기관에 대한 개혁을 시작하였다. 1992년 3월 9일, 막심(Maxim) 불가리아 정교회 총대주교가 해임되었다.[11] 막심이 선출된 1971년 당시 공산주의 정부에 의해 비공식적으로 임명되었고 그가 나치의 협조자였다는 이유로 해임되어야 마땅하다고 판단하였다. 이 사건은 주교들 사이에 분열을 촉발하였고 불가리아의 영혼을 담당하는 정교회의 위신이 바닥으로 추락하게 된다.[12]

미트로프 내각의 경제정책은 이전 내각보다 상당히 급진적으로 진행되었다. 1992년 4월 민영화법이 통과되면서 불가리아 정부는 토지 사유화, 지방공기업 사유화 정책을 편다. 국영기업의 민영화를 위해 140개 국영기업을 900개의 유한회사, 200개의 주식회사로 분할 및 재편하였다. 또한 500개 이상의 무역, 인쇄, 군수, 식품 가공 회사를 재편한다. 외국인 투자를 도모하기 위해 외국인 합작회사에 대한 감세 및 면세 혜택을 부여하였다. 1992년 1월 신외국인투자법을 제정하여 외국기업들은 ① 토지 소유는 불가하나 건물소유 가능, ② 과거 5만 달러로 제한하였던 투자최저액 철폐, ③ 불가리아 국내 은행을 통한 외화판매 및 해외송금이 가능하게 된다. 조세개혁 또한 변경하였는데, 1992년 시장경제원칙에 입각한 새로운 조세체제 수립을 위한 법률을 의회에 입안하고, 소비재·환경보호 제품 등의 생산업체나 주택건설업체에 대한 잠정적 면세조치를 도입한다.

디미트로프 치하에서 가장 성공적으로 평가받는 것은 외교 분야이다. 불가리아는 기존 주교역 대상국이던 중동부 유럽보다 서유럽과의 관계를 우선시하는 정책으로 전환한다. 1992년 5월 7일 유럽평의회(The Council of Europe)에 가입한 것이 대표적인 변화의 모습이다. 터키와 공식

막심 총대주교
출처: Sofia Globe

관계에서도 상당한 개선이 있었다. 당시 유고슬라비아의 붕괴로 인한 위기 대처법에 대한 비슷한 견해를 가지고 있었기 때문이다. 또 바르샤바 조약기구가 해체되면서 터키로부터의 위협에 대한 방어 기제를 가져야만 했다. 결국, 전략적으로 불가리아와 터키는 1992년 5월 친선조약에 서명하게 된다.

디미트로프 내각은 1년도 채 되지 않는 짧은 기간 동안 반공산주의 운동을 펼쳤다. 공산정권의 인사에 대한 숙청과 준비가 미흡한 입법의 도입으로 지나친 시간과 에너지를 낭비했다. 급진적인 경제 개혁은 국가의 적자 운영을 해결하지 못한 채 불가리아의 경제적 어려움은 더욱 깊어졌다.

4) Ruben Berov 정부(1992년 12월~1994년 9월)

디미트로프 정부 이후 저명한 경제학 교수이자 전직 대통령의 경제 고문인 류벤 베로프(Lyuben Berov)가 총리로 지명되었다. 베로프 정부는 수

류벤 베로프와 레네따 인죠바
출처: Epicenter

립되기 전부터 유럽연합은 불가리아와 임시 무역협정에 서명할 것이라고 발표한 덕에 큰 기대감을 얻으며 시작하였다. 하지만 유럽연합 내 이견이 갈리면서 불가리아와의 협정 이행이 1993년 12월에 중단되었다.

베로프 내각의 경제 개혁은 이전 내각보다 경제 악화를 완화하고, 재정적자·실업·물가상승을 억제한다는 거시경제목표를 설정하였다. 사유화를 통한 민간기업 생산 활동 촉진, 국유기업 관리체제 정비, 경공업과 일부 기계·화학 산업의 중점육성, 대외무역의 증진 등을 추진하였다. 과거 내각이 추진해 온 긴축재정 및 금융정책을 유지하여 물가상승을 최대한 억제하는 것을 내각의 최대 정책목표로 삼았다. 물가상승에 따른 실질임금의 지속적 하락에 대해 산업부문별 임금 격차를 축소하고 전체적으로 실질임금을 상승시키기 위한 전략을 펼쳤다. 하지만 경제 개혁을 일으키려는 그의 시도는 실패하였고 오히려 퇴보하는 것처럼 느껴졌다.[13]

내각의 가장 큰 문제는 의회로부터의 지지가 부족하다는 것이었다.

1993년 여름까지 정부가 의회에서 의존했던 민주연합동맹의 응집력은 약화되고 있었고 불가리아 사회당과 MRF도 탈당사태를 겪었다. 1994년에 들어서는 베로프가 건강상 문제로 정치활동을 하지 못했다. 강력한 정부의 부재로 계획했던 경제개혁을 지속적으로 시행할 수 없었고 범죄 파동을 막을 수 없었다. 경제 침체와 범죄 증가에 대한 국민의 환멸을 받아 쇠약해진 베로프 정부는 1994년 9월 무너졌으며 불가리아 최초의 여성총리인 레네따 인죠바(Reneta Indjova)가 주도하는 위기관리 정부가 출범하게 된다. 1994년 12월 선거에서 불가리아 사회당은 압승을 거두었다. 이전 행정부가 경제 표류와 범죄 증가에 대응하지 못한 것이 승리의 주요 이유였다. 민주세력동맹이 집권한 5년 동안 사실상 경제 개혁의 실패, 전체주의에서의 전환이 만들어 낸 사회적 위기, 범죄와 부패의 증가 그리고 국민의 사기저하에 대해 사실상 책임이 있었다.

3 체제전환기 전후 불가리아의 경제적 상황

불가리아의 체제전환 이후 주요 경제지표

(단위: 백만 달러, %)

연도	GDP	연평균 GDP 성장률	물가상승률	실업률
1990	20,726	-9.1	26.2	-
1991	10,944	-8.4	226.5	18.5
1992	10,372	-7.3	59.6	13.8
1993	10,832	-1.5	51.1	21.4
1994	9,705	1.8	72.7	20.0
1995	13,069	2.9	62.4	15.7
1996	8,890	-9.0	98.0	13.5
1997	10,053	-1.6	987.1	13.7
1998	13,061	4.9	29.7	12.2
1999	13,228	2.0	3.7	14.1
2000	12,904	5.7	6.6	16.2

출처: World Bank (2018).

앞의 표에서 볼 수 있듯이 체제전환 이후 불안한 정세는 불가리아의 경제 성장을 막는 걸림돌이 되었다. 1991년 이루어진 소련의 해체와 국내에서 이루어진 급격한 체제의 전환을 불가리아가 받아들이기에는 역부족이었다. 새로운 헌법이 채택되고 국가의 통치 성격이 바뀌었지만 국가 권력 집단은 여전히 이전과 동일한 인물들이었다. 일부 정치, 경제 부분에 개혁정책을 소급 적용하였고 기존의 권력 집단이 유지되는 한 개혁정책이 제대로 운용되는 것은 어쩌면 처음부터 불가능 한 일이었다. 그 때문에 불가리아 경제는 체제전환 전보다 더 심각한 경제적 어려움을 겪게 되었다. 공산정권 시절에는 정부가 생필품의 생산과 유통을 통제하고 상품에 대한 보조금을 지급했기 때문에 매년 평균 1% 정도의 물가 상승률을 유지할 수 있었다. 하지만 체제전환 직후 전체 산업시설의 절반만 정상적으로 운영되어 약 1백만 명 이상의 실업자가 발생하게 된다. 불가리아 정부는 시장경제체제의 확립을 위해 농산물 등에 가격자유화 정책을 폈다. 1990년 9월 IMF의 회원이 되면서 1991년 2월부터는 경제 개혁 프로그램 명목하에 모든 상품에 대한 가격자유화가 실시되었다. 이 결과 전년 대비 1990년 소비자 물가 상승률은 약 70%, 1991년에는 504%의 상승률을 보였다 시민들의 급여가 5배 정도 올랐으나 치솟는 물가에 대체하기는 역부족이었다. 체제전환으로 일자리를 잃고 연일 상승하는 물가에 시민들의 볼멘소리 또한 높아졌다. 소비자 물가는 정부 정책에 따라 큰 변동 폭을 보였다.

불가리아 체제전환기 월평균 물가상승률 추이(1992년~1995년 3월)

(단위: %)

구분	소비자물가	식료품	담배	피복	주택, 난방, 전기	생산자물가
1992년	3.9	5.0	−2.8	5.9	0.8	2.0
	5.8	4.6	15.1	4.4	4.8	3.5
	3.4	2.9	−1.6	12.6	0.4	1.3
	4.6	6.4	−0.6	5.3	0.0	2.2
1993년	5.6	7.5	2.5	2.0	1.4	2.7
	4.1	3.0	4.8	1.2	2.4	2.1
	3.8	3.9	5.9	4.7	2.5	2.3
	3.9	3.8	4.2	4.4	1.7	−0.7
1994년	7.5	7.7	23.7	5.0	4.0	9.2
	4.1	3.8	0.3	5.8	3.8	1.7
	11.0	14.8	3.6	10.6	5.4	5.5
	5.0	6.7	0.4	4.7	3.4	2.2
1995년	3.4	−0.4	−0.8	3.6	12.1	2.3

출처: PlanEcon (1995).

불가리아 정부는 생필품 가격을 동결 등을 통해 물가를 안정화하려 노력했지만 1994년 통화발행으로 재정수지 적자보전과 18%의 부가가치세가 도입됨에 따라 물가 불안은 심화하였다. 결국, 1994년 말 물가를 바로잡기 위해 긴축통화정책이 도입된다.

4 맺음말: 비데노프 정부, 변화에 대한 희망의 불씨를 끄다

1994년 12월 선거의 결과로 불가리아 사회당은 1989년 이후 처음으로 의회에서 과반의석을 차지한 정당이 되었다. 총투표의 52.08%를 얻어 125석을 차지했다. 민주 연합동맹은 69석, MRF는 15석을 차지하였다. 18석을 차지한 인민연합(PU: People's Union)와 13석을 차지한 불가리아 기업연합(BBB: Bulgarian Business Bloc)이 의회에 새롭게 진출하였다.[14] 의회에서 과반의석을 차지한 정당의 등장은 마침내 강력한 정부가 전체주의 이후의 불가리아 공작정치를 대체할 것이라는 희망을 주었다. 쟌 비데노프(Zhan Videno) 총리는 젊은 의원들을 포진시키며 농민연합, 환경단체 출신 의원등을 포함하는 내각을 구성했다. 그는 총리 취임연설에서 아래와 같이 언급하며 국민의 희망을 불러일으켰다.

> 저의 목표는 불가리아의 경제 침체를 끝내는 것입니다. 또 사회에 팽배한 범죄와 끝까지 싸우겠습니다. 그리고 불가리아의 유럽기구 통합을 적극적으로 추진하는 동시에 러시아와의 관계를 개선할 것입니다.[15]

결론을 먼저 이야기하면 국민에게 약속했던 네 가지 목표는 모두 실패하였다. 더불어 나라를 기아와 경제 및 사회적 붕괴 직전으로 몰아갔다.

연설 중인 쟌 비데노프
출처: BG Haber

1993년 4월 러시아의 가스를 불가리아에 안정적으로 공급하기 위한 파이프라인 건실을 위한 합의가 체결되었다. 이 계약 체결을 위해 양 국가의 합작회사인 'Top-Energy'가 설립되었으며, 전 총리 루카노프가 회사의 대표로 임명되었다. 경제에도 변화가 있는 것처럼 보였다. 1995년 GDP는 3% 성장하였고 상반기에는 1억 630만 달러의 무역 흑자가 발생하였다. 인플레이션도 동 기간 직전 연도 대비 15.2% 떨어져 불가리아 국립은행(BNB: Bulgarian National Bank)는 1995년 7회 이상 금리를 인하하기도 하였다.

하지만 이내 모든 것이 틀어지기 시작하였다. 파이프라인 건설에 대한 협상은 합의점을 찾기 어려웠고 불가리아 측은 러시아를 불공정 거래로 고발하였다. 러시아는 이에 대해 어떤 보상도 할 수 없으며 불가리아가 나토(NATO: North Atlantic Treaty Organization)에 가입하지 않겠다는 것을 서약하라고 요구하였다. 1996년 4월 옐친 대통령은 불가리아가 러시아 및 다른 구소련 공화국과의 통합 협정에 서명할 것이라고 발표하였다. 이는 불가리아인들을 당황하게 할 뿐만 아니라 분노를 자아내기 충분하였다. 러시아와의 일련의 사건들로 인해 1996년 양국의 관계는 비데노프 취임 시점보다 더 나빠졌다.

하지만 비데노프 정부의 가장 큰 문제점은 국내에 있었다. 식량이 부족한 상황에서 곡물 수출을 허용하였는데, 수출을 담당하는 기업들이 비데노프를 포함한 다수의 장관과 밀접한 관련이 있음이 밝혀졌기 때문에 더욱 거센 비난을 받았다. 정부가 약속했던 민영화 프로그램은 진전이 거의 없었다. 비데노프 행정부는 체코에서 시행한 것과 같은 바우처 계획을 도입하였다. 일부 부유층에만 제공되는 것이 아닌 국민 전체에게 소유권을 넘겨주는 방식이었으나 바우처에 의한 민영화는 기업의 소유권과 통제가 그 기업체를 잘 운영할 수 있는 자격을 갖춘 사람들에게 넘어가는 것을 보장하지 못했다. 결국, 외화 수입 유치에도 실패하였고 기업 대부분이 민영화되지 않았다. 1995년 12월 재무부 장관이 적자가 본래 예상하였던 수치보다 17% 커질 것으로 발표하였고 1996년 2월, 8%에서 42%로 인상된 금리에 대응하기 위해 외환에 대한 레바화의 부담이 가중되었다. 이에 농업 신용은행인 비토샤(Vitosha)가 어려움에 부닥쳤고 불가리아 국립은행으로부터 3,300만 달러를 긴급하게 수혈받았다. 하지만 비토샤를 살리기에는 부족했고 결국 파산하였다.[16] 비토샤 은행의 파산 사건은 불가리아의 경제와 정치 영역에서 체제전환의 약점을 드러냈고 부패와 정치체제 그리고 경제의 유착을 부각시켰다. 체제전환기 초기에는 많은 산업 관리자들이 민간 기업가들과 계약을 맺어 원자재를 고가로 구입하고 완제품을 국가 보조금과 함께 저렴한 수준으로 판매하였다. 경영자들은 기업가가 창출한 이익 일부를 가져가고 산업 인력은 비현실적인 임금인상률로 만족감을 채웠다. 정부가 신용 제한을 가하며 기업의 규율을 잡으려고 했을 때 기업은 이미 공급 비용을 지급하지 못

은행에서 예금을 찾으려고 기다리는 시민들
출처: Prehoda

하는 상태거나 은행에서 대출을 받아 정부의 통제에서 벗어난 상황이었다. 은행은 기업에 내준 대출의 상환 가능성이 전혀 없음을 이미 인식하고 있었다. 국가는 국영기업과 은행을 통제하지 못하는 상황에 놓인 것이다. 1996년 5월 16일 두 개의 은행이 파산하였고 예금을 예치하였던 불가리아인들은 돈을 인출하여 물건을 사들이거나 다른 화폐로 환전하려 했다.

정부는 이러한 상황을 타파하기 위해 칼을 뽑아 들었다. 손실을 내는 기업에 정부가 보조금이나 대출을 내줄 수 없으며 부가가치세(VAT: Value-Added Tax)를 18%에서 22%로 인상한다. 수입 제품에 대한 관세와 연료 및 공공요금을 대폭 상승시키는 등 과감한 조치를 통해 적자 예산을 완화하고자 했다. 이러한 노력에도 불구하고 인플레이션은 잡히지 않았고 연말까지 578.6% 수준에 이르렀다. 급여의 실제 가치는 빠른 속도로 떨어졌고 기업이 임금을 지급할 능력이 없어 3개월 이상 급여 지급

의회를 점령한 소피아 시위대
출처: BulgariCA

이 중단되었다.

시민 1백만 명 이상이 참여하는 대규모 시위가 연일 지속되었다. 11월, 19명의 정당 대표들은 비데노프를 사임하고 새로운 정부를 구성할 것을 요구하는 공개서한에 서명한다. 결국, 비데노프는 총리와 당대표직에서 물러나게 된다. 1996년 말 불가리아는 끝이 보이지 않은 터널에 들어가 있는 것처럼 미래가 불투명한 상황이었다. 유럽연합에 편입될 것이라는 희망은 사그라든 지 오래였다.

1997년 1월부터 상황이 바뀌기 시작했다. 이반 코스토프(Ivan Kostov)가 이끄는 UDF는 국민의 신뢰를 받는 정부만이 과감한 개혁을 시행할 수 있어서 선거를 시행할 것을 요구했다. UDF의 성명서는 국민의 사기를 북돋웠다. 하지만 1월 22일, 헌법의회가 뻬떠르 스토야노프(Petar Stoyanov) 대통령으로 하여금 의회에서 다수당을 차지하는 BSP의 지도자인 니콜라이 도브레프(Nikolay Dobrev)를 초청하여 정부를 구성하도록 하면서 긴장이 심화되었다. 이를 거부하는 시민들의 내전에 가까운 규모

빵을 배급받는 시민들. 비데노프 통치 기간 경제난으로 야기된 곡물 위기로 인해 시민들이 빵을 배급받기 위해 기다리는 것은 일상이 되었다.
출처: BTA

의 파업과 시위가 전국에 들끓었다. 결국, 2월 4일, 도브레프는 사임하고 4월에 총선을 실시할 것을 발표했다. 총선 전에 일부 정당들의 재편이 이루어졌다. UDF는 중도우파인 PU와 연합하여 UtDF(United Democratic Forces)를 형성하였다. UtDF는 총투표율의 52.36%라는 절대다수를 확보하고 의회에서 137석을 차지하였다.[17]

비데노프 정부는 민주주의로 나아가려는 불가리아를 오히려 퇴보하게 했다. 정부 고위층 인사들이 불가리아 사회당과 기업가들과 유착관계 있다는 보편적인 믿음이 팽배해졌고 당의 도덕적 지위를 크게 약화시켰다. 이는 국민으로 하여금, 정부가 개혁을 끊임없이 외치지만 이전과 전혀 달라진 게 없다는 큰 실망감을 안겨 주었다. 러시아와의 관계를 완전히 망가졌으며 경제정책의 실패는 다른 국가와의 외교 관계도 멀어지게 만들었다.

결국, 이러한 상황은 불가리아가 기댈 곳은 EU와 NATO밖에는 없다는 것을 의미했다. 그것은 이전과는 완전히 다른 진정한 개혁과 구조조정이 뒤따라야 한다는 것을 자각하게 했다.

제 5 장

유고슬라비아 체제전환의 특징과 국제사적 의미 : NATO 전략 개념 변화를 중심으로

김철민

1 머리말

2 유고슬라비아의 체제전환 양상과 그 특징

3 유고슬라비아의 분쟁들과 NATO

4 맺음말: 시사점과 전망

국제관계사적으로 1990년대 동유럽 국가들의 체제전환은 '양극 체제' 해체와 함께 미국의 '슈퍼파워 체제' 수립을 이끌었다고 할 수 있다. 혼돈의 시간 속에 동유럽 국가들은 사회주의 경제 공동체인 COMECON 붕괴와 군사 공동체인 '바르샤바 조약기구' 해체를 경험했다. 이것은 동유럽 권역에 대한 러시아의 영향력이 쇠락했음을 의미했다. 더불어, NATO '동진정책' 구체화와 함께 기구 존속 및 능동적 역할 변화를 위한 새로운 전략 개념 수립 필요성 속에 그 시험 무대로 유고연방과 지역 내 분쟁들이 선택되었다. 1995년까지 이어진 유고 분쟁과 보스니아 분쟁은 러시아를 대신해 동유럽 이해영역 확보에 나선 NATO의 개입을 초래했고, NATO 최초의 역외 활동 및 기존 방어전략에서 공격전략으로의 전략개념 전환을 불러왔다. 이와 함께, 1999년 UN의 반대를 무릅쓴 NATO의 코소보 전쟁 참여 및 세르비아 공습 당시 러시아의 무기력한 대응은 '강한 러시아 부활'을 내건 푸틴 대통령의 당선으로 그리고 이에 대한 서방의 우려는 2010년 11월 리스본 정상 회담에서 수립된 NATO의 '신전략개념' 추진으로 이어졌다. 결과적으로 1990년대 동유럽 체제전환과정에서 연방 해체와 민족분쟁을 치러야 했던 유고 지역은 NATO의 '신전략개념' 도입을 위한 실험장이자 중요 시험 무대로 활용되었다고 할 수 있다. 이러한 연구 배경을 기초로 본 연구에선 NATO의 전략 개념 변화를 중심으로, 체제전환 시기 유고에서 나타난 주요 양상과 특징들 그리고 그 국제사적 의미를 분석하고자 했다. 더불어, 향후 한반도 급변 사태 시 내적 갈등의 위험 요소를 사전에 인지하고, 미래 통일 한반도에 있어 주변 강대국 간 역학 구도 변화 및 군사 외교 전략 방향 그리고 그 개입 향방과 내용을 선험적으로 이해하고자 했다.

이 장은 『동유럽발칸연구』 제45권 2호(2021)에 게재된 「유고슬라비아 체제전환의 특징과 국제사적 의미: NATO 전략 개념 변화를 중심으로」를 수정 · 보완한 글이다.

1 머리말

제2차 세계대전 이후 수립된 사회주의 유고슬라비아 연방(SFRY: Socialist Federal Republic of Yugoslavia, 이후 '유고연방' 혹은 '유고'로 약칭함)은 세계적으로도 복잡한 '종교와 문화의 모자이크' 국가였다. 그리고 이를 유지하는 중요 핵심이자 구심체는 1948년 소련과의 '코민포름(Cominform) 분쟁' 이후 수립된 '티토이즘(Titoism)'이었다. 하지만 1980년 5월 티토(Josip Broz Tito, 1892~1980)의 사망은 곧바로 '티토이즘'의 실질적인 소멸과 함께, '문화적 민족주의(Cultural Nationalism) 부활'로 이어졌다. 티토는 1948년 소련과의 코민포름 분쟁 경험을 통해 구축한 '티토이즘'의 3대 축, 즉 외교정책으로서의 '비동맹주의(Non-alignment Policy)', 사회, 경제정책으로서의 '자주관리제도(Self-management system)' 그리고 민족정책으로서의 유고 연방에 대한 충성을 유도하는 정치적 민족주의(Political Nationalism)인 '유고슬라비즘(Ygoslavism)'을 바탕으로 유고연방 내 민족 간 갈등들을 조정하고 연방에 대한 충성을 유도해 왔다. '티토이즘'은 유고연방 내 다양한 민족과 종교로 어우러진 문화적 민족들을 한데 모아 사회주의 이념을 통해 연방을 유지할 수 있게 하는 핵심이었다. 결과적으로 티토 사망 이후 1980년대 '티토이즘'의 붕괴와 이를 대신한 '문화적 민족주의 대두'는 유고연방의 해체와 내전 발발을 불러왔으며, 사회주의 체제전환(Socialist System Transition)의 주요 배경과 기원을 형성하게 된다.[1]

국제사적 관점에 비추어 볼 때, 체제전환기 동안 동유럽 국가들에서 나타난 대표적 양상은 크게 두 가지로 특징지을 수 있다. 첫 번째는 '연방 해체와 민족분쟁 심화'이며, 두 번째는 동유럽 국가들의 '유럽연합(EU: European Union) 및 유로존(Eurozone) 가입 노력'이다. 유고연방은 첫 번째 양상의 대표 사례 지역이었다. 1990년대 사회주의 체제 붕괴 속에 동유럽 각국에선 '점진요법(Gradualism)'과 '충격요법(Shock therapy)' 그리고 '급진요법(Radicalism)' 등으로 묘사되는 다양한 체제전환 방식이 전개되던 상황이었다. 이런 가운데 유고연방 구성국들은 연방 해체와 함께 민족 간 충돌 그리고 계속되는 내전으로 인해 20세기 말까지 고통스러운 10년을 감수해야 했다. 오늘날 EU 비(非)회원국을 상징하는 용어인 서부 발칸(Western Balkan) 상당 지역을 차지하는 과거 유고연방은 지정학적(Geographic) 이유와 지전략적(Geostrategic) 요충지였다. 이러한 배경으로 이 지역은 고대 이래로 강대국들의 진출 교두보이자 이로 인한 충돌지가 되어야 했다. 또한 이 지역은 1054년 이래로 동-서 교회(가톨릭, 정교)의 분리선 그리고 14세기 오스만 터키의 유럽 원정에 따른 유럽 내 이슬람 문화권의 최전선에 자리한 곳이기도 하다. 그리고 이런 배경은 이곳에서 복잡한 종교와 문화적 갈등을 불러왔다. 반복되는 역사 속에 1990년대 체제전환 시기 대두된 '연방 해체'와 '민족분쟁'은 강대국들의 자연스러운 개입을 불러왔으며, 강대국 간섭은 유고연방의 해체 가속화와 연방 내 민족 갈등을 더욱 증폭시키는 원인이 되게 된다. 특히 국제관계사 측면에서 1990년대 유고 내 민족분쟁들은 북대서양조약기구(NATO: North Atlantic Treaty Organization, 1949. 4.~)의 개입을 초래했고, NATO 최초의 역외 활동 및 그 전략적 개념 변화를 위한 중요 매개체로써 활용되었다고 분석할 수 있다.

1989년 베를린 장벽 붕괴로 상징되는 사회주의 체제전환은 냉전(Cold War) 시기 첨예하게 대두했던 '양극 체제(Bipolar system)' 해체와 함께 미국의 '슈퍼파워 체제(Superpower system)' 수립을 이끌게 된다. 그 과정에서 국제역학 구도상 체제전환 대상국이던 동유럽 국가들은 혼돈의 시기를 맞이해야 했다. 사회주의 블록 간 경제 공동체 역할을 해 주던 경제상호원조회의 기구인 코메콘(COMECON: Council for Mutual Economic Assistance, 1949. 1.~1991. 6.) 붕괴와 함께 군사 공동체인 '바르샤바 조약기구(Warsaw Pact, 1955. 5.~1991. 7.)'가 해체되었다. 이것은 동유럽 권역에 대한 러시아 영향력 쇠락을 의미했다. 그리고 미국은 이를 군사, 외교면에서 적극적으로 활용하게 된다. 동유럽 국가들에서의 체제전환과 러시아의 공백은 NATO의 '동진정책' 구체화와 함께 기구 존속 및 능동적 역할 변화를 위한 새로운 전략개념 수립을 요구하게 했다. 특히, 1999년 NATO의 코소보(Kosovo) 전쟁(1999. 3.~6.) 당시 러시아의 무기력한 대응은 강한 러시아 부활을 내건 푸틴(Vladimir Putin, 1952~, 대통령 1999. 12.~2008. 5./2012. 5.~, 총리 1999. 8.~2000. 5./2008. 5.~2012. 5.) 대통령 당선을 불러왔다고 할 수 있다. 그리고 이에 대한 서방의 우려는 2010년 11월 리스본 NATO 정상 회담을 통해 수립된 NATO의 '신(新)전략 개념(New strategic concept)' 추진으로 이어졌다.[2] 1990년대 동유럽 체제전환과정에서 연방 해체와 민족분쟁 심화에 따른 전쟁을 치러야 했던 유고 지역은 NATO의 미래 전략개념 도입을 위한 실험장이자 중요 시험 무대로 활용되었다고 할 수 있다.

NATO 전략개념 변화를 중심으로 '유고슬라비아 체제전환의 특징과 그 국제사적 의미'들을 분석하고자 한 이 장의 연구는 '유고슬라비아 체제전환 배경과 그 기원 연구: 티토이즘 붕괴와 문화적 민족주의 부활의 관점'에 바탕을 둔 동유럽 체제전환 연구의 연속선상에 자리하고 있음을 밝히고자 한다. 지난 연구가 유고 체제전환의 국제사적 배경과 그 기원을 제시하는 데 연구의 목적을 두었다면, 이번 연구에선 유고 체제전환과정 그리고 그 과정상에 나타난 특징들을 NATO의 전략개념 변화와 그 실험 무대라는 관점에서 분석하고자 했다. 이를 위해 이 장의 제2절에서는 체제전환과정에 따른 유고 연방의 특징들을 크게 '연방 해체'와 '민족분쟁 심화' 등 두 가지로 압축하고 이를 세밀하게 설명하고자 했다. 그리고 이를 토대로 제3절에서는 유고 내에서 발생한 다양한 민족분쟁 중 대표적인 보스니아 내전과 코소보 전쟁을 중심으로 이러한 유고 분쟁들이 NATO의 새로운 전략개념 도입에 어떻게 활용되었으며, 이후 NATO의 전략개념 변화와 그 수립이 국제사적으로 어떠한 의미를 지니게 되었는지에 대해 분석하고자 한다.[3] 그리고 연구 효과와 기대 측면에서도 본 연구가 향후 한반도를 둘러싼 급변 사태 시 내적 갈등의 위험 요소를 사전에 인지하고, 미래 통일 한반도에 있어 주변 강대국 간 역학 구도 변화 및 군사 외교적 전략 방향 그리고 그 개입 향방과 내용을 선험적으로 확인하는 데 기여하길 기대해 본다.

2 유고슬라비아의 체제전환 양상과 그 특징

1) 연방 해체

체제전환 과정에서 새로운 경제 공동체 구성과 EU, 유로존 가입을 향한 여러 노력을 기울인 다른 동유럽 국가들과 달리, 유고연방 체제전환의 대표적인 양상은 다음과 같은 크게 두 가지, 즉 '연방 해체와 민족 정당 대두' 그리고 '민족 간 충돌과 분쟁 심화'로 압축할 수 있다. 1980년 5월 티토 사후 10여 년은 유고연방 각 공화국이 '정치적 민족주의'인 '유고슬라비즘'을 버리고 각 민족의 종교와 언어, 역사, 관습에 근거한 '문화적 민족주의'를 키워 가던 시기이자, 연방 해체 준비 기간이었다고 할 수 있다. 1980년대 확대되던 동유럽 국가들의 경제적 어려움이 사회주의 체제에 대한 저항과 민주주의 운동으로 확대된 데 반해, 유고연방에서는 문화적 민족주의에서 기인한 다양한 발언과 시위가 이어지고 있었다. 특히 '티토이즘'의 한 축이자 외교정책인 '비동맹주의'가 티토의 죽음과 1980년대 국제역학의 구도 변화로 인해 그 역할을 다한 가운데, 1960년대와 1970년대 동안 유고연방의 사회적 참여와 경제 성장을 이끌었던 중요 사회·경제정책인 '자주관리제도'마저 누적된 노동자 이익 분배와 권익 보호로 경제 효율의 걸림돌로 나타났다. 이런 가운데 파르티잔(Pratisan) 정신 퇴색과 함께 남슬라브족(유고슬라비아인, Yugoslav/Jugosloven) 단결에 기초한 '유고슬라비즘'의 이상 또한 무너지고, 그 자리엔 오히려 각 민족 권리를 내세운 '문화적 민족주의'가 채워져 갔다. 이러한 '티토이즘'의 근간인 세 개의 요소(비동맹주의, 자주관리제도, 유고슬라비즘)의 약화는 이질적 민족과 다양한 종교 속에서 연방을 유지해 왔던 기초를 무너트렸으며, 결과적으로 민족 간 갈등과 충돌로 이어졌다.

제14차 '공산주의자 연맹 임시 전당대회[(Extraordinary) Congress of the League of Communists of Yugoslavia]'가 베오그라드 사바 센터에서 열렸다(1990. 1. 2.~22.). 이 자리에서 세르비아(Serbia) 대통령이던 밀로셰비치(Slobodan Milošević, 1941~2006, 재임 1989. 5.~2000. 10.)는 연방 정치 체제로 강력한 '중앙 집중화'를 요구하며 투표를 강행하려 했다. 크로아티아(Croatia) 대표단은 물론 쿠찬(Milan Kučan, 1941~, 재임 1990. 5.~1991. 12./1991. 12.~2002. 12.)을 중심으로 한 슬로베니아(Slovenia) 대표단의 강력 반대가 있었다. 하지만, 밀로셰비치는 몬테네그로(Montenegro), 코소보, 보이보디나(Vojvodina)의 지원 속에 일방적으로 투표를 진행했고, 그 결과 전당대회 중단 속에 공산당의 권한 또한 정지되게 된다. 이것은 곧 사회주의 유고연방 체제의 소멸과 함께 체제전환의 시작을 의미했다. 유고연방 6개 공화국 모두에서 '복수정당제 선거'가 실시되었고, 공산당의 몰락 속에 강력한 민족주의 정당들이 전면에 등장하게 된다.

슬로베니아는 1989년 베를린 장벽 붕괴와 동유럽 개방 이후 정치 민주화와 자유시장경제 체제를 가장 먼저 받아들였다. 유고연방 공화국 중 가장 먼저 다당제 선거(1990. 4. 8.)를 성공리에 치렀고, 이후 연방 탈퇴를 공약으로 내건 '슬로베니아 민주 야당 연합(DEMOS: Democratic Opposition of Slovenia)'이 승리하게 된다. 크로아티아 또한 1990년 4월 22~23일 다당제 선거에서 극우 민족주의 정당인 '크로아티아 민주연합(CDU: Croatian Democratic Union)'이 승리했다. 이후 대통령으로 당선된 투즈만(Franjo Tuđman, 1922~1999, 재임 1990. 7.~1990. 12./1990. 12.~1999. 12.)의 주도 아래 독립 권리를 담은 헌법이 채택되게 된다.

하지만 크로아티아의 독립선언은 제2차 세계대전 당시 우스타샤(Ustaša) 극우 정권하에서 대량학살을 경험하였던 크로아티아 내 세르비아인(1991년 크로아티아 인구 중 약 12% 차지)을 크게 자극하였다. 역사적 공포 재현을 우려하던 '세르비아 민주당(SDP: Serb Democratic Party, 1990. 2.~1995. 8.)'은 1990년 5월 30일 크로아티아 의회에서 이탈했다. 세르비아 소수 민족은 곧바로 자체 방어를 위한 민병대를 조직하고, 1990년 8월 이후로 자신들의 거주지역에 바리케이드가 설치하게 된다.[4] 곧이어 1990년 12월 21일 '크라이나 세르비아 자치구(SAO Krajina: Serbian Autonomous Oblast of Krajina/Srpska autonomna oblast Krajina)'가 수립되었으며, 훗날 크로아티아에서의 내전 확대 속에 바비치(Milan Babić, 1956~2006, 재임 1991. 12.~1992. 2.)를 초대 대통령으로 하는 '세르비아 크라이나 공화국(Republic of Serbian Krajina/Republika Srpska Krajina)'으로 명칭이 변경되었다.[5] 이런 상황 속에 1990년 12월, 크로아티아 의회에선 세르비아 민족을 헝가리, 이탈리아 민족과 같은 소수 민족으로 분류하는 헌법이 통과되었다. 이것은 사회주의하에서 6개 주민족 중 하나로 자체 역사와 언어 교육 등 주요 권리를 누려 왔던 세르비아 민족에겐 커다란 충격으로 다가왔다. 당시까지 크로아티아 내 18%에 가까웠던 세르비아계 경찰과 공무원들이 강제 퇴직당하게 된다. 곧이어 세르비아 민병대와 크로아티아 경찰 간 수십 건의 충돌과 폭탄 테러들이 발생하였다. 1991년 4월 국방군을 공식 출범시킨 크로아티아는 5월 19일 독립 혹은 느슨한 연방제 중 하나를 묻는 국민 투표를 강행했고 유권자 중 94%가 독립을 선택하였다. 그 결과 크로아티아는 슬로베니아와 함께 동년 6월 25일 독립을 선언하게 된다.

연방 해체를 막기 위한 회담들이 모두 실패로 돌아갔다. 그리고 1991년 5월 15일, 윤번제로 돌아오는 '집단대통령제(Presidium/Predsedništvo)' 의장에 예정되어 있던 크로아티아의 메시치(Stjepan Mesić, 1934~, 재임 1991. 6.~1991. 12./2000. 2.~2010. 2.) 대통령이 세르비아의 반대 속에 선출되지 못함으로써 연방의 해체는 이제 당연한 절차로 받아들여졌다.[6] 여러 차례 이어진 논쟁 끝에 비(非)공산 당원으로선 처음으로 그의 의장직 수행이 결정되었지만, 1991년 6월 25일 슬로베니아와 크로아티아의 독립선언과 슬로베니아 내 '유고연방군(YPA: Yugoslav People's Army/JNA: Jugoslovenska Narodna Armija)' 진입 여파로 그의 공식적인 의장직 수행은 1991년 7월 1일에 들어와서야 이루어지게 된다. 그러나 '집단대통령제'의 의미 상실 속에 그는 동년 12월 의장직에서 내려와야 했고, 연방 유지의 최후 보루인 연방군(JNA)마저 와해하면서 사회주의 체제전환 과정에서 유고연방은 완전 해체의 길을 가야만 했다.

2) 민족분쟁 심화

세르비아 중심의 연방 유지를 내세운 밀로셰비치가 대통령(1991. 1. 11.~1997. 7. 23.)으로 취임하자, 1991년 6월 25일 슬로베니아와 크로아티아의 전격적으로 독립을 선언하게 된다. 이틀 뒤 세르비아가 주도하는 연방군이 6월 27일 슬로베니아로 진격해 들어왔다.[7] 하지만 '10일 전쟁(Ten-day War, 1991. 6. 27.~7. 7.)'으로 불리는 슬로베니아 독립 전쟁에서 연방군은 별다른 실이익을 얻지 못하게 된다. 그 이유는 우선, 다민족 연합체인 연방군이 슬로베니아 민병대의 저항을 쉽게 진압하리라 오판했던 점을 들 수 있다. 당시 슬로베니아 주둔 군중 슬로베니아와 크로아티아 출신이 상대적으로 많았는데 이를 무시하고 군 지도부가 급하게 전쟁에 돌입함으로써 군 내부 갈등이 증폭되었다. 둘째, 연방군이 슬로베니아의 독립 의지를 너무 쉽게 간과했다는 점이다. 슬로베니아에서 독립 요구는 시민들에게 크게 호응을 얻었고, 따라서 시민 상당수가 자발적으로 시민군을 결성해 내전에 참여하였다. 셋째, 지형, 역사 그리고 민족 구성을 보았을 때 세르비아로선 슬로베니아와 이해관계 상충이 적었고, 오히려 세르비아는 세르비아 민족이 다수 거주하던 크로아티아에서의 독립 움직임에 더 초점이 맞추어져 있었다고 분석할 수 있다.[8]

유럽 문제는 유럽 안에서 해결하겠다는 의지 속에 '유럽공동체[EC: European Community, 1993년 이후 유럽연합(EU: European Union)]'는 유고 연방정부 구성원들을 불러 모았고, 논쟁 끝에 1991년 7월 7일 '브리오니 합의(Brioni Agreement)'가 채택되게 된다. 슬로베니아와 크로아티아의 독립이 3개월 뒤로 유예되었고, 그 대신 슬로베니아에서의 연방군 철수가 요구되었다. 하지만 연방군은 세르비아 본토로 철수하던 도중 크로아티아 내 세르비아 소수 민족과 함께 군사작전을 수행하게 된다. 특히 1991년 8월 크로아티아의 부코바르(Vukovar)시를 향한 연방군의 공격은 군 구성상 두 번째로 많은 군인수(약 22%)와 군 장성(약 14%)을 차지하던 크로아티아 출신 병사들의 대거 이탈을 불러왔으며, 더불어 알바니아인 등 타민족 출신 군인들의 이탈로 이어지게 된다.[9] '집단대통령제'와 함께 '유고연방군'은 사회주의 체제하에서 유고연방을 유지해 주던 가장 중요한 매개체이자, 티토이즘의 민족정책인 '유고슬라비즘'의 부산물이라 할 수 있었다. 더불어 유고 공산당 신념인 '형제애와 단결(Brotherhood and Unity/bratstvo i jedinstvo)'의 상징이기도 했다. 연방군의 슬로베니아와 크로아티아 침공은 연방 유지의 마지막 보류였던 다민족 군대의 역할과 단결의 상징성도 사라지게 한 것이다.

EC가 정한 3개월간의 유예기간 동안 크로아티아는 세르비아 민병대와 연합한 연방군의 공격으로 영토의 상당 부분을 상실해야만 했다. EC의 무기력함이 드러나는 가운데, 1991년 10월 5일 투즈만 대통령은 전체 군사 동원령을 내리며 독립 전쟁에 돌입하게 된다. 1991년 10월 7일, 자그레브 주요 정부 건물들을 향한 연방군 전투기의 위협 폭격이 단행되었지만, 10월 8일 크로아티아 의회는 3개월 유예기간 종료와 함께 독립을 선언하게 된다. 1992년 1월 15일, EC는 만장일치로 슬로베니아와 크로아티아의 독립을 승인해 주었다. 서유럽의 군사 지원 속에 크로아티아 정부군은 1991년 11월 초부터 반격을 시작하였고 독립 전쟁이 본격화되게 된다. 1992년 1월 크로아티아 정부군과 민병대가 약 60여만 명의 세르비아인이 거주하던 북부 크라이나로 진격해 들어오자 이번엔 세르비아인들의 대량 탈출과 함께 세르비아인을 향한 대규모 보복과 인종청소가 뒤따랐다.

UN은 1992년 2월 21일에서야 비로소 UN안보리 결의(UN Security Council Resolution 743)에 따라 UN평화유지군(UNPROFOR: UN Protection Force) 파병을 결정하였다. 하지만 국제사회의 기대와 달리 UNPROFOR가 이 지역에서 전쟁 통제권 장악에 완전히 실패했음이 곧바로 드러나게 된다. 그 이유는 우선 평화유지군의 초기 투입목적이 유고슬라비아 분쟁지역에 구호품 공급과 지원에 국한되어 있던 전략적 착오에서 기인한다. 이와 함께 초기 크로아티아에 국한되던 UN 평화유지군의 관할 구역이 분쟁지역 확대에 따라 보스니아-헤르체고비나(Bosnia and Herzegovina/Bosna i Hercegovina, 이후 '보스니아'로 약칭)와 마케도니아 등으로 늘어남으로써 인원과 통제력의 부족을 낳았던 점도 중요 요인이라 할 수 있다. 무엇보다도 분쟁지역 확대와 내전 격화에 따라 지원 범위와 그 규모가 계속해서 증가하였지만, 이를 둘러싸고 서구 각국의 외교적 이해가 맞물리는 가운데 내전 종결을 위한 전략적 부재 또한 이 지역의 민족분쟁 심화 및 내전 장기화를 방치하게 하였다. UNPROFOR의 무기력함이 드러났고, 이것은 내전 피난민들을 위해 UN에서 정한 안전지대(Safe Zone) 위기와 함께 UN의 권위 실추로 이어졌다.[10] 유고 지역에서의 민족분쟁들이 국제 문제로 확대되고 연방 분리가 확실시되자 1992년 4월 27일, 세르비아 공화국과 두 개의 자치주 그리고 몬테네그로 공화국을 근간으로 한 '신(新)유고 연방'이 수립되었다. 크로아티아에서 확대된 민족분쟁은 '유고슬라비즘'의 마지막 버팀목이던 연방군의 와해를 불러왔다. 그리고 동시에 보스니아에선 세르비아 주도의 연방 존속에 대한 무슬림계와 크로아티아계 사이의 극도의 불안감은 보스니아의 독립선언과 내전 발발의 원인이 되었다. 무엇보다도 종교와 문화적으로 복잡한 보스니아에서의 장기간 내전과 대규모 인종청소는 국제 사회 공분과 함께 NATO의 개입을 불러왔다. 더불어 NATO 최초의 역외 활동 무대를 제공한 유고 지역의 민족분쟁들은 이후 NATO 전략 개념 변화를 위한 중요 시험대로 활용되었다고 할 수 있다.

3 유고슬라비아의 분쟁들과 NATO

1) 보스니아 내전: NATO의 최초 역외 활동 무대

(1) 보스니아 내전의 국제사적 배경

1989년 11월 베를린 장벽 붕괴 이후 1990년대 소비에트 연방 해체와 동유럽 국가들의 체제전환은 미국이 유일한 '슈퍼파워 국가(Superpower state)'가 되는 국제역학 구도를 확립시켰다. 체제전환 초기 동유럽 국가들에서 나타난 대표 양상은 '소수민족 독립요구'와 이에 따른 '연방 해체'라 할 수 있었다. 제2차 세계대전 이후로 동유럽 내 민족주의는 사회주의 체제 이념에 따라 수면 아래서 억눌려 왔었다. 하지만 사회주의 메커니즘의 붕괴는 이질적으로 한데 묶어 놓았던 동유럽 내 종교, 문화와 민족의 틀을 깨트렸으며, 과거 역사-문화 선에 따른 분리, 독립 목소리를 한층 더 고조시키게 된다. 그 배경에 대해 동유럽 역사 전문가인 디트리히 가이어는 '주권의 맛(taste of soverignity)' 정도의 차를 강조하기도 했다. 실제, 역사적으로 볼 때 19세기 민족주의(Nationalism)가 도래한 이후, 국가 영역과 민족 영역이 거의 일치했던 서유럽의 국가들의 경우 이후로도 오랫동안 '주권의 맛'을 누려 왔고, 이것은 이들 민족이 주권을 동유럽에 비해 상대적으로 더 쉽게 포기하는 배경이 되기도 했다. 반면, 동유럽을 비롯해 1991년 소련연방 해체 이후 수립된 독립국가연합(CIS: Commonwealth of Independent States) 국가 중 러시아를 제외한 나머지 공화국들은 민족주의 도래 이후 충분한 주권 행사를 하지 못해 왔었다. 그리고 이러한 역사적 배경은 체제전환 시기 이들 지역에서 분리 및 독립 운동이 확대·대두되는 요인이 되었다고 할 수 있다.[11] 그 대표적 현상은 동·서 로마 분리 이후 다른 역사 경험과 복잡한 민족, 문화, 종교로 구성되어 있던 유고연방에서 더 크게 드러나게 된다. 티토는 평소 유고연방 내 대표적인 종교와 문화의 모자이크 지역인 보스니아에서의 평화가 곧 연방 전체 평화와 이어져 있음을 강조했었고, 보스니아를 연방 평화와 공존의 모델로 여겨 왔었다. 그에게 보스니아는 민족정책인 '유고슬라비즘' 이상을 적용할 시험장이자, 혼혈 정책에 따른 '유고슬라비아인(Yugoslav/jugosloven)' 창조의 기반이 된 곳이었다. 따라서, 1980년 5월 티토 사망 이후 보스니아에서의 민족 해체와 분쟁은 당연한 수순이었다. 특히 NATO의 전략개념 변화란 측면에서 보스니아 내전은 동유럽 체제전환과 바르샤바 조약기구 해체로 존립 위기를 겪던 NATO에게 최초 역외 활동(out-of-area action)의 토대를 마련해 주게 된다.[12]

유고연방 해체 그리고 보스니아 내전은 동유럽 민족들의 연방 해체와 독립 욕구 그리고 국제역학 구도와 질서에 큰 시험과 변화를 불러왔다. 1992년 3월부터 3년 8개월간 이어진 보스니아 내전은 '벨벳 결별(Velvet divorce)'로 불리는 체코슬로바키아 연방의 부드러운 해체(1993)의 실마리가 되었다. 더불어 내전 해결에 있어 UN의 무기력함은 UN에 대한 신뢰 상실 그리고 유럽의 평화 정착을 위한 EC/EU 역할 의구심과 함께 유럽 내 산적한 여러 문제해결 능력에 대한 우려를 낳았으며, 계속된 평화협상 실패는 오히려 내전의 가속화를 불러왔다. 한편, 유고 민족분쟁들은 오랫동안 러시아 영향력으로 인정되던 발칸 지역으로의 미국, NATO의 영향력 확대를 불러왔다. 실제, 냉전 종결과 체제전환 과정에서 NATO의 확대는 필연적으로 유럽에 대한 미국의 전략 핵심이었으며, 동유럽은 그 주요 대상이 되게 된다.[13] 이것은 소연방 해체 이후 서방과의 관계 유지 속에 영향력을 유지하려 했던 러시아로 하여금 자국 대외전략 수정을 불러오게 하였다. 국제사회는 동유럽 체제전환과정에서 초국가로 부상한 미국에게 국제경찰에 맞는 역할을 요구했고, 이것은 클린턴 대통령의 재선(1995. 11.) 운동과 맞물리며 1995년 5월 NATO의 개입을 불러오게 했다.

1990년 2월 보스니아는 공산당 독점방지법안 통과 속에, 동년 11월 18일과 12월 2일 치러진 다당제 선거에서 승리한 이제트베고비치(Alija Izetbegović, 1925~2003, 재임 1990. 12.~1996. 10.) 정부는 크로아티아에서의 민족분쟁에 대해 중립을 선언하는 등 이웃 국가의 분쟁이 보스니아에 영향을 미치는 것을 최대한 차단하고자 하였다.[14] 하지만 결과적으로 크로아티아 민족분쟁은 보스니아 독립선언과 이후 내전 발발에 결정적인 영향을 안겨 주게 된다. 세르비아계에 의한 인종 학살 소식은 오히려 보스니아 무슬림계와 크로아티아계의 독립 의지를 강화했고, 반면 세르비아계에겐 중세 시절 무슬림 지주들에 의한 고통과 제2차 세계대전 당시 크로아티아 극우 정권의 집단학살 재현에 대한 공포를 불러왔다. 세르비아계의 격한 반대와 내전 경고 속에 1992년 2월 독립투표가 단행되게 된다. 보스니아 유권자 중 약 67%가 투표에 참여해 이 중 99.45%가 독립에 찬성했고, 동년 3월 3일 독립이 선언되었다. 하지만 세르비아계를 배제한 독립선언은 곧바로 세르비아계 공격에 따른 내전 발발을 불러왔다. 특히 1992년 4월 6일, 미국, EC 등 국제사회의 독립 인정은 보스니아에서의 분쟁을 더욱 격화하는 요인이 되었다. 1992년 5월 22일, UN 회원국에 등록한 보스니아는 무엇보다도 국제사회의 보호와 지원을 믿고 있었고, UN 안보리는 크로아티아에 파견된 UN 평화유지군 활동 범위를 보스니아로 확대함으로써 평화 유지 의지를 보여 주고자 했다. EC/EU와 UN은 이 지역 분쟁 해결에 있어 '선(先)협상, 후(後)공격'이라는 '이상주의적 전략 접근' 방식을 선호했다. 그러나 이에 기초한 회담들과 평화안은 결과적으로 실패했다고 할 수 있다. 그 배경에는 국제사회가 이 지역이 안고 있는 역사·민족·문화적 모자이크 그리고 종교적 배경과 그 갈등의 깊이를 간과한 데서 찾을 수 있다. 이러한 점은 1992년 6월, 보스니아 문제와 유럽의 미래를 논의하기 위해 모인 리스본(Lisbon) 회담에서 보스니아 평화안이 결의되었지만, 이 지역을 별개의 소수민족 집단 거주지로 나누는 민족 해체에 더 비중을 두고 있음에서도 확인된다.[15]

보스니아분쟁은 경제 공동체를 뛰어넘어 미래 정치적 통합을 모색하려던 EU의 외교정책과 안보 능력을 검증할 수 있는 시험 무대였다. 하지만 회원국 간 다양한 의견 표출과 대응으로 보스니아에서의 분쟁은 더욱 확대되게 된다. 더불어 이상주의적 접근 방식에 기초한 국제사회 평화안들이 별다른 실효성을 지니지 못한 채 오히려 내전을 격화시키거나 대규모 인종 학살을 방조함으로써 보스니아 민족들 사이에 UN 역할과 그 기능에 대한 회의적 시각과 불신이 확대되었다.[16] 동유럽 국가들의 체제전환 이후 미국은 한동안 '현상 유지(Status quo)' 전략을 희망했고, 유고연방 해체 위기가 대두될 즈음 이 지역에서의 연방 해체가 가져올 도미노식 파장(Domino effect)을 크게 우려하였다.[17] 한편, 체제전환으로 힘들어하던 러시아의 옐친(Boris Yeltsin, 1931~2007, 재임 1991~1999) 정부는 전통적인 자국 이해영역(Interest sphere)인 발칸 지역으로의 미국과 EU 영향력 확대에 대해 무기력해야만 했고, 단지 '유럽안보협력회의(CSCE: Conference on Security and Co-operation in Europe)'나 UN을 중심으로 문제가 해결되길 희망할 뿐이었다.[18]

(2) EC/EU, UN 평화안 실패와 NATO 개입

체제전환 초기 시작된 유고연방 위기에 대한 국제사회의 공조 실패와 대응 전략의 미숙함은 보스니아 분쟁 확대를 가져왔다. 1992년 4월 5일 이후 사라예보가 13,000여 명의 연방군과 세르비아계 민병대에 의해 완전히 포위되었다. 1996년 2월 29일까지 1,425일 동안 이어진 '사라예보 포위(Siege of Sarajevo)' 동안 30여만 명의 시민들은 식수를 제대로 공급받지 못했으며, 계속된 포격과 고사 작전으로 5,434명의 민간인을 포함해 총 13,952명이 사망해야 했다("Study of the battle and siege of Sarajevo."). 1992년 4월 6일에는 헤르체고비나(Hercegovina) 지방의 핵심 도시인 모스타르(Mostar) 또한 약 17,000여 명의 연방군에 의해 포위되었다. 크로아티아군과 보스니아 무슬림계 연합 속에 잠시 소강상태를 보이던 내전은 1992년 7월 이후 보스니아 전역으로 다시 확전되었다. UN 안보리는 1992년 8월 13일 '제네바 협약(Geneva Conventions, 1949)'에 근거하여 인권보장, 강제 추방 및 학살 금지 등 보스니아에 대한 평화 지원과 조치를 결의(UNSCR 771)하였다. 이어 8월 26~27일, 런던(London) 평화회담에서 EC와 UN은 세르비아의 보스니아 세르비아계에 대한 군사 및 물적 지원 중지를 촉구하고 난민 보호 약속 및 세르비아계 중무기의 UN 감시 등을 결정하게 된다. 이와 함께 보스니아 영토 보존과 세르비아 침략국 규정 및 경제금수 조치가 취해졌다. 하지만 한 달 뒤인 9월 30일 제네바(Geneva)회담에서는 회담 참여국들의 논쟁 속에 앞서 결정한 보스니아 영토 보존과 달리, 분리안을 담은 '밴스-오웬안'이 논의되는 등 국제사회 혼선은 보스니아 분쟁의 조속한 해결을 더욱 어렵게 만드는 요인이 되게 된다.[19]

그러나 1993년 5월 6일 스르프스카 공화국(Republika Srpska) 의회는 세 차례에 걸친 논쟁 끝에 이 안을 부결하게 된다. 1993년 이후로 크로아티아는 보스니아와 함께하는 연합국가를 제안했지만, 이제트베고비치는 보스니아 독립 의지를 분명히 했다. 보스니아 분쟁 해결에 있어 국제사회 분열과 현실성이 떨어지는 평화안 제시는 오히려 이 지역 내 분쟁을 더욱 가속하게 된다. '밴스-오웬안' 부결 속에 이번에는 크로아티아군에 의한 제2차 '모스타르 포위(1993. 6.~1994. 4.)'와 포격이 단행되었고, UN평화유지군과 보스니아 무슬림계가 큰 피해를 보아야 했다. 밴스의 뒤를 이어 노르웨이 출신의 스톨렌버그(Thorvald Stoltenberg, 1931~2018)가 후임으로 임명되었고, 1993년 8월 20일 '벤스-오웬안'을 일부 수정한 '오웬-스톨렌버그안'이 제시되었다. 하지만 이 안은 남-북으로 나뉜 무슬림 지역 문제와 세르비아계에 대한 지나친 배려라는 비판을 받아야 했다. 1993년 8월 29일 이번에는 보스니아 내 무슬림계가 인구 비율 대비 영토 배정이 너무 적다며 이 안을 거부하였다.[20] 결과적으로 EC/EU와 UN이 주도했던 국제사회의 평화안들은 오히려 보스니아 내 분쟁 확대를 불러왔으며, 오히려 1993년 초까지 지속되던 보스니아 정부(무슬림계)와 크로아티아계 간 연합을 깨트리는 등 혼란을 더욱 가중하는 결과로 이어지게 된다.

EC/EU와 UN이 주도했던 여러 평화안이 실패로 돌아간 이후 평화안 주도권은 미국으로 넘어갔다. 1995년 5월에 개입한 미국은 새로운 전략 개념 변화를 시험해 볼 수 있는 무대를 찾고 있던 NATO를 활용하고자 했다. 체제전환 이후 미국은 자국 이해와 관련된 국제 분쟁 발생 시 중국과 러시아의 안보리 거부권이 행사되는 UN보다는 NATO 활용을 결심했던 것으로 보인다. 그리고 이를 위해선 국제 분쟁에 있어 NATO의 최초 역외 활동 무대가 필요하였다.

EC/EU와 UN이 주도해 결과적으로 실패했던 '밴스-오웬안'과 미국이 주도해 내전을 종결시킨 '데이턴 평화안(Dayton Peace Agreement, 1995년 10월)' 간에는 일련의 차이점을 보인다. '밴스-오웬안'이 보스니아 내 주요 세 민족에 기초한 영토 분할을 전제로 느슨한 연방제 수립에 목표를 두었다면, '데이턴 평화안'은 무슬림계와 크로아티아계가 연합한 하나의 체제(영토 51%)와 세르비아계 중심의 다른 한 체제(영토 49%), 즉 두 체제에 기초한 영토 분할을 전제로 했다. 평화안의 최종 단계에는 두 개의 체제를 합쳐 하나의 다민족 국가 수립을 목표로 두었다. 그리고 무엇보다도 '밴스-오웬안'이 다분히 설득과 타협에 기초한 '이상주의적 전략' 모델을 선택했다면, '데이턴 평화안'은 체제전환 초기 미국의 강력한 군사력과 힘(Power)의 우의에 기초한 '현실주의적 접근 전략(Strategy of Realistic Approach)'을 따랐다는 점이다. 이에 따라 미국은 군사적·물적으로 지원하던 이웃 세르비아 공화국에 대해 강력한 경제 금수 조치를 단행하며 압박했고, 보스니아 세르비아계를 향해선 막강한 군사력과 NATO 폭격을 통해 그 세력을 약화해 갔다. NATO군을 활용한 미국의 전략은 그 효과를 발휘했으며, 그 결과 1995년 9월 26일 UN 본부에서 보스니아 분쟁 해결을 위한 '뉴욕회담'이 개최될 수 있었다. 보스니아, 크로아티아와 신(新)유고연방의 3국 외무 장관들은 10월 12일 보스니아를 하나의 유일 국가로 유지한다는 원칙과 함께, '1국가 2체제' 인정 그리고 총선 실시에 합의하였다. 이를 근거로 1995년 11월 21일 '데이턴 평화안'이 임시조인되었고, 1995년 12월 14일 파리 엘리제 궁(Élysée Palace)에서 정식 서명되며 그 효력이 발휘되게 된다.

보스니아 사태 해결을 위한 미국의 적극적인 개입이 당시 클린턴(Bill Clinton, 1946~, 재임 1993~2001) 재선용이라는 비판도 자리한다. 그럼에도 불구하고 NATO의 전략 개념 변화 차원에서 볼 때 있어 보스니아 내전에 대한 NATO의 최초 역외 활동과 함께 약 6만여 명의 NATO 평화이행군 투입 등은 이후 코소보 전쟁 당시 NATO의 공격전략 개념 실험을 위한 중요 토대가 되었다고 분석할 수 있을 것이다.[21] 당시 세계 경찰국가를 자임하던 미국의 보스니아 내전 개입은 발칸 유럽을 향한 외교적 확대는 물론 NATO를 통한 군사적 영향력 확대 교두보를 마련할 수 있게 되었다는 점에서 중요한 의미를 지녔다. 미국은 보스니아 내전을 계기로 과거 유고연방의 일원이던 몬테네그로와 북마케도니아(North Macedonia)를 강력한 우방으로 만들 수 있었고, 코소보 전쟁 개입 등 발칸 유럽 내 민족 갈등 해결의 주도권 장악을 통해 이 지역에서 러시아의 영향력을 상당 부분 제거할 수 있었기 때문이다.

2) 코소보 전쟁: NATO의 '공격전략 개념' 전환

(1) 코소보 민족 갈등과 '랑부예 회담'

크로아티아와 보스니아 민족분쟁 종결을 위한 평화 협정서가 1995년 12월 14일 파리 엘리제궁에서 정식 조인되었다. 이후 국제사회는 이 지역에 새로운 평화가 찾아올 거라 기대했지만, 코소보를 둘러싼 세르비아와 알바니아 민족 간 갈등과 분쟁의 불씨는 발칸반도에서 NATO를 중심으로 한 국제역학 구도의 변화를 다시 한번 불러오게 하였다.

역사적으로 코소보는 세르비아에겐 아픔으로, 알바니아 민족에겐 고통으로 각인되며 각자에게 특별한 의미와 상징성을 지닌다. 우선 세르비아인에게 코소보는 6~7세기경 남슬라브족의 이주 시 자기 선조들이 발칸반도에 정착한 이후 구축한 중세 세르비아 왕국의 발원지이자, 독립정교회의 첫 번째 교구인 페치(Peć) 대교구가 자리한 민족의 정신적 구심점이란 상징성을 지닌 곳이다. 따라서 세르비아 민족에게 코소보는 유대인의 예루살렘과 맞먹는 성지로 불린다. 또한 세르비아에게 코소보는 아픔과 치욕의 상징성을 지니고 있다. 1389년 6월 세르비아 중세 왕국은 모든 국력을 동원해 치렀던 오스만 터키와의 '코소보 전투' 패배 이후 쇠락 속에 약 500년간 오스만 터키 이슬람 제국 지배로 들어가야 했다. 반면, 코소보 내 알바니아인은 로마의 발칸반도와 코소보 지배 이전 토착 부족이던 고대 일리리안(Ilirian)이 자신들의 조상이라는 점을 강조한다.[22] 따라서 이들은 세르비아 민족이 이곳에 정착하기 오래전부터 코소보의 실질적인 주인이 자신들이었다는 점과 함께, 오늘날 알바니아어의 기원 또한 고대 일리리아어에 기초한다는 점을 주장하고 있다. 또한 19세기 민족주의 시대에 들어와 코소보는 알바니아 민족의식이 발효한 출발점이자, 오스만 터키로부터의 독립운동 시발점인 '프리즈렌(Prizren) 연맹'의 발원지가 자리한 곳이기도 하다.[23] 특히, 코소보 알바니아인들은 인구 구성에 있어서도 2021년 1월 현재 약 187만 명의 인구 중 92% 이상이 알바니아인이고, 세르비아인은 코소보 북부 미트로비짜(Mitorvica) 지역을 중심으로 약 9만 6천 명 정도(약 5%)만이 거주한다는 점을 들어 코소보에서의 자민족 기득권을 주장하고 있다. 이에 대해 세르비아 역사가들은 코소보 내 알바니아 민족의 경우 과거 크리스트교 교도들이었지만 14세기 이후 중세 오스만 터키 제국의 발칸 지배 시기 동안 이슬람으로 종교 개종 후 토지를 찾아 이주해 온 이민족이라는 점을 강조한다. 더불어 코소보에서 알바니아인이 다수 민족이 된 역사적 배경에는 중세 오스만 터키의 유럽 원정을 강력하게 저항했던 세르비아 민족 정체성을 약화하려던 터키 전략에서 비롯된 것이라는 점을 분명히 하고 있다. 이들은 또한 오스만 터키 지배 시기 이슬람화된 알바니아인의 코소보 이주가 증가했으며, 20세기에 들어와서도 이웃 알바니아로부터의 불법 이주와 무제한 산아 정책 결과 오늘날 코소보에 알바니아 민족이 다수 민족이 된 것이라 주장하고 있다.[24] 실제, 통계로 보더라도 코소보 알바니아인은 1931년엔 50만 명(코소보 인구 중 약 60%)에 불과했지만, 체제전환 중이던 1991년에는 전체 약 200만 명 인구 중 약 81.6%(약 160만 명)까지 증가하였다.[25]

중세 시기 이슬람화된 알바니아인은 오스만 터키의 비호 아래 지주계급으로써 세르비아인 농노들을 지배하고 탄압했다. 하지만 19세기 민족주의 시대 이후로 서구 강대국들의 발칸 반도 진출과 오스만 터키의 쇠락 속에 이슬람 알바니아인들의 영향력 또한 상실되어야 했다. 이후 독립한 세르비아 근대 왕국하에서 코소보 알바니아인은 집중적인 민족 차별을 받게 된다. 이것은 제2차 세계대전 당시 코소보 알바니아인들이 독일, 이탈리아에 협력하며 세르비아 민족 탄압에 앞장을 선 배경이 되기도 했다. 사회주의 유고연방 시기 동안에는 사회주의 이념에 따라 코소보 알바니아인을 향한 공개적인 탄압은 줄어들었지만, '1966년 란코비치(Ranković) 사건'을 통해서도 확인되듯 코소보를 향한 세르비아 민족주의 표출과 알바니아인을 향한 차별 정책은 계속해서 이어졌다고 할 수 있다.[26] 이런 가운데 티토 사후를 대비하고 민족 간 협력과 조화로움에 기초한 연방 유지를 위해 도입된 '1974년 헌법'과 '집단대통령제'는 코소보 자치권과 알바니아인의 정치적 권익을 확대해 주었으나, 이것에 대한 반발은 오히려 세르비아 민족주의 발현으로 이어지게 된다.

체제전환 시기 유고연방의 해체 속에 코소보 알바니아인들 사이엔 독립을 의미하는 '코소보공화국'이란 용어가 다시 등장하기 시작했다. 이것은 밀로셰비치의 코소보 탄압 빌미를 제공하였고, 곧이어 코소보는 세르비아 민족주의 확대를 가늠하는 핵심 지역으로 부상하게 된다. 1989년 6월 28일 비도브단(St. Vitus Day/Vidovdan), 코소보 평원의 가지메스탄(Gazimestan) 기념비에서 가진 '코소보전투 600주년' 기념식에서 밀로셰비치는 1389년 6월 '코소보 전투'를 상기시키며 당시의 치욕스러운 역사를 다시는 반복하지 않겠다는 의지를 표명하였다. 그의 연설은 세르비아 민족에겐 민족 정체성을 고취했지만, 다른 연방 구성 민족들에겐 세르비아니즘 부활에 따른 극도의 공포심과 함께 연방 탈퇴의 빌미를 제공해 주게 된다. 세르비아 내에서 권력의 핵심으로 부상한 밀로셰비치는 1990년 9월 7일 코소보 의회를 강제 해산하고, 1974년 신헌법에 따른 모든 자치권을 폐지했다. 알바니아 민족의 대규모 시위가 이어졌지만, 중무장한 세르비아 경찰 부대에 의해 진압되거나 체포되었다. 이후 알바니아계 국회의원들은 코소보 남부 카챠니크(Kačanik/Kaçanik)에 모여 코소보를 독립공화국으로 승격시키는 법률안을 통과시킨 후 독립투표와 함께 10월 19일 독립을 선언하게 된다. 1992년 5월 24일, 루고바(Ibrahim Rugova, 1944~2006, 재임 1992. 1. 25.~2006. 1. 21.)가 대통령으로 선출되었지만, 이때까지도 국제사회는 크로아티아와 보스니아에서의 전쟁 확대로 인해 코소보 문제에 큰 관심을 보이기 어려웠다. 따라서 당시 코소보 알바니아 민병대는 무슬림을 도와 보스니아 내전에 참여함으로써 코소보 독립 의지를 국제사회에 호소하려 했었다.

하지만 코소보 내 알바니아인들의 의지와 달리 '데이턴 평화안' 논의 과정에서 코소보 독립문제는 주요 의제로 다루어지지 못하였다. 그 배경에는 협상의 주요 당사자인 세르비아의 '전략적 이행(Strategic Fulfillment)' 그리고 미국의 '묵시적 합의(Implied Agreement)'가 함께한 결과라 할 수 있다. 당시 대선 시기와 맞물린 상황에서 미국은 협상 과정에서 전략적 주도권을 쥐고 있던 밀로셰비치가 코소보 문제 논의 자체를 완강히 거부하자, 이를 평화안 논의에서 완전히 생략하기도 결정하게 된다. 밀로셰비치에게 코소보는 자신의 정치적 발판을 만들어 준 곳으로 독립 논의 자체가 정치적 생명을 상실케 한다는 것을 누구보다 잘 알고 있었다. 또한 미국에 있어서도 코소보 독립문제는 주요 논의 밖 대상이었다. 미국은 보스니아 내전 해결 과정에 참여함으로써 군사·외교적으로

'NATO의 최초 역외 활동'이라는 전략적 목표를 이미 달성했으며, 국내 정치에도 클린턴 대통령의 재선 입지에 큰 도움을 안겨 주었다고 판단했다. 따라서 미국으로서 복잡한 발칸 지역 내 새로운 분쟁에 더 개입할 이유도 없었고, 그 명분 또한 부족했다. 따라서 '데이턴 평화안' 체결 이후 미국과 NATO는 발칸 민족분쟁에서 한 걸음 뒤로 물러나고자 했다고 분석할 수 있다.

그러나 '데이턴 평화안'에서 보인 미국의 암묵적 합의는 코소보 알바니아인들의 무장 투쟁 강화와 이에 맞선 세르비아 경찰 부대의 탄압 확대를 불러오게 된다. 실제, 국제사회를 향한 호소에도 불구하고 독립 기회를 상실한 코소보 알바니아인들은 본격적으로 코소보 내 세르비아인들을 향한 무차별적 폭력과 무장 투쟁을 이어 갔다.[27] 한편, 세르비아 정부는 이를 테러로 간주해 강경 진압으로 대응했고, 1998년에는 민간인 대량학살이 발생하게 된다. 코소보 임시정부의 UN 중재 요청 속에 코소보 문제는 국제사회의 가장 중요한 이슈로 주목받았다. 세르비아를 향한 국제사회 비난 속에 미국은 1996년 12월 해제했던 세르비아 경제금수 조치를 1998년 6월 또다시 발효함으로써 발칸 지역 문제에 다시 한 번 개입할 수 있음을 시사하였다.

하지만 밀로셰비치의 판단은 달랐다. 그는 미국과 EU가 코소보 분쟁에 참여하길 꺼린다고 확신했고, 이것은 이후 코소보 평화협상에서 세르비아가 의도적 지연 전략을 쓰는 배경이 되었다. 무엇보다도 러시아의 마지막 남은 동유럽 이해 국가인 세르비아를 향한 NATO 공습이 미국과 러시아 간 새로운 국제 긴장을 고조시킬 것이고, 미국이 이를 절대로 원하지 않을 것이라는 밀로셰비치의 전략적 계산 또한 자리했었다고 분석할 수 있다. 미국의 계속된 공습 위협 속에 세르비아는 공습 예정 하루 전날인 1998년 10월 13일 코소보에서 무장 경찰 부대를 철수시켜야 했다. 하지만 1999년 1월, 코소보 내 양 민족 간 분쟁이 다시 확대되었다. 그 결과 평화적 해결 중재를 내세운 접촉그룹 6개국(미국, 영국, 독일, 프랑스, 이탈리아, 러시아)이 프랑스에 모여 1월 30일 '랑부예 회담(Rambouillet Conference)'이 열렸다. 이 회담에서 미국은 코소보 분쟁 해결사로 다시 한번 NATO를 내세우게 된다. 그 배경에는 NATO의 전략적 개념 변화, 즉 NATO를 '지역 안보 기구'가 아닌 '글로벌 안보 기구'로서의 위상을 공고히 하기 위해서라도 국제 분쟁에 대한 기존의 '방위전략' 개념을 벗어나 새로운 '공격 전략' 개념 수립이 필요하였다. 실제, 1990년대 동유럽 체제전환 속에 유일한 '슈퍼파워 체제'를 구축한 미국으로선 국제 분쟁 해결에 있어 선공격, 후협상에 따른 '현실주의적 접근전략'을 분명히 하고 있었다. 한편, 러시아는 당시 급격한 국력 약화 속에 EU, NATO와의 협력 관계를 전제로 한 '대서양주의'를 표방하고 있었다. 따라서 세르비아의 바람과는 달리 미국의 공개적인 NATO의 발칸지역 영향력 확대 의지에 대해 별다른 대응을 취하기가 어려웠으며, 이것은 훗날 NATO의 세르비아 본토 공습에도 불구하고 러시아가 단순히 '제스처 외교'만을 보이며 그 무기력함을 드러내는 배경이 되게 된다.

'랑부예 회담' 핵심 내용은 크게 두 가지로 요약해 볼 수 있다. 첫 번째는 '코소보 독립 문제를 3년 뒤에 논의한다'는 것이었다. 이것은 즉각적인 독립을 희망하던 코소보 알바니아계의 반발을 불러왔다. 두 번째는 'NATO 중심의 국제 평화유지군이 코소보에 주둔한다'는 내용이다. 이에 대해선 세르비아가 주권 침해를 들어 강력하게 반대하였다. '현실주의적 전략 접근'에 기초해 미국은 협정안에 서명하지 않으면 세르비아엔 NATO 공습을 그리고 코소보 알바니아계엔 국제사회 지원 단절을 상기시켰다. 이후 1999년 3월 15일 파리에서 접촉그룹이 모여 최종 협상안이 논의되었다. 그 과정에 코소보 알바니아 대표단은 기존 태도를 선회해 3월 18일 '랑부예 협정(Rambouillet Accords/Rambouillet Agreement)'에 찬성했다. 하지만 세르비아는 주권 침해를 들어 NATO 대신 UN 평화유지군의 코소보 주둔안을 제시한 채 회담장에서 철수해 버렸다. 3월 22일 미국은 홀브루크(Richard Holbrooke, 1941~2010) 특사를 보내 마지막 협상을 시도했지만, 이 또한 결렬되었다. 그리고 다음 날인 3월 23일, 세르비아 전역에 걸쳐 79일 동안의 NATO 공습이 단행되게 된다.

공습 초기만 해도 세르비아나 NATO 모두 강경한 자세를 보였지만, 공습 장기화에 따른 부담으로 양측은 러시아의 중재 속에 6월 10일 평화안에 합의해야 했다. 세르비아 경찰 부대와 군의 코소보 철수, 그리고 코소보 내 UN 평화유지군 주둔 합의 내용 등이 담긴 12개 조항의 'UN 안보리 결의안 1244(UNSCR 1244: UN Security Council Resolution 1244)'가 발효되었다. 지난 보스니아 내전을 종결시킨 '데이턴 평화안' 때처럼 세르비아와 미국이 평화안에 합의한 배경에는 양측이 각자 얻고자 한 전략적 이득이 충족된 데서 찾을 수 있다. 우선, 세르비아는 NATO 공습에 따른 엄청난 물적·인적 피해를 더는 감내하기가 어려웠다. 더불어 세르비아가 희망하던 UN 중재를 끌어냄으로써 주권국가로서의 자존심을 유지했고, 향후 코소보 행정 분야에도 러시아가 포함된 UN 역할이 인정됨으로써 코소보에 대한 주권 행사 여지를 남겨 두었다는 점이다. 한편, 미국은 더 많은 것을 얻어 냈다. 국제사회 난제로 치부되던 코소보 분쟁을 NATO가 해결함으로써, 미국은 1999년 NATO 창설 50주년에 맞추어 유럽 국가들 가운데 제기되던 NATO 해체론을 완전히 해소할 수 있었다. 무엇보다도 향후 국제 분쟁 발생시 미국의 이해가 달린 분쟁지역에 NATO를 활용할 수 있는 그 토대를 마련했다는 점은 큰 의미를 안겨주었다. 즉, 미국에게 있어 코소보는 기존 NATO의 '방어 전략' 개념을 '공격 전략' 개념으로 전환한 최초의 시도이자, 글로벌 안보 기구 전환을 위한 시험무대였다고 할 것이다. 실제, 1999년 코소보 전쟁을 계기로 개정된 NATO의 새 전략 개념은 동맹국들로 하여금 공동방위의 지지뿐만 아니라, 더 광범위한 '유럽-대서양 지역의 평화와 안보'의 수호를 골자로 하고 있다. 여기에는 회원국 간의 군사 방위 차원뿐만 아니라, 정치·경제·사회·환경적 요인을 총괄한 광범위적 접근에 따른 안보 문제를 다룰 것과 함께, 비(非)NATO 국가들과의 효과적인 동반 관계를 수립하는 것, 잠재적인 새 회원국들에 대한 개방 또한 포함되게 된다.[28]

(2) NATO 전략 개념 변화, 그 국제사적 의미

코소보 전쟁 종결을 담은 'UNSCR 1244'에 따라 UN에서 파견된 'UN 임시 행정 임무 부서(UNMIK: United Nations Mission in Kosovo)'가 행정을, 그리고 NATO가 중심이 된 '코소보 평화유지군(KFOR: Kosovo Force)'이 코소보의 치안을 담당하게 된다. 이들에겐 코소보 거주민의 평화적이고 안정된 삶을 보장해 줄 것과 20여만 명 이주민들의 귀환 보장 그리고 코소보의 폭넓은 자치권 부여를 돕도록 임무가 주어졌다. 하지만 UN과 국제사회의 계속된 노력에도 불구하고 이후로도 코소보에선 민족 간 갈등이 지속하여 왔다. 2003년 6월 이후로 코소보 알바니아인은 국제사회가 약속한 3년간의 독립 유예 기간이 지났다는 점을 부각하며, UN 등 국제사회가 약속대로 독립을 신속하게 인정해 달라고 요구하였다. 하지만 국제사회는 이를 쉽게 받아들이기 어려운 상황이었다. 무엇보다도 코소보 독립 뇌관이 당시 힘들게 유지 중이던 세르비아 민주 정권을 위태롭게 하는 것을 바라지 않았기 때문이다. 실제, 2000년 10월 민주화 운동 성공과 함께 밀로셰비치가 축출되어 전범으로 소환된 뒤, 세르비아는 코쉬투니짜(Vojislav Koštunica, 1944~, 대통령 2000. 10.~2003. 3., 총리 2004. 3.~2008. 7.) 민주 정권이 힘겹게 정부를 이끌어 가고 있었다. 당시 세르비아는 1990년대 약 10년간 이어진 경제 금수 조치 후유증과 함께 1999년 NATO 공습 당시 파괴된 주요 국가기간산업 시설 및 수송 체계 붕괴로 심각한 경제난을 겪고 있었고, 경제적 피폐와 어려움은 민족주의 세력이 주도하는 반(反)정부 시위를 더욱 부채질하고 있었다. 코소보 독립문제의 폭발성을 인지하고 있던 코쉬투니짜 정부는 코소보 독립에 대해 강력하게 반대하였다. 더불어, 국제사회를 향해 코소보 독립이 북마케도니아 등 주변 알바니아 소수민족의 대(大)알바니아주의를 부추겨 발칸 지역 평화를 위협할 것이라 경고하면서, 미트로비짜 등 코소보 내 세르비아계 거주지에서 발생하는 다양한 역차별과 역보복 문제 해소를 호소하였다.[29] 한편, UN의 계속된 중재와 개입 노력에도 불구하고 해결점을 찾지 못하자, 반기문 UN 사무총장(1944~, 재임 2007. 1.~2016. 12.)은 2007년 12월 10일 UN 주도의 코소보 지위 협상이 최종 실패했음을 시인해야 했다. UN 중재 실패 속에 미국의 지지를 확인한 코소보 알바니아계는 2008년 2월 17일 일방적으로 독립을 선언하게 된다.[30]

1999년 3월부터 6월까지 79일간 이어진 NATO의 코소보전쟁 참여 및 세르비아 본토를 향한 대규모 공습은 예상하지 못했던 여러 국제사적 의미를 불러왔다. 첫째, 발칸 유럽을 향한 미국의 전략적 그물(Strategic grid) 안에 세르비아가 빠짐으로써, 결과적으로 NATO의 동유럽 전략 차질을 불러왔다는 점이다. 미국은 체제전환 이후 러시아를 대신해 동유럽 내 영향력을 완전히 확보하고자 했다. 하지만 NATO의 코소보전쟁 참여는 세르비아의 강력한 저항, 세르비아 민족의 반감 확대를 불러왔고, 현재까지도 동유럽 국가 중 유일하게 세르비아가 NATO 비(非)회원국인 결과로 나타났다. 밀로셰비치는 체제전환 이후로도 한동안 러시아의 건재함과 국제사회 중재 역할에 지나치게 의존했으며, 이러한 전략적 오판은 NATO 공습으로 이어졌다. 러시아가 비토권을 행사한 UN의 거듭된 만류에도 불구하고, 미국은 이를 무시했다. NATO는 전쟁에 참여했고, 거기에는 알바니아인 인권 보호라는 이상과 명분이 내걸렸지만, 실질적으론 체제전환 이후로도 계속해서 친(親)러시아 정책을 고수하던 밀로셰비치의 국내 정치력 약화와 제거가 주요 목표였다. 하지만 조기 승리를 희망하던 미국 의도와 달리 세르비아의 저항은 계속되었고, 공습 장기화는 예상치 못한 부작용을 불러왔다. 세르비아 본토를 향한 NATO의 대규모 공습을 지켜본 세르비아인들 사이엔 오히려 반(反)미 성향 증대와 함께 민족주의 목소리가 더욱 확대되게 된다. 오늘날 세르비아가 EU 가입을 향한 적극성과는 상반되게 NATO 가입에 강한 거부감을 보이는 이유라 할 것이다.

둘째, 체제전환 이후 수립된 유일한 슈퍼파워 국가이던 미국의 권위와 신뢰가 떨어졌다는 점이다. 무엇보다도 UN 동의 없이 일방적으로 단행된 NATO의 세르비아 공습은 미국 패권주의에 대한 국제사회의 의구심을 불러일으켰다. 더불어 미국은 코소보 전쟁을 통해 국제 분쟁 해결에 있어 자국의 전략적 이해와 이익 우선을 분명히 드러냈다. 실제, 과거 1995년 유고 내 전쟁들과 보스니아 내전을 종결시킨 '데이턴 평화안' 추진 과정에서 코소보 알바니아계는 코소보 독립 문제를 중요 의제 중 하나로 넣어 달라고 강력히 요구했다. 세르비아의 강력한 반발 그리고 평화안 수립 무산 위기감 속에 미국은 코소보 독립 문제를 미루게 된다. 클린턴 행정부가 1995년 5월 보스니아 내전과 유고 지역 전쟁에 참여한 중요 배경 중 하나에는 미국의 세계 경찰국가 위상에 대한 야당의 공격과 그해 11월 대통령 재선이 자리했었다. 시간에 쫓기던 미국으로선 코소보 독립 문제는 중요 의제가 아니었고, 따라서 추후 논의로 미루어진 채 급하게 회담을 마쳐야만 했다. 이것은 다시 한번 세르비아의 오판을 불러왔다. 세르비아는 미국 등 국제사회가 암묵적으로 코소보에 대한 자국의 주권을 인정해 주었다고 판단했고, 이후로 코소보에 대한 실질적 영토 소유권을 분명히 하려는 조치 속에 분쟁은 더욱 확대되어야만 했다.

셋째, NATO 군사개입 명분인 인권 보호와 달리 세르비아인과 알바니아인 양측에 심각한 인권침해를 불러왔다는 점을 들 수 있다. NATO 공습을 빌미로 세르비아는 공개적으로 대대적인 알바니아인 '인종청소'를 단행했으며, 이 과정에서 알바니아인들은 학살을 피해 북마케도니아와 알바니아 국경으로 몰려가야만 했다. 한편, 전쟁 종결 과정 중 알바니아계 코소보 해방군에 의한 세르비아계 인종청소와 보복 학살이 이어졌다. 그리고 이번엔 세르비아계의 코소보 탈출과 대량 난민이 뒤를 이었다. 더불어 NATO의 세르비아 본토 내 국가 기간 시설 및 주요 건물을 향한 계속된 미사일 공격은 세르비아 민간인들의 대량 피해를 불러왔다.[31] 이것은 훗날 세르비아 전범들이 ICTY 재판 과정에서 국제사회를 향한 항변으로 이어졌다. 이들은 국제사회가 유고 내 전쟁들과 보스니아 내전 그리고 코소보 전쟁 당시 NATO의 대규모 공습으로 인한 세르비아 민간인들의 학살에는 눈을 감고 있으며, 이들이 강대국이란 이유로 그 단죄를 묻지도 않고 있음을 지적하였다. 더불어 단지 자 민족과 마을을 지키고자 했던 자신들에게만 단죄하려 한다고 비난하였다.

넷째, UN의 권위를 무시한 NATO의 일방적인 코소보 전쟁 참여는 푸틴의 등장과 함께 러시아 부활 의지를 일깨워 주었다. 실제, UN을 비롯해 다양한 외교적 루트를 통한 러시아의 강력한 반대에도 불구하고 단행된 NATO의 코소보 전쟁 참여는 러시아 내 민족주의자들의 강력한 반발을 불러왔다. 그리고 이것은 1999년 12월 31일 옐친 대통령이 건강상 이유를 들며 임기 도중 갑자기 사임하는 정치적 압력으로 이어지게 된다. KGB 출신이자 당시 총리이던 푸틴은 대통령 권한대행을 이어받아 2000년 3월 26일 대통령 선거에서 제3대 대통령에 당선되었다. 푸틴은 선거 공약으로 NATO, EU와의 협력에 기초한 기존 '대서양주의' 전략을 포기하고, 대신 과거 냉전 시대처럼 강한 러시아를 부활시키겠다는 의지를 피력하였다. 푸틴의 이러한 주장은 1999년 NATO의 일방적 개입 속에 단행된 코소보 전쟁에서 깊이 상처받은 러시아인들에게 강한 호응과 지지를 불러오게 된다.[32] 푸틴의 등장은 곧이어 '신유라시아주의(Neo-eurasianism)' 구상과 함께 '신냉전' 시대로 이어지는 첫 출발점이 되었다고 할 수 있다.

다섯째, 앞서 언급처럼 NATO의 코소보 전쟁 참여는 '냉전 2.0'으로 불리는 오늘날 '신냉전(New Cold War)' 시대를 촉진했으며, 이에 맞춘 'NATO 버전 2.0'인 '신전략개념' 수립을 불러왔다고 할 수 있다. 실제 NATO는 1999년 '코소보 전쟁'을 계기로 자신의 '신(新)전략개념'을 분명히 했고, 당시 회원국 확대를 통해 유럽 안보 방위 전략을 구사하려던 EU 사이에는 경쟁적이고도 상호보완적인 협력 관계의 토대가 형성되게 된다.[33] 즉, 국제관계사적 측면에서 NATO의 코소보 전쟁 참여는 오늘날 전개 중인 새로운 국제역학구도 변화 양상의 출발점을 제공했다는 의미를 지닌다 할 것이다.

2008년 2월 코소보 알바니아계의 독립 선언 이후 미국 등 서구 진영은 곧 바로 독립을 인정해 주었다. 하지만 코소보는 러시아와 중국의 반대에 부딪혀 여전히 UN 회원국에는 등록하지 못하고 있는 상황이다. 무엇보다도 코소보 독립의 정당성과 독립 인정 문제는 이를 둘러싼 국제사회를 양분시켜 마치 과거 냉전 시기와 유사한 양대 블록을 형성하고 있다. 실제 2021년 1월 현재 193개 UN 회원국 중 대한민국(2008. 3. 28.)과 미국(2008. 2. 18.), 일본(2008. 3. 18.)을 포함 98개국(UN 회원국의 51%)만이 코소보의 독립을 승인해 준 상황이다. 반면, 러시아와 중국을 포함해 분리 문제와 소수 민족 문제를 겪고 있는 EU 내 스페인 등 5개국을 포함해 UN 회원국 중 약 49% 국가들은 여전히 코소보 독립을 인정하지 않고 있다. 코소보 독립 문제를 둘러싸고 세르비아를 지지 중인 러시아와 중국이라는 한 축, 그리고 코소보 독립을 지지하는 미국과 EU의 또 다른 축 간 심각한 분열과 갈등 양상은 현재 전개되는 국제사회의 '신냉전 구도'를 더욱 명확하게 드러내는 촉매제가 되는 중이다.[34]

4 맺음말: 시사점과 전망

1980년대 경제 위기와 민주화 열풍은 동유럽 국가들이 사회주의 체제를 전환하는 중요 배경을 제공했다. 세계적으로도 대표적인 '종교와 문화의 모자이크' 지역이던 유고연방의 경우 사회주의 시기 동안 티토의 강력한 카리스마와 '티토이즘'에 의해 연방을 유지해 갈 수 있었다. 하지만, 1980년 5월 티토 사망은 내재 된 민족 갈등과 '문화적 민족주의' 대두를 불러왔으며, 무엇보다도 심각한 경제 위기와 초인플레이션은 1990년대 체제전환의 중요 동기를 제공하게 된다. 체제전환 당시 이 지역에서 대두된 주요 특징은 크게 '연방 해체'와 '민족분쟁'으로 요약할 수 있다. 우선, '연방 해체'의 시작은 1990년 1월 열린 제14차 공산주의자 연맹 임시 전당대회의 무산과 뒤이은 공산당 권한 정지로부터 비롯되었다. 유고연방 각 공화국에서 '복수정당제 선거'가 실시되었고, 공산당 몰락 속에 민족 정당들이 권력을 장악함으로써 유고연방은 해체되었다. 이것은 곧 체제전환의 시작을 의미했다. 그리고 체제전환의 마무리는 장기간 '민족분쟁'으로 표출되게 된다. 1995년 5월, 미국과 NATO의 참여는 교착상태이던 이 지역 내전 양상을 완전히 바꾸어 놓았다. 물론 그 배경에는 클린턴 재선 운동과 미국의 '현실주의적 전략 접근' 실험 그리고 무엇보다도 NATO의 전략적 이해가 서로 맞물려 있었다.

보스니아 내전을 비롯해 유고 내 민족분쟁은 NATO의 최초 역외 활동 속에 '데이턴 평화안'으로 귀결된다. 이 지역에서의 오랜 분쟁들은 많은 희생과 아픔을 가져와 약 10만여 명의 사상자, 약 230만 명의 난민과 이재민, 그리고 소위 '발칸 제노사이드(Balkan Genocide)'와 '인종청소'라는 비극적인 용어를 낳게 하였다.[35] 이후 국제 분쟁에서 NATO 역할과 전략 개념 변화 시도는 1999년 코소보전쟁을 통해서 다시 한번 그 의미를 더하게 된다. 1998년부터 크게 대두된 코소보 민족 갈등 심화는 발칸에 대한 국제사회 개입 필요성을 다시 한번 대두시켰다. 무엇보다도 체제전환 이후 맞이한 '슈퍼파워 체제'를 오래 유지하길 희망하던 미국에게 있어 코소보 갈등 확대는 NATO를 본격적인 '글로벌 안보 기구'로 전환할 필요성을 제공해 주었다. NATO는 이미 '바르샤바 조약기구'가 사라진 상황에서 그 역할과 존재 이유에 대한 의구심이 증폭되고 있었다. NATO 존속을 바라는 미국으로선 NATO 전략개념 변화를 위한 무대, 즉 기존의 집단 방위체제에 따른 '방위전략' 개념에서 '공격전략' 개념으로의 전환 매개체가 필요했고, 그 대상지로 코소보가 선택되게 된 것이다.

코소보 전쟁 참여를 통해 NATO는 기존 수동적 전략에서 벗어나, 보다 적극적으로 국제 분쟁에 개입할 수 있는 명분을 얻을 수 있었으며, 다양한 역외 군사 활동 등이 포함된 '신전략개념'을 수립할 수 있게 된다. 실제, 코소보 전쟁이 한창이던 1999년 4월 23~24일, NATO 창설 50주년을 맞이해 워싱턴에 모인 회원국 정상들은 NATO의 미래의 새로운 전략 개념 수립을 위한 두 가지 큰 결정에 합의하게 된다. 그 첫째는 NATO가 냉전 시대 개념인 기존 역내 한계를 벗어나 인권 유린 등 국제 테러와 대량 살상 무기 확산 방지 등을 목적으로 한 국제 경찰이자 글로벌 안보 기구로서 모든 국제 분쟁에 개입할 수 있음을 분명히 한 것이다. 무엇보다도 이 논리는 NATO의 코소보 전쟁 개입에 대한 국제법적 정당성을 부여하는 조치로도 활용되었다. 두 번째는 NATO 군사력 동원시 UN 승인 없이도 회원국 간 합의만으로도 단행할 수 있다는 점을 합의했다는 점이다. 이것은 곧 NATO가 "UN 회원국 내 모든 무력 사용시 UN의 승인을 전제로 한다."라는 UN 헌장 7조를 무시하겠다는 것을 의미했다("The Washington Declaration"). 이에 따라 NATO는 2001년 9월 발생한 9.11 테러 당시 NATO 조항 제5조(Article 5)에 따른 집단안보체제를 가동한 뒤로, 2004년 8월엔 이라크 전쟁, 2009년 8월엔 아덴만(Gulf of Aden) 작전 그리고 2011년 3월에는 리비아 군사개입 등 새로운 전략 개념 수립에 따른 다양한 역외 국제분쟁들에 참여하게 된다.[36]

미래 청사진으로 EU와 유로존 가입 준비를 서두르던 다른 동유럽 국가들과 달리, 체제전환 동안 유고는 연방 해체와 민족분쟁 격화에 따른 고통 속에 잃어버린 10년을 감내해야만 했다. 그리고 이 지역이 지닌 지전략적, 지정학적 중요성과 국제사회 개입은 동유럽에서의 역학 구도 변화를 불러왔다. 우선, 유고 지역 위기에서 보여 준 EC/EU의 대응 전략 실패는 이후 EU의 정치 통합 어려움과 함께 안보 전략 한계를 그대로 노출했다고 할 수 있다. 즉, 회원국 간 상호 이익을 전제로 한 경제 통합과 달리, 정치 통합과 안보 전략의 경우 회원국 간 이해가 상충될 때 그 합의점을 끌어내기 어렵다는 것을 보여 주는 대표적인 사례가 되었다. 실제, 오늘날 EU는 브렉시트(Brexit) 외에도 이민자와 난민 문제 그리고 에너지와 안보 위기 대응 및 여러 사회 문제를 두고 다양한 갈등과 불협화음이 지속 중에 있다. 두 번째, 체제전환 시기 유고 내 민족 분쟁 과정에서 보인 EC/EU의 무기력함은 안보 위기시 EU 역할에 대한 동유럽 국가들의 불신을 불러왔고, 상대적으로 미국, NATO의 영향력 확대 결과로 이어졌다. 그리고 이것은 폴란드와 루마니아의 적극적인 'MD(Missile Defense) 시스템' 도입과 미군 주둔을 향한 구애, 그리고 발틱 3국을 비롯한 동유럽 국가들의 대규모 NATO 가입으로 이어지게 된다.

NATO는 동유럽 체제전환 이후 14개국의 신규 회원국을 받아들였다. 그들 모두는 과거 러시아의 영향권하에 있던 사회주의 체제 국가들이다. 1949년 4월, 미국과 유럽 내 서구 진영 14개국으로 시작된 NATO는 2021년 1월 기준으로 현재 30개국이며, 그 회원국 수는 계속 늘어나는 중이다.[37] 2018년 12월 이후로 보스니아가 회원국 가입 직전 단계인 '액션플랜 회원국(MAP: Membership Action Plan)'이며, 그 외 세르비아와 보스니아를 포함해 과거 소련 연방하 국가 등 20개국은 '평화를 위한 동반자(PfP: Partnership for Peace)' 관계를 구축하고 있다. 이를 기초로 NATO는 동반자 국가들과의 협력을 통해서 유럽의 안정을 도모하고 평화에 대한 위협을 감소시키면서 군사 교류 및 합동군사훈련의 실시까지 그 영역을 확대하는 중이다.[38] 오늘날 NATO 회원국의 군사 지출비를 모두 합하면 세계 전체 군비의 약 70%를 차지하며, 이것은 NATO가 기존 유럽 방위를 넘어서 전 세계에 걸친 '글로벌 방위기구' 임무를 수행할 수 있는 중요 토대가 되고 있다. 그 전략의 한 부분에 일본, 대만과 함께 대한민국이 자리하고 있다. 이를 토대로 볼 때 2021년 바이든(Joe Biden,

1942~, 재임 2021. 1.~) 행정부 수립 이후 글로벌 방위기구로서의 NATO 확대와 우방을 향한 전략적 동맹 강화 요구가 더욱 거세질 것으로 예측된다. 과거 유고 지역들은 오늘날 실험 중인 NATO '신전략 개념' 수립의 중요 배경이자 공격전략 개념 전환을 제공했던 곳이다. 이런 점에서 NATO 전략 개념 변화 관점에 기초해 유고 체제전환과정과 그 국제사적 특징을 분석한 본 연구의 의미가 분명하다 할 것이다.

제6장

알바니아의 체제전환 : 민주주의로의 험난한 여정

이선필

1 머리말

2 알바니아 공산주의의 성립과 특징

3 알바니아의 체제전환 과정

4 정치 · 경제 · 사회적 체제전환의 문제들

5 피라미드 금융사기와 내전의 발생

6 내전 이후의 민주화와 민주주의의 한계

동유럽의 옛 공산권 국가 중 가장 폐쇄적이고 가난한 나라였던 알바니아는 1989년 민주화 혁명의 영향을 가장 늦게 받은 나라로 체제전환 역시 늦게 시작되었다. 이는 독재, 외부 세계로부터의 고립, 경제적 집단화와 자립경제 등을 특징으로 하는 호자주의로 알려진 알바니아의 독특한 공산주의 때문이다. 알바니아에서 공산주의 몰락이 즉각적으로 민주주의와 자본주의로의 체제전환을 가져오지는 않았다. 알바니아의 체제전환은 급격하게 시작되었으나 험난하고 느리게 진행되었다. 1992년 공산주의의 몰락 이후에도 정치적 다원주의는 형식에 그쳤고, 옛 정권에서 물려받은 정치문화로 인해 독재체제는 여전히 유지되었다. 급하게 도입된 미숙한 자본주의 체제는 1997년 피라미드 금융사기라는 전대미문의 위기를 가져와 내전으로까지 몰고갔다. 따라서 알바니아의 체제전환은 공산주의의 붕괴, 권위주의 체제의 유지, 금융위기와 내전, 민주주의 체제의 정립이라는 단계적 과정을 거쳤다. 하지만 1998년 이후 민주주의의 정립 이후에도 민주적 거버넌스가 뿌리내리지 못해 알바니아는 여전히 체제전환 과정에 있다고 할 수 있다.

이상과 같은 배경으로 이 장에서는 알바니아 공산주의의 특징은 무엇이었으며, 알바니아의 체제전환은 어떤 특징을 가지는가를 중심으로 험난했던 체제전환 과정을 살펴본다. 이를 위해 먼저 공산주의 붕괴 과정에서 주체세력이 누구였는가를 중심으로 체제전환 과정을 살펴본다. 다음으로는 공산주의의 붕괴 이후 알바니아에 왜 민주주의가 곧바로 도입되지 못했는지를 옛 공산주의의 유산이라는 측면에서 살펴본다. 이와 함께 1997년 피라미드 금융사기 문제를 체제전환 이후 알바니아의 고질적인 정치 · 사회적 문제와 미숙한 자본주의 체제라는 관점 속에서 살펴본다. 마지막으로 1997년의 위기가 알바니아의 민주주의에 어떤 영향을 미쳤으며, 오늘날의 관점에서 알바니아 민주주의의 문제점은 무엇인지를 살펴본다.

1 머리말

알바니아는 1989년 시작된 동유럽의 민주화 혁명 과정에 가장 늦게 동참한 나라이다. 대부분의 동유럽 국가들에서 공산주의가 이미 붕괴된 이후에야 혁명이 시작되었고, 1992년 3월 정치적 다원주의에 기초한 첫 선거가 치러졌다. 선거에서 승리한 비공산계 정당인 민주당의 주도하에 알바니아는 스탈린식 집산화 경제체제에서 자본주의체제로 급하게 뒬바꿈했다. 알바니아의 체제전환은 다른 동유럽 국가들에 비해서 비교적 '평화로운' 무혈혁명의 형태였다고 할 수 있다. 1985년 집권한 공산체제의 마지막 권력자인 라미즈 알리아(Ramiz Tafë Alia)는 혁명 초기에 군과 경찰을 동원해 강력하게 대처했다. 하지만 위로부터 변화를 통제하는 것이 불가능하다는 것을 깨닫고 국가폭력을 통해 혁명을 막는 것을 포기하고 민주적 선거를 통한 체제전환에 길을 터 주었다.

알바니아는 공산주의 몰락 이후 내전을 피한 거의 유일한 국가였지만, 공산주의의 몰락이 즉각적으로 민주주의의 도래를 가져오지는 않아 체제전환 과정이 비교적 오랫동안 유지되었다. 정치적 다원주의는 형식에 그쳐 북부와 남부의 지역에 기초한 전통적인 후견주의(clientelism)와 극단주의에서 벗어나지 못했고, 준비되지 않은 그리고 정경유착을 차단하지 못한 경제적 자유주의는 1997년 피라미드 금융사기로 인해 내전 사태로 번지기도 했다. 반세기 동안 사회적 대안세력의 등장을 차단한 스탈린식 체제로 인해 공산주의 몰락 이후 시민사회가 성장하는 데도 오랜 시간이 걸렸다. 체제전환 과정에서 학생과 노동자조직 등 시민사회의 역할이 컸지만, 1997년 폭동 당시 알바니아 시민들이 보여 준 모습은 아직 성숙한 민주시민의 모습은 아니었다. 그들은 대규모 불법이민, 국유재산에 대한 약탈과 폭력으로 인한 무정부 상태를 야기했다. 따라서 알바니아의 민주주의로 향한 노정은 험난했고 그것은 1990년대 말까지 지속되었다.

알바니아는 사실 공산주의의 몰락 이후 빠르게 민주주의와 경제적 발전을 이룩할 수 있는 잠재력을 가진 국가였다. 주변국과의 국경분쟁을 겪지 않았고, 게그(Gheg)와 토스크(Tosk)로 구분되는 씨족공동체 차이가 있었지만, 내전을 야기할 정도로 심각한 인종문제를 가지고 있지도 않았다. 풍부한 광물자원을 보유하고 있어 경제적 잠재력 또한 컸다. 아드리아해에 면해 있어 역사적으로 로마제국, 베네치아공화국, 오스만-튀르크 등이 욕심내던 전략적 요충지이기도 하다. 마지막으로 아드리아해와 이오니아해를 중심으로 관광과 교통의 중심지이기도 하다. 이러한 요소들은 알바니아가 공산주의 몰락 이후 빠르게 서방 시스템 속에 편입될 수 있는 잠재력이었다. 하지만 알바니아는 적어도 1990년대 말까지 체제전환을 완성하지 못함으로써 유럽에서 가장 가난한 나라 중 하나였으며, 대대적인 난민과 불법이민을 양산하면서 불량국가(rogue state)라는 오명을 쓰고 있었다.

알바니아의 체제전환 과정은 1990년대 초 공산주의의 몰락과 함께 한순간에 이루어진 것이 아니다. 그것은 공산주의의 붕괴와 다원제로의 이행, 독재의 유산과 그 결과인 내전, 독재의 청산과 정치·경제적 자유화의 정착으로 이어지는 험난한 과정이었다. 알바니아의 체제전환 과정에서 유의 깊게 살펴야 하는 것은 그것의 주체는 누구였는가에 관한 문제이다. 즉, 학생을 포함한 시민사회의 운동이 체제전환을 가져오게 했는가, 혹은 체제전환은 위로부터의 자발적이고 점진적인 전환의 결과였는가의 문제이다. 둘째, 체제전환 과정에서 공산주의의 유산은 어떻게 영향을 미쳤는가이다. 마지막으로 1997년 피라미드 금융사기 사건으로 인한 내전은 체제전환에 어떤 영향을 주었는가이다. 이 장에서는 이런 점들에 유의하여 알바니아 공산주의의 몰락과정에서부터 1990년대 말까지 알바니아의 정치·경제적 상황을 따라가면서 체제전환 과정을 살펴본다.

2 알바니아 공산주의의 성립과 특징

알바니아의 공산화는 제2차 세계대전 말 파시스트 이탈리아의 지배에 대항하기 위해 탄생한 민족주의 세력과 공산주의 세력 사이에 발생한 내전의 결과물이다. 따라서 냉전의 산물로서 공산화된 동유럽의 옛 공산주의 국가들과는 처음부터 다른 길을 걸었다고 할 수 있다. 알바니아는 1913년 오스만제국으로부터 독립했으나, 1939년 무솔리니의 침입으로 이탈리아왕국에 병합되면서 다시 나라를 잃었다. 이탈리아의 침략에 맞서 산발적으로 저항하던 공산주의자들은 1941년 11월 유고슬라비아의 지원을 받아 공산당을 창당하면서 조직적인 저항을 시작했다. 1942년 9월에는 공산당 주도로 티라나(Tirana) 근처의 페제(Pezë)에서 전국의 저항세력 지도자들이 모여 국가 해방을 위해 공동전선을 구축할 것을 결의했다. 공산주의자와 민족주의자들은 이탈리아의 지배에 맞서 공동의 투쟁을 벌일 국가해방운동(LANÇ: National Liberation Movement)를 결성했다. 하지만 LANÇ는 곧 공산주의자들에 의해 지배되었고, 자유주의 민족주의자들은 11월 자신들만의 조직인 발리 콤베타르(Balli Kombëtar)를 결성했다. 두 세력은 1943년 8월 묵제(Mukje) 협정을 통해서 파시스트 이탈리아에 대항한 공동의 투쟁을 전개할 것에 합의했다. 하지만 9월 이탈리아가 연합국에 항복하고 철수하면서 두 세력 간의 갈등이 노출되기 시작했다. 발리 콤페타르는 코소보, 마케도니아 북서부, 그리스 북부 등 이탈리아 지배 당시 알바니아를 구성했던 전 영토를 포함하는 대(大) 알바니아를 희망하면서 재빨리 코소보(Kosovo)와 바르다르(Vardar) 지역을 장악했다. 그들은 연합국이 그리스 북서부 이오니아해에 접한 샤메리아(Chameria) 지역을 그리스에 돌려줄 것이라고 믿었다. 연합국은 실제로 샤메리아의 그리스 영토로의 복귀를 생각하고 있었고, 코소보 문제에 대해서는 명확한 입장을 가지고 있지 않아 발리 콤페타르의 의심은 합리적이었다. 공산당 내의 유고슬라비아파들은 발리 콤페타르 세력을 알바니아의 파시스트라고 비난하고 묵제협정을 인정하지 않았다. 이에 발리 콤페타르는 이탈리아의 철수 후 알바니아를 점령한 독일과 손을 잡고 코소보, 바르다르, 샤메리아 등을 수호하기 위해 유고슬라비아 및 그리스 저항운동세력과 싸우고, 알바니아 내부에서는 공산주의 세력과 주도권 다툼을 시작했다. 1944년 연합군이 그리스에 상륙한 이후 독일군이 철수한 진공상태 속에서 발리 콤페타르는 유고슬라비아 공산당의 지원을 받는 LANÇ에게 점차 밀리게 되었다. 결국 두 세력 간에 내전이 발생해 발리 콤페타르는 4월 연합국과 유고슬라비아로부터 무기 지원을 받는 LANÇ에 밀려 자신들의 근거지인 남부도시 코르체(Korçe)와 지로카스터(Gjirokaster)를 잃었다. 남부 알바니아를 장악한 국가해방운동은 남부도시 페르메트(Përmet)에서 임시정부 성격의 반파시스트 국가해방평의회를 형성하고 공산주의자 호자(Enver Hoxha)가 평의회 의장과

알바니아 공산주의의 창시자, 엔베르 호자

해방군 사령관을 맡았다. 5~6월 사이 LANÇ는 중부 지역을 장악하고 10월에 중남부 도시 베라트(Berat)에서 임시정부를 구성했다. 11월 29일에는 북부의 슈코드라(Shkodra)까지 장악한 후 알바니아의 독립을 선포했다. 발리 콤페타르 세력은 알바니아 본토에서 밀려 코소보 지역에서 저항했으나 이곳에서도 유고슬라비아 저항운동 세력에 밀리게 되었다. 그들은 알바니아의 공산화를 막기 위해 나치 정권과 손을 잡았지만, 바로 그러한 전력 때문에 시민들로부터 신용을 잃었고 결국은 알바니아의 공산화를 가져오는 아이러니를 낳았다.

임시정부의 수반에 오른 호자는 국내정치의 경쟁자가 될 수 있었던 경쟁자인 발리 콤베타르(Balli Kobbetar) 등 민족주의자들을 나치에 대한 부역자로 제거하고, 그리스에 망명 중인 국왕 조그 1세(Zog I)의 귀국을 금지하여 처음부터 공산주의 정권 수립이 목표라는 것을 명확히 하였다. 발리 콤페타르 세력은 대부분 오스트리아, 미국, 호주 등으로 망명하여 임시정부를 구성하였다. 그들은 1949년 영국과 미국의 지원을 받아 알바니아에 침투해 민중봉기를 기획했으나 내부의 배신으로 300여 명이 몰살당하면서 실패했다. 대대적인 농업개혁을 통해서 농민들의 인기를 등에 업은 호자는 1946년 1월 11일 헌법을 사회주의 헌법을 제정하고 알바니아 인민공화국(People's Republic of Albania)을 선포했다.

공산주의 초창기 알바니아는 유고슬라비아와 긴밀한 관계 속에서 성장했다. 1945년 1월 임시정부는 알바니아계 인구가 대부분인 코소보(Kosovo)를 유고슬라비아의 자치주로 넘겨주면서 유고슬라비아로부터 인정을 받았다. 알바니아 인민공화국 형성 이후에는 유고슬라비아와 경제통합 수준의 협력을 통해 경제적으로 성장하기 시작했는데, 이는 알바니아를 병합하려는 유고슬라비아의 티토(Josip Broz Tito)가 의도한 것이기도 했다. 티토는 알바니아 공산당 내의 친알바니아 세력을 통해 호자 세력을 몰아내고 알바니아를 위성국가로 만들려는 의도를 가지고 있었다. 유고슬라비아-알바니아가 공동으로 투자한 기업들을 통해서 알바니아의 광물자원이 개발되기 시작했고, 농업과 어업의 발전이 이루어지기 시작했다. 유고슬라비아는 알바니아가 자국에 광물 및 석유 등 원자재를 제공해 주는 농업국가로 남아있기를 희망하면서 물질적 지원을 강화하고 정치·경제 고문을 파견함으로써 알바니아를 종속시키려 하였다. 1947년 설립된 코민포름(Cominform)에서도 유고슬라비아는 알바니아를 대변하였다. 따라서 호자 등 알바니아 공산당 내의 독립파들이 자급자족과 자국의 산업을 발전시키려는 의도를 보이면서 두 국가 간의 관계가 악화되기 시작했다. 1948년 초 알바니아 공산당 내의 친유고슬라비아파가 알바니아의 경제와 군대를 유고슬라비아에 통합하려 하자 호자는 이에 반발했다. 때마침 1948년 6월 28일 코민포름이 반스탈린 노선을 견지한 유고슬라비아를 추방하자 호자는 재빨리 유고슬라비아와의 외교관계를 단절하였다.

유고슬라비아와의 관계 단절과 동시에 알바니아는 소련의 동유럽 위성국 중 하나가 되었다. 소련은 그동안 유고슬라비아가 제공했던 것보다 더 많은 원조를 제공하면서 알바니아 공산당을 스탈린화시켰다. 공산당은 스탈린의 제안으로 노동당(Partia e Punës e Shqipërisë)으로 이름을 바꾸었다. 호자는 소련의 지지를 업고 내무부장관이었던 조제(Koçi Xoxe) 등 노동당 내부의 친유고슬라비아파를 대대적으로 숙청하고 독재의 기반을 마련했다. 1949년에는 소련의 지원으로 경제상호원조회의(COMECON)에 가입하면서 동유럽 국가들과 차례로 무역협정을 체결했다. 알바니아 인민공화국은 스탈린식 공산체제를 따라 산업을 국유화하고 중앙 계획경제 체제를 구축했다. 소련과 동유럽 국가들의 경제고문단이 알바니아에서 활동하면서 스탈린주의 경제체제는 더욱 강화되었다. 한편, 농업개혁을 통해 농민들에게 분배한 토지의 매매와 양도를 금지함으로써 사유재산권을 철저하게 통제했다. 1955년에는 소련의 지원으로 바르샤바조약기구에 참여함으로써 정치뿐만 아니라 군사적·경제적으로 완전한 소련의 위성국이 되었다.

하지만 알바니아와 소련의 관계는 1953년 3월 스탈린이 사망한 후 변화될 조짐을 보였다. 스탈린을 승계한 후르시쵸프는 1956년 스탈린의 대결적 냉전정책을 '평화적 공존(peaceful eoexistence)'으로 수정하였고, '사회주의로 가는 가른 길(different roads to socialism)'이라는 노선을 통해 사회주의 국가의 통일성을 포기하고 위성국가들의 자율성을 인정하였다. 이에 따라 소련이 반스탈린 노선을 취해 1948년 코민포름에서 추방된 유고슬라비아와 관계를 정상화하자 알바니아는 유고슬라비아가 다시 자국에 대한 영향력을 강화할 것을 우려했다. 게다가 소련이 스탈린주의를 고수하는 자국에 대한 압박을 가할 것에 대해서도 대비해야 했다. 이에 호자는 친소련과 친유고슬라비아파를 숙청하여 내부분열을 사전에 차단했다. 한편, 마르크스주의에 대한 해석을 놓고 공산진영의 양대 축인 소련과 중국이 갈등하자 알바니아는 정통주의를 지지하면서 중국의 편에 섰다. 알바니아는 사실 소련이 위성국들에게 부과한 공산권의 경제질서에 대해 오래전부터 불만을 가져 왔다. 호자는 중공업 발전을 통한 경제발전을 희망했지만, 소련은 알바니아가 광물자원과 농산물 등 1차산업에 전념하기를 강제하고 있었기 때문이다. 이러한 불만 때문에 알바니아는 새로운 후견국을 찾고 있었다. 소련과 갈등하기 시작한 중국의 지지 의사를 확인한 알바니아는 1960년 6월 중국과 소련이 분열하자 공개적으로 중국의 입장을 대변하기 시작했다. 이에 소련은 알바니아에 대한 원조를 중단하고 공산당 내의 친소련주의자들을 이용해 호자를 축출하려 하였지만, 호자는 오히려 그들을 축출하면서 권력을 공고화했다. 1961년 겨울 소련은 마침내 알바니아와의 외교관계를 단절하고 정치 · 경제 · 군사 · 문화적 지원을 모두 중단시켰다.

소련이 중단한 경제적 지원은 중국의 지원으로 대체되었다. 하지만 소련과 동유럽에 의존적이었던 알바니아의 대외무역은 심각한 타격을 입었다. 소련과 동유럽의 기술자들까지 철수하자 생산성이 낮아져 알바니아의 경제는 붕괴되기 시작했다. 하지만 알바니아는 긴축정책을 인민들에게 강요하였고, 1968년 바르샤바조약기구가 체코슬로바키아를 침공하자 이 조약에서도 탈퇴함으로써 소련과의 마지막 남은 연계선을 스스로 끊어 버렸다. 1966년 중국에서 모택동의 문화대혁명이 발생하자 이를 모방해 정치 · 경제 · 군사 · 문화적 개혁을 단행해 사회통제를 더욱 강화했다. 하지만 중국과의 긴밀한 관계도 1970년대 들어서면서 틀어지기 시작했다. 중국이 고립에서 벗어나 미국과 접촉을 늘려 나가면서 실용주의 노선으로 전환하자 알바니아는 등소평을 비판하고, 스탈린주의 국가 확립을 확고히 하고자 1976년 헌법을 수정했다. 새로운 헌법은 언론, 결사, 집회의 자유를 보장했지만, 이러한 권리들을 국가의 집단이익에 종속시킴으로써 무용지물로 만들었다. 한편, 자본주의 국가나 수정주의 공산주의 국가와의 합작법인 설립을 금지하고 종교적 자유까지 금지함으로써 독재체제를 더욱 확고히 했다. 중국은 1978년 정통 공산주의를 선택한 알바니아와의 관계를 청산하고 원조를 중단했다. 중국과의 관계 단절은 알바니아 경제에 치명적 영향을 주었다. 중국의 지원이 끊어지자 농업에서부터 산업까지 경제가 무너지기 시작했다. 알바니아는 서유럽 및 아프리카 국가들과 접근하면서 이를 타개하려 하였지만 역부족이었다. 이후부터 알바니아는 외부 세계로부터의 고립과 자립 경제체제를 선택하면서 스스로 붕괴되어 갔다.

알바니아의 공산체제는 동유럽에서도 독특한 것이었다. 반(反)수정주의 마르크스-레닌주의를 내세우는 호자주의(Hoxhaism)를 특징으로 하는 알바니아의 독특한 공산주의는 내적으로는 체제를 공고화하고 외적으로는 공산권 국가들과의 대립 속에서 탄생했다고 볼 수 있다. 공산권 국가들이 1956년 스탈린 격하운동에 동참하고 1970년대 말에서 1980년대에 자유화를 경험했다면, 알바니아는 교조주의적 마르크스-레닌주의에 충실하면서 정치·경제적으로 스탈린화되었다. 따라서 공산주의 국가 중에서도 가장 폐쇄적이고 독재적인 형태를 가지고 있었다. 반체제 인사들에 대한 투옥, 감금, 살해 등을 통해서 동유럽에서 가장 압제적이고 가혹한 공산주의 체제를 유지했던 알바니아는 국제무대에서 공산권 국가들과도 단절한 채 고립된 '섬'과도 같은 국가였다. 사유재산을 폐지하여 경제를 집단화하고 강요된 노동을 통해 국가의 지배는 개인의 영역까지 확대되었다. 종교활동을 금지하고 모든 개인과 단체에 전제적으로 개입함으로써 사회통제를 강화했다. 따라서 호자의 통치는 술탄체제와 같은 형태를 유지했다. 호자는 반대파 세력을 내부이민을 통해 산악지역이나 외곽으로 강제로 이주시켜 격리하였다. 국내에서도 이동의 자유는 철저히 제한되었다. 다른 지역으로 이동할 수 있는 유일한 경우는 결혼에 의한 여성의 이주뿐이었다. 한편, 알바니아의 전통적인 혈연문화와 카눈(Kanun)이라는 관습법은 사람들에게 두려움을 심어 주기 위한 장치로 이용되었다. 반사회주의적 범죄에 대해서 가족 공동체가 책임지도록 함으로써 가족이 서로를 감시하고 두려움이 사회 전반에 깔리도록 분위기를 조성함으로써 공포 분위기를 조성했다. 알바니아는 1956년 모든 민간 사회조직의 설립을 금지하고 국가가 설립한 노동조합, 청년조직, 여성조직, 각종 직능단체 협회 등을 통해 대중을 동원하고 사회를 통제했다. 체제 유지를 위해 공산주의 선전 활동을 통해 애국주의와 민족주의를 강조하고, 반대세력과 지식인들을 제거함으로써 단일정당 국가를 완성했다. 반대세력에 대해서는 감금과 추방이 주기적으로 동원되었다. 호자가 통치한 40여 년 동안 34,135명이 정치적인 이유로 투옥되었고, 59,000명 이상이 외곽 지역으로 추방되었으며, 5,487명이 사형되었다.

3 알바니아의 체제전환 과정

1985년 개혁과 개방을 기치로 소련에서 고르바초프(Mikhail Sergeyevich Gorbachev)가 등장한 지 정확히 한 달 후인 4월 11일, 알바니아에서도 철권통치를 유지해 왔던 호자가 사망하면서 변화의 가능성이 나타났다. 호자를 승계해 공산당 서기장과 국가수반에 오른 알리아(Ramiz Alia)는 전임자로부터 유럽에서 가장 고립적이고 가난한 국가라는 유산을 물려받았다. 식료품의 부족과 낮은 생산성은 경제발전의 전망을 어둡게 만들었다. 국가의 산업 기반은 1970년대 말 외국의 지원과 기술이 철수하면서 무너지기 시작해 1980년대에 이르러서는 돌이킬 수 없는 상황에 이르렀다. 이러한 상황에서 지식인들은 공공연하게 공산당의 통제를 비판하기 시작했고, 사람들 사이에서는 냉소주의가 만연했다. 고착상태를 마주한 알리아는 동유럽을 변화시킨 페레스트로이카(Perestroika)와 글라스노스트(Glasnost)를 외면할 수만은 없었다. 알리아 정권은 점진적인 개혁에 착수해 경제적 분권화와 가격 개혁을 통해서 경제적 효율성을 증진시키려 시도했다. 정치적으로 그는 사회문제를 공개적으로 토론할 수 있도록 허용하고 정치적 통제와 탄압을 완화했다. 1988년 2월 베오그라드에서 열린 발칸회의에 참석하면서 국제적 고립에서 탈피하려는 움직임도 보였다. 하지만 그의 개혁 조치는 극도로 제한적인 것으로 시민들을 만족시키기에는 부족했다.

1990년 1월 22~23일 열린 공산당 전당대회에서 악화된 경제상황을 고백하면서 자신들의 실패를 인정했지만, 집단적 경제체제와 일당독재 체제를 개혁할 의지를 보이지는 않았다. 정부는 철저한 정보의 통제를 통해서 1989년 벨벳혁명과 베를린 장벽의 붕괴 소식을 차단했지만, 시민들은 이탈리아나 그리스 방송 등을 통해 동유럽에서 일어난 혁명을 알고 있었다. 하지만 호자가 유산으로 남겨 놓은 무시무시한 전체주의의 기억 때문에 사람들은 다른 동유럽 국가들처럼 집단적으로 체제에 도전하지는 못했다. 지난 반세기 동안 철저히 억압된 체제 속에서 살아온 사람들을 지배한 것은 공산체제에 대한 두려움이었다.

체제 변화에 대한 요구는 전통적으로 반공산주의 전통을 가진 북서부의 슈코더르(Shkodër)에서부터 시작되었다. 1989년 12월 초 도시의 농업학교 학생들은 기숙사 생활수준의 향상을 요구하는 시위 후, 이듬해 1월 11일에는 거리로 나왔다. 시민들이 가세한 거리 시위에서 그들은 식량 부족에 대한 정부의 대책과 민주적 개혁을 요구했다. 슈코르더 학생 시위 진압 소식은 곧 다른 도시들에도 전해져 봄에는 중부도시 카바예(Kavaje)와 수도인 티라나(Tirana)에서도 학생들의 시위가 조직되었다. 1990년 초반의 시위들은 경찰의 통제와 국가권력에 대한 만연한 두려움 때문에 소극적으로 이루어졌고 전국적인 확산 또한 이루어지지 않았다. 정부는 간헐적으로 일어나는 시위에 즉시 군대를 파견해 수백 명을 체포하면서 강력한 통제를 유지했다. 하지만 정부는 시위에 강력히 대응하면서도 몇몇 개혁조치들을 도입했다. 1968년 폐지되었던 법무부(Ministry of Justice)를 다시 도입하여 시민들이 법에 따라 재판받을 수 있도록 했다. 서방국가들과 단절된 전화선을 연결하였고 여권을 발급하기 시작했으며, 제한적인 언론의 자유 도입 등 학생들과 시민들의 요구에 일정 정도 부응하기도 했다. 하지만 이러한 자유화 개혁 조치는 시민들의 입장에서는 너무나 제한적인 것이었고, 결과적으로 시민들의 잠재적인 반정부 감정을 더욱 부치기는 결과를 초래했다.

전환점은 1990년 6월 2일에 일어났다. 수도인 티라나에서 한 가족을 태운 트럭이 독일 대사관의 벽을 들이받아 부수고 대사관 안으로 진입했다. 이 사건은 알바니아 시민들의 국가권력에 대한 두려움을 깨뜨리고 반정부 감정을 표현하는 전환점이 되었다. 이후 수천 명의 알바니아인들은 경찰을 매수하거나 감시망을 피해 속속 서방국 대사관의 담을 넘었다. 6월 2일 이후 독일, 이탈리아, 프랑스 대사관에는 각각 3,172명, 809명, 547명의 알바니아인들이 몰려들어 망명을 요청했다. 국제사회의 중재를 통해 이들은 정치적 망명자 신분으로 서방국가들로 빠져나갔다. 대사관 난입은 그동안 억압적 통제와 처참한 경제적 상황에 대한 시민들의 불만의 표시였다. 경찰은 이들을 향해 발포하고 긴급상황을 선포했지만, 국가권력이 더 이상 무적이 아니라는 것을 보여 주었다.

여름이 지나면서 알바니아의 상황은 더욱 악화되었다. 식량과 전기 부족이 일상화되어 시민들의 불만이 커질수록 민주화에 대한 열망이 더욱 높아졌다. 크고 작은 시위들이 계속 발생했지만 정부는 강경파 몇 명을 사임시켜 여론을 무마시키는 동시에 시위자들을 반역자라고 비판하

독일 대사관에 난입한 알바니아인들

는 등 반대여론 형성에만 열을 올렸다. 공산주의 몰락의 분수령은 대학교 개강과 함께 시작되었다. 정부는 대학의 개강을 2주간 미루면서까지 분위기를 잠재우려 하였지만, 개강과 함께 학생들의 시위가 본격화되었다. 12월 6일 티라나에서 독재의 종식과 정치적 다원주의 및 경제체제의 자유화를 요구하는 대대적인 학생 시위가 시작되었다. 시위는 슈코더르, 카바예, 두러스(Durres), 엘바산(Elbasan) 등 주요 도시로 확산되었다. 시간이 갈수록 시위는 호자의 동상이나 초상화 등 알바니아 공산주의의 상징물들을 파괴하고 상점을 약탈하는 등 더욱 과격해졌다.

민주화 시위에 대한 알리아 정권의 대응은 양면적이었다. 알리아는 계속해서 학생들을 만나 설득하면서 그들의 요구를 일부 수용하기 시작했다. 그는 학생들에 대한 점진적인 양보를 통해서 계속해서 정치 과정을 통제하려 했다. 12월 10일 공산당 중앙위원회가 정치적 다원주의를 승인하자 다음 날 비공산계 정당인 민주당(PD: Partia Demokratike e Shqipërisë)이 설립되었다. 아이러니한 것은 민주당은 학생들의 대표뿐만 아니라 알리아가 대표로 파견한 사람들이 주도했다는 사실이다. 이들 중에는 공산당으로부터 신임을 받았던 베리샤(Sali Berisha)도 포함되어 있었다. 12월 19일 정부는 공식적으로 공산당 이외의 정치조직을 허용하고 1991년 2월 10일 민주적 다당제 선거가 치러질 것이라 발표했다. 같은 날 민주당은 각 도시의 반정부 시위에서 발생한 폭력을 비난하는 성명을 발표했다. 이와 동시에 알바니아 법원은 시위 참가로 체포된 사람들에 대해 20년 이상의 중형을 선고하면서 채찍과 당근이라는 전술을 동시에 사용했다.

정부의 다당제 허용이라는 양보에도 12월 약 5,000여 명의 알바니아인들이 국경을 넘어 그리스로 탈출하는 사태가 벌어졌고, 학생과 시민들의 반정부 시위는 전혀 수그러들지 않았다. 1991년에 들어서면서 시위는 다시 격화되었다. 1월 5일 정부는 시위 및 해외 탈주를 도운 혐의로 구속된 사람들을 방면하는 등 화해의 조치를 취했으나 시위는 수그러들지 않았다. 2월 5일 시위에 참가한 호자대학교 학생들은 공산당 역사 및 마르크스-레닌 이론 강의의 의무수강을 폐지할 것과 대학교의 명칭 변경을 요구했다. 대학 측은 학교 명칭 변경에는 동의했지만, 정부는 학생들의 요구를 거부했고 민주당 역시 학생들의 요구에 매우 신중했다. 정부의 비타협적 태도는 시위를 더욱 격화시켰다. 2월 20일 대학생들의 시위에 시민들이 가세했고 시위대는 학교를 떠나 시내 중심인 스칸데르베그(Skanderbeg) 광장으로 향했다. 경찰들이 시위대를 향해 위협 발포를 하자 시위는 더욱 격화되어 광장 중앙의 호자 동상을 끌어내려 파괴했다. 호자의 고향인 지로카스터(Girokaster)를 포함한 전국 곳곳에서 호자의 상징물들이 파괴되었다. 그날 밤 정부는 사퇴하고 8인으로 구성된 대통령위원회가 구성되어 정부를 대신해 내각을 이끌었다.

시위대 사이에서 군대와 강경 보수세력의 구테타 가능성이 있고, 그 배후에는 옛 독재자의 미망인인 네흐미예 호자(Nexhmije Hoxha)가 있다는 소문이 돌자 시위는 더욱 격화되어 경찰관 1명을 포함해 4명이 사망하였다. 경제적 위기가 심화되자 국가의 통제는 점차 약해졌고 3월 초에는 이탈리아로 탈출하기 위해 사람들이 해안도시 두레스(Durres)로 몰려들었다. 이곳에서 약 25,000명의 알바니아인들이 이탈리아로 탈출했다. 그리스와의 국경 산악지대에도 알바니아를 탈출하려는 사람들로 넘쳐났다.

2월 10일로 예정되었던 알바니아 역사상 첫 다당제 선거는 시위가 격화되면서 3월 31일로 연기되었다. 선거에는 노동당(PLA: Party of Labour of Albania)뿐만 아니라 몇 개월 전 창당된 민주당을 포함해 11개 정당이 참여했다. 선거 결과 집권당인 노동당이 56.17%를 득표해 재집권에 성공했다. 도시를 기반으로 한 민주당은 미국의 전폭적인 지원 약속에도 불구하고 38.7%를 획득하는 데 그쳐 집권에 실패했다. 사실 선거는 공포 분위기 속에서 부정선거로 치러졌다. 농촌 지역을 근거로 한 노동당은 국가기관을 통해서 공포 분위기를 조성했고, 농촌에서는 민주당이 집권할 경우 농민들에게 분배된 땅을 다시 옛 주인에게 돌려주어야 할 것이라고 선거전을 펼쳤다. 민주당의 베리샤는 훗날 "우리를 패배시킨 것은 마을의 트로이카였다. 시장, 조합장, 정당(노동당)은 두려움에 떠는 사람들을 통제하였다."라고 토로하였다.

선거 이후 알리아(Alia)를 대통령으로 하는 새로운 정부가 구성되었으나 정국은 더욱 혼란해졌다. 주요 도시에서 경제 개혁과 부정선거를 규탄하는 시위가 이어져 4월 2일에는 4명의 시위자가 사망하는 일이 발생했다. 시위는 노동당 당사를 습격하여 불을 지르는 등 걷잡을 수 없이 과격해졌다. 민주당은 부정선거와 시위자의 사망에 항의하기 위해 의회 등원을 거부하고 전국에서 시위를 주도했다. 5월에는 조합결성의 합법화로 새롭게 형성된 노동조합(BSPSH)이 파업에 참가함으로써 정국은 더욱 혼란스러워졌다. 정부는 반체제 운동 가담자에 대한 투옥과 사형 구형을 폐지하고 국경을 넘는 탈출 행위를 반혁명 행위로 간주하지 않는다고 선포함으로써 시위를 누그러뜨리려 했다. 하지만 5월 말 시위 참가자층이 더욱 확산되어 발리아스(Valias) 탄광에서 광부들이 갱도 안에서 단식투쟁을 전개했다. 노동조합과 광부들의 파업은 임금 인상, 근로 조건 개선, 4월 2일 사망 사건의 책임자 처벌 등을 요구했다. 노동자들의 파업과 단식투쟁은 주요 도시로 이어져 각 도시에서도 노동자들이 단식투쟁에 동참했다.

수 주 동안 시위가 지속되자 정부는 총 사퇴하고 6월 4일 정국 안정을 위해 노동당이 주도하고 민주당이 참여하는 국가 구원(national salvation) 위원회가 구성되었다. 노동당과 민주당은 1992년 3월 조기 총선거를 치르기로 합의했지만, 식량과 에너지 부족이 극에 달한 상태에서 시위와 해외로의 탈출은 멈추지 않았다. 8월에는 2만 명의 난민들이 낚싯배나 고무보트 등을 타고 이탈리아의 남부도시 바리(Bari)와 브린디시(Brindisi) 등으로 향했다. 경찰이 이들 불법 난민들을 막아서면서 폭동이 일어나기도 했지만, 몇몇 연구에 따르면 정부 및 노동당은 사실 사람들

알바니아 해안도시 블로러(Vlora)에서 이탈리아로 향하는 배를 기다리는 난민들

이 알바니아를 탈출하는 것을 묵인했다. 이는 이들의 탈출을 묵인함으로써 국내에서 잠재적 불만세력이 줄어드는 효과를 줄 수 있었고, 서방 국가들에게는 알바니아의 처참한 경제적 상태를 돋보이게 해 경제적 지원을 얻을 수 있을 것이라 희망했다. 하지만 이탈리아 정부는 알바니아에서 이미 민주적 선거가 치러졌기 때문에 이들을 정치적 망명자로 간주하지 않고 알바니아로 되돌려 보냈다.

11월 29일 노동당과의 갈등으로 민주당이 국가 구원 위원회를 떠나자 나라 전체는 무법천지가 되었다. 식량 부족으로 인해 상점의 약탈과 공공기관 파괴에 이어 개인적인 폭력이 난무했고 거리 시위 중 수십 명이 사망하기도 했다. 특히 식량과 연료의 부족은 시위를 부채질하는 요인이 되었다. 최근 몇 년 동안 비축물자 및 연료의 부족과 태업 등으로 생산량이 절반으로 줄었고, 공장과 광산이 버려지면서 경제는 거의 작동하지 않는 상태였다. 식량과 물자의 부족으로 인한 공공질서의 붕괴와 이탈리아로의 탈출을 막기 위해 이탈리아는 1991년 9월부터 1992년 3월까지 펠리칸작전(Operazione Pellicano)으로 불리는 비상구호 작전을 펼쳤다. 이탈리아의 비전투부대는 남부지역을 중심으로 약 9만 톤의 물자 및 의약품을 보냈다. 하지만 이러한 국제사회의 노력으로는 역부족이었다. 12월에는 전국에서 2만여 명이 수도로 집결해 식량과 연료 부족에 항의하였고 전국에서 사망자가 속출했다.

1992년 3월 22일 조기 총선거를 기점으로 알바니아 체제전환의 첫 단계는 마지막 과정으로 진입했다. 1991년 6월 사회당(Socialist Party of Albania)으로 당명을 개정한 옛 노동당은 25.7%의 득표로 전체 의석의 38석을 획득하는 데 그쳤다. 미국의 전폭적인 지지를 받고 92석을 획득한 민주당을 중심으로 공화당 및 사회민주당 등 반공산주의 정당이 100석을 차지하게 되었다. 민주당의 베리샤가 알리아를 승계해 대통령이 되면서 알바니아 역사에서 처음으로 비공산계 정당이 정권을 잡으면서 반세기 동안의 독재체제를 종식시켰다.

1992년 의회 선거 결과

정당	지도자	득표율	의석수
민주당(PD)	Sali Berisha	57.61%	92석
사회당(PS)	Fatos Nano	23.87%	38석
사민당(PSD)	Skënder Gjinushi	4.06%	7석
공화당(PR)	Sabri Godo	2.89%	1석
인권당(PBDNI)	Vangjel Dule	2.69%	2석

4 정치 · 경제 · 사회적 체제전환의 문제들

1992년 3월 선거를 통해서 알바니아는 적어도 형식적으로는 민주주의 체제를 수립했다. 정권을 잡은 민주당 정부에게 있어서 우선적 과제는 정치, 경제, 사회제도를 민주화시키는 일이었다. 민주당이 집권하는 동안 수십 개의 정당이 탄생해 정치적 다원주의는 이루어졌다. 하지만 92년 선거 이후의 체제전환 과정이 민주주의를 동반했는지에 대해서는 의문의 여지가 있다. 동유럽 대부분의 국가에서 공산주의가 무너진 이후 새로운 헌법을 통해 새로운 시대를 열었지만, 알바니아는 1998년 11월 28일 헌법 개정까지 1991년 4월 제정된 제4공화국 헌법을 그대로 유지했다. 헌법을 그대로 유지하면서 몇몇 정책에서의 변화만을 가져왔다. 그리고 이러한 변화는 너무 느리거나 점진적이어서 사람들을 실망시키기에 충분했다. 이는 1992년 3월 이후의 체제가 노동당이 지배했던 공산주의 체제와 크게 다르지 않았다는 것을 의미한다. 실제로 민주당 정부는 야당이나 언론 및 시민사회에 대한 억압을 통해 독재체제를 유지했다. 심지어는 1996년 총선 결과를 조작하는 일도 서슴지 않았다. 알바니아가 공산체제로부터 물려받은 특징 중 하나는 정당을 국가와 동질화한다는 사실이었다. 공산주의 시절 노동당은 곧 국가였고, 국가는 곧 노동당이었다. 이러한 인식은 공산주의 몰락 이후에도 변하지 않아 선거에서 이기는 정당은 곧 국가의 완전한 통치자로 인식하게 만들었다. 민주화 이후의 권위주의체제는 바로 이러한 인식으로부터 나왔다고 할 수 있다.

민주당의 이러한 독재정치의 연속성은 잔재청산에서도 그대로 나타났다. 민주당은 집권 이후 정치적으로 박해받거나 희생당한 사람들을 위해 보상금을 제정하고 이전 정권이 반인륜적 범죄를 저질렀다는 것 역시 인정하고 다양한 법안들을 통과시켰다. 하지만 범죄의 주모자들에 대한 처분에 대해서는 관대했다. 전 대통령 알리아는 국가 자산을 잘못 운용한 죄로 가택연금된 후 2년 6개월의 형을 선고받았다. 수년 동안 그가 수행한 수많은 인권 침해에 대해서는 기소조차 되지 않았다. 이전 정부 혹은 노동당의 고위 관료들은 기껏해야 기금 남용 혹은 사소한 경제사범으로 기소되었을 뿐이다. 반세기 동안 알바니아 시민들을 공포 속에 떨게했던 비밀경찰 조직인 시구리미(Sigurimi)에 대해서는 조사조차 이루어지지 않았다. 따라서 새로운 정부는 민주적 정통성을 획득하지 못하게 되었다.

이러한 문제는 3월 정권을 잡은 민주당 지도부의 속성으로부터도 기인한다. 민주당이 비록 공산주의로부터 탄압받은 사회계층으로부터 지지를 받고 있었지만, 이는 당 자체가 반공산주의 이데올로기를 가졌다는 것을 의미하는 것은 아니다. 민주당 지도부의 대부분은 수십년 동안 정권에 맞서 싸운 반체제 인사도, 체제전환 과정에서 주도적 역할을 한 학생운동의 지도자들도 아니었다. 3월 선거가 있기 몇 주 전 노동당 정부는 주요 정치범들을 석방했지만, 그들이 민주당에 안착하기에는 시간이 너무 없었다. 학생운동 주도자들 역시 대부분 민주당 내에서 곧 배제되었다. 1940년대 알바니아의 공산화 시기에 공산주의자들과 투쟁했던 자유주의 및 민족주의 전통을 가진 인사들 역시 철저하게 배제되었다. 대신 민주당 지도부는 1991년 창당 과정에서 알리아 전임 대통령이 파견한 사람들이 차지하고 있었다. 대표적으로 알리아는 호자대학교의 의학부 노동당 비서였다. 그들은 과거 공산주의 기관에서 성장하거나 노동당의 후원을 받는 사람들이었다. 즉, 민주당은 수십 년 동안 알바니아를 지배했던 노동당의 후원하에 탄생하였다고 할 수 있다.

민주당 지도부는 집권 이후 곧 권위주의적 경향을 나타냈다. 1992~1997년 기간의 알바니아는 과도기적 형태의 민주주의 혹은 경쟁적 권위주의 또는 반민주주의와 같은 체제였다. 레비츠키와 웨이(Levitsky & Way, 2002)는 알바니아의 체제를 "민주주의 제도가 정치적 권위를 획득하고 수행하는 수단으로 간주되며, 현직자가 그러한 규칙을 너무나도 자주 위반하여 체제가 민주주의를 위한 최소한의 기준을 충족시키는 데 실패하게 되는 경쟁적 권위주의"라고 묘사한다. 1992년 이후의 알바니아에서 민주주의 전통과 시민사회의 부재는 민주당 정부에게 독재의 기회를 제공했다. 그들은 시민들의 불만과 시위를 잠재우기 위해 이전 정권이 그랬던 것처럼 비밀경찰을 동원하였고 때때로 유사 군대조직을 동원했다. 예를 들어, 1992년 8월 26일 남부에 위치한 폴리칸(Polican)에서 군수품 생산 노동자들이 파업을 통해 공장을 점거하면서 6명이 부상당하는 사고가 발생했을 때, 정부는 처음에는 노동자들의 요구를 들어주면서 양보하려는 모습을 보여 주었다. 하지만 같은 해 12월 북동부의 불퀴즈(Bulquize) 크롬 광산에서 노동자들이 광산을 점거하고 단식농성을 벌였을 때, 정부는 유사 군사조직을 보내 광산의 꼭대기에 다이너마이트를 설치해 노동자들을 위협하였다. 몇 주 후 북동부의 쿠커스(Kukës)에서 토지보상을 요구하는 노동자들에게도 비슷한 방식으로 위협했다. 정권을 획득한 이후 민주당 지도부는 국가기관을 정치적 전유물로 활용했고 공산주의 시기의 관행을 계속했다. 이전 정권의 권위주의 유산이 제도화되어 민주당 정부에서도 되살아나곤 했다.

경제적 체제전환 역시 즉각적인 결과를 나타내지는 못했다. 민주당 정부는 시장경제 체제로의 전환을 위해 일련의 경제 개혁 계획을 시작했다. 1991년 알리아 정부는 헌법의 일부 개정을 통해서 자본주의 국가로의 이행을 확인했지만, 경제는 여전히 공산주의 시절의 체제를 유지하고 있는 상태였다. 1992년 4월에 취임한 베리샤 정부는 거시경제의 안정화와 가격 및 교환 시스템의 자유화를 시작으로 기업의 민영화와 금융 부분의 개혁을 통해서 시장경제 체제로 변화시켰다. 경제의 안정화와 자유화라는 목표를 위해 선택한 것은 민영화와 민간 부문의 경제발전이었다. 따라서 대부분의 농지, 주택, 운송, 서비스, 중소기업의 민영화가 계속되었고 1995년에는 대기업들 역시 민영화되기 시작했다. 다음 표에 나타난 바와 같이 시간이 지나면서 알바니아의 경제는 점차 안정적이 되었다. 하지만 이러한 자본주의로의 이행이 확실한 경제발전을 담보해 주지는 못한 것 또한 사실이다. 공산주의가 붕괴되었을 때 알바니아는 1인당 GDP가 약 700달러에 불과할 정도로 과거 공산권 국가 중에서도 가장 가난한 나라였다. GDP 성장률이 1990년 −10%로 떨어졌고 1991년에는 다시 −28%로 떨어졌다. 1993년 이후 급속한 성장을 기록하다가 1997년에는 다시 −7.0%로 떨어졌다. 인플레이션 역시 1991년 35%를 기록하다가 1992년에는 226%라는 하이퍼인플레이션을 기록했다. 이는 시민들이 평생 모은 예금 가치의 대폭락을 의미했다. 1990년 1달러당 8.9Lek이었던 환율은 1997년에는 149Lek으로 떨어졌다. 이러한 경제적 지표의 하락은 무역수지, 실업률, 재정적자 등 모든 부문에서 마찬가지였다.

1990~1997년 알바니아의 거시경제 지표

구분	1990	1991	1992	1993	1994	1995	1996	1997
GDP 성장률(%)	−10.0	−28.0	−7.2	11.0	8.3	13.3	8.9	−7.0
인플레이션(평균)	0	35.5	226	85	22.5	7.8	12.7	42.1
환율(Lek/USD)	8.9	24.2	75	102.1	94.7	92.8	104.5	149.1
무역수지(백만 달러)	−150	−308	−471	−490	−460	−475	−692	−490
실업률(GDP 대비 %)	−	30	−	22	19	13	12	17
재정적자(GDP 대비 %)	−15.4	−30.7	−21.5	−13.7	−9.0	−8.7	−11.3	−12.2

출처: Gërxhani, K., & Schram, A. (2000), p. 5.

5 피라미드 금융사기와 내전의 발생

1997년 전반기 동안 알바니아는 1990년대 초반 공산주의의 붕괴 과정에서 겪었던 혼란보다 더욱 극심한 혼란을 겪었다. 모든 것은 피라미드 금융에서 시작되었다. 당시 피라미드 금융이 경제에서 차지하는 규모나 그것의 정치적·사회적 결과 때문에 알바니아의 피라미드 금융사기 사건은 전대미문의 것이었다. 전 국민의 2/3가 피라미드 회사에 투자했고, 피라미드 기업에 투자된 기금의 가치는 GDP의 50%에 육박했다. 1997년 전반기에만 약 25개의 피라미드 금융기업이 약 12억 달러의 손해를 입히면서 파산했다. 폭동 기간 중 약 2,000명이 사망할 정도로 무장폭동을 넘어서 내전 상황으로 발전했다.

피라미드 금융사기와 폭동은 체제전환의 과도기적 상황에서 다양한 요인들이 동기를 제공했다. 첫째, 공산주의에서 자본주의로 급격하게 전환되면서 충분히 준비되지 않은 자본주의 시스템과 붕괴된 경제로 인한 시민들의 불안이 사람들을 피라미드 금융으로 몰려들게 하였다. 공산주의 시절 중앙집중 계획경제에서 시장경제로 이행했을 때 시민들은 시장

경제의 작동 원리에 익숙하지 않았다. 시장경제로의 이행이 빠르게 진행되었으나 금융 시스템은 여전히 초보적인 단계에 머물러 있었다. 시장경제로 이행한 상황에서 부실채권이 늘어나 국립은행들이 대출을 위한 신용도를 높이자 비공식적 대출 시장이 성장했다. 민주당 정부는 시장경제로의 이행을 위해 동원한 방법들이 한계에 이르자 피라미드 금융이나 국경간 마약거래 등 비공식적 경제구조를 용인하기 시작했다. 한편, 당시 알바니아인들은 정치적 불안과 자금출처에 대한 두려움 때문에 해외에 있는 가족들이 국내로 송금한 돈을 은행에 예금하지 않았다. 이렇게 조성된 잉여 현금은 피라미드 금융에 투자되었다. 사람들은 피라미드 금융을 공산주의 시절 시민들에게 무료로 제공되던 사회보험 시스템의 대안으로 생각했다. 비공식 대부업체의 증가로 경제가 활성화되는 것처럼 보였기 때문에 정부 역시 이들을 부정적으로 보지 않았다. 하지만 이들은 점차 대출보다는 불법적인 사업에 직접 투자하는 피라미드 기업으로 전환되었다. 이들 불법 기업들을 규제하기 위한 금융 거버넌스 역시 문제를 가지고 있었다. 1996년 2월 은행법에 따라 중앙은행이 이들을 규제할 권한을 가졌지만, 규제와 관련해 중앙은행은 정부로부터 어떠한 지원도 받지 못했다. 결국 피라미드 금융은 정부의 방관과 거버넌스의 한계로 인해 점점 확산되었다.

둘째, 정치인 및 관료들의 부정부패 역시 피라미드 금융을 돕는 역할을 하였다. 그들은 피라미드 금융업체와 서로의 이익을 주고받는 관계에 있었다. 피라미드 기업들이 무너지기 시작했을 때인 1996년 11월, 당시 총리와 국회의장은 피라미드 회사로부터 1주년 기념 감사패를 받을 정도로 양자 사이에는 결탁관계가 존재했다. 또한 포풀리(Populli) 기업의 회장인 드리자(Bashkim Driza)는 전직 국가안보요원으로 사회당을 지원하면서 긴밀히 협력관계를 유지하고 있었다. 반면, 나노(Fatos Nano) 전 총리의 경제 고문은 피라미드 금융 허용에 반대한 혐의로 체포되어 수감되기도 했다. 시민들은 피라미드 산업의 붕괴가 정치인들이 피라미드 금융을 묵인하거나 직접 관여했기 때문이라고 생각했기 때문에 반정부 폭동으로 이어졌다.

셋째, 체제의 혼란 속에서 싹튼 범죄와 무법질서 역시 구조적 요인으로 작용했다. 코소보나 몬테네그로 등 주변국들이 치르는 전쟁의 틈을 타서 정부의 묵인 속에서 성장한 무기와 연료의 불법 거래뿐만 아니라, 마약과 알바니아를 탈출하려는 사람들을 이용한 인신매매 등 1990년대의 알바니아는 온갖 불법의 온상이었다. 특히 특별한 산업이 없는 남부지역은 통제되지 못한 국경과 항구를 통해 서유럽으로 향하는 마약산업의 온상지였다. 자금 출처를 묻지 않는 피라미드 금융은 이렇게 불법으로 조성된 자본을 위한 좋은 피난처였다.

마지막으로 역사적으로 존재하는 알바니아 사회의 문화-언어적 양극화 역시 폭동을 부채질하고 키우는 역할을 했다. 북부지역을 기반으로 하는 게그(Ghegs)와 남부의 토스크(Tosks)는 역사적으로 각기 다른 삶을 살아왔기 때문에 언어와 문화를 달리하고 있다. 이러한 지리적·문화적 양극화는 알바니아의 정치·경제 시스템에도 적용되어 있었다. 공산주의 시절 호자는 남부를 지지기반으로 했고, 남부 출신들은 당과 정부에서 항상 다수를 차지했다. 이러한 정책은 알바니아 사회를 양극화하는 결과를 가져왔다. 노동당의 후신인 사회당 역시 남부지역, 즉 토스크 지역을 지지기반으로 하였다. 반면, 1992년에 이어 1996년 선거에서 정권을 잡은 민주당은 반공주의가 강한 북부지역을 지지기반으로 하였다. 민주당 지도부는 대부분 정치적 경험이 없거나 공산주의에서 개종한 사람들로 구성되어 있었다. 북부 출신인 베리샤에게 있어서 북부의 족벌과 씨족은 정권 획득과 유지를 위해 신뢰할 만한 동맹자였다. 따라서 정권을 잡은 민주당 정부의 관료들은 주로 북부인들로 채워졌고, 국가 재건 과정에서 자금의 분배 역시 북부에 집중되어 북부는 남부에 비해 경제적으로 우월한 위치에 서게 되었다. 이러한 후견적 관계의 연속성은 정당은 곧 국가라는 인식으로부터 기인한다. 알바니아에서 선거에서의 승리는 행정기관의 전면적 교체를 의미했다. 선거 이후 공무원들은 대부분 승리한 정당을 지지한 세력으로 교체되었다. 1992년과 1996년에 승리한 민주당을 지원한 북부인들이 정부의 주요 요직의 대부분을 차지한 것은 바로 이러한 교환논리와 정당은 곧 정부라는 논리 때문이었다.

이러한 상황에서 남부인들은 주로 북부인들로 구성된 민주당 정부의 권위주의 체제를 억압으로 받아들였다. 민주당 정부는 법과 경찰력을 동원해 정치적 반대자들을 위협하고 투옥했는데, 투옥된 사람들은 사회당을 지지하는 남부에서 더 많았다. 또한 1995년 제정된 일명 '대량학살법'은 공산주의 시절 부역자들을 공직에서 추방하는 법이었는데, 이들 역시 주로 남부인들로 구성되었다. 공산주의 시절의 남부 사회주의자들은 공산주의 몰락 이후 정치적 경력뿐만 아니라 경제적으로도 어려움을 겪는 경우가 많았다. 1996년 선거에서 패배한 사회당이 선거 결과에 이의를 제기하면서 불복하자 전국에서 시위가 잇따랐고 정부는 이를 과격하게 진압했다. 시위는 남부에서 더 과격했고, 정부는 이를 사회당에 대한 탄압의 도구로 이용하곤 했다. 피라미드 금융이 붕괴되었을 때 남부에 더 많은 피해자들이 있었고, 북부인들이 지배한 정부에 대한 불만은 북부보다는 남부에서 더욱 컸다.

알바니아의 피라미드 금융기업들은 체제전환 이후에 등장하기 시작해 밀수, 인신매매, 무기거래, 코소보와 몬테네그로 등 주변국으로의 석유 판매 등 불법 사업에 투자하면서 성장했지만, 1996년 열풍을 불러일으키며 폭발적으로 가입자를 늘려 나갔다. 이러한 열풍에는 두 가지 요인이 작용했다. 우선 1995년 말 UN이 유고슬라비아에 대한 제재를 풀면서 피라미드 기업들의 주요 수입원인 무기 밀매가 불가능해지게 되었다. 수입원이 없어진 기업들은 투자수익률을 높여 투자자들을 유치하려 했다. 1996년 1월 주요 기업들은 앞다투어 월 4~5%였던 투자 수익률을 월 6%로 높였다. 1996년 5월로 예정된 의회 선거의 불확실성 앞에서 기업들은 다시 수익률을 높였다. 그들은 월 8%라는 수익률을 선전하면서 투자자들을 모집했다. 피라미드 금융이 활발해져 샤페리(Xhafferi)와 포풀리 같은 새로운 업체들이 시장에 진입하자 수데(Sude)라는 기업은 수익률을 월 12~19%로 올려 투자자를 모집했다. 피라미드 금융의 확산으로 가입자는 기하급수적으로 늘어났다. 샤페리와 포풀리는 몇 개월 안에 거의 200만 명 이상의 투자자를 모집했다. 게다가 피라미드 금융시장이 서로 경쟁하면서 서로 더 높은 수익률을 보장하면서 투자자를 경쟁적으로 끌어들였다. 1996년 7월 캄베리(Kamberi)가 월 10%까지 이자율을 높이자 포풀리는 월 30%까지 높였고, 샤페리는 3개월에 3배의 이자를 보장했고 수데는 2개월에 2배의 이자를 약속했다. 자본주의에 현혹된 거의 모든 알바니아인들은 이러한 높은 수익률 앞에서 집과 땅을 팔아 투자에 몰두했다.

IMF와 세계은행(World Bank)은 지속적으로 알바니아의 금융 상황에 대해서 경고했다. 하지만 알바니아 재무부는 1996년 10월까지 이러한 불법 금융의 위험성에 대해서 시민들에게 알리지 않는 등 소극적으로 대응했다. 오히려 베리샤 대통령은 그들을 변호하기도 했다. 언론은 IMF가 성공적인 알바니아의 기업들을 파산시키려 한다고 비난했다. 11월에 이르러 정부는 이들 업체들을 조사하기 위한 특별위위원회를 구성하기로 하였지만, 위원회는 실제로 운영되지 않았다.

1996년 11월 19일, 수데가 채무 불이행을 선언하고 베파(VEFA), 실바(Silva) 등이 금리를 5%로 낮추자 피라미드 기업에 대한 국민들의 신뢰가 흔들리고 신규 투자가 줄어들기 시작했다. 급기야 1997년 1월 수데와 잘리카(Gjallica)가 파산을 선언하고 다른 피라미드 금융기업들도 이자 지급 중단을 선언하자 투자자들은 은행으로 몰려갔고 도시 곳곳에서 폭동이 시작됐다. 투자자들은 정부가 투자자들의 손실을 보상할 것을 요구했다. 정부가 이를 거부하고 알바니아 중앙은행이 몇몇 금융기업의 계좌를 동결하고 매일 인출할 수 있는 금액에 제한을 두자 투자자들의 시위는 반정부 시위로 이어졌다. 정부는 급기야 피라미드 사업을 금지하는 법안을 통과시켰다. 시위대는 시청, 법원, 경찰서, 국립은행 등 공공기관을 약탈해 서류들을 불태웠다. 시위대와 경찰 사이에 무력충돌이 발생하고 1월 말에는 이미 시위와 폭동이 전국으로 확대되었다. 정부가 동결한 계좌에서 돈을 인출할 수 있도록 해 달라는 단순한 시위는 이제 정치적 반정부 무장폭동으로 변했다.

1997년 3월 알바니아 전국은 대대적 혼란에 빠졌다. 피라미드 금융에 가입한 사람들이 많았던 남부지역에서 정부는 통제권을 완전히 상실했다. 군대와 경찰서의 무기고가 시위대에게 약탈당해 시민들이 무기를 손에 넣을 수 있게 되면서 시민들의 시위는 유혈폭동으로 변해 갔다. 베리샤 대통령은 시민들이 스스로를 보호할 수 있도록 북부지역의 무기고를 개방하여 시민들이 무기를 쉽게 구할 수 있게 하면서 북과 남의 분열에 기름을 부었다. 경찰과 군대에서 탈영이 속출해 무방비 상태로 남겨진 남부의 무기고들이 약탈당해 약 15억 발의 탄약과 655,000정의 총포, 350만 개의 수류탄 및 100만 개의 지뢰가 시민들의 손에 들어갔다. 스스로를 보호하기 위해 혹은 약탈을 통해 식량을 얻기 위해 무기거래는 일상이 되어 10세 이상의 남자들의 대부분이 총과 충분한 실탄을 가지고 있었다. 무기가 시민들의 손에 들어가자 상점, 학교, 기업체, 공공기관 등이 닥치는 대로 약탈당했고, 사적 복수나 원한관계에 얽힌 폭력과 살인이 수시로 일어났다. 시위대와 야당인 사회당은 총리와 대통령의 사임을 요구했다. 공산주의 시절 시민들은 정부를 두려워했지만 이제 정부를 덜 두려워하고 덜 존경하게 되었다. 오히려 부패한 정부를 통치하는 정치인들을 극도로 증오하게 되었다. 시위대의 요구로 멕시(Aleksandër Meksi) 총리는 즉각 사임하고 사회당의 피노(Bashkim Fino)가 총리로 취임했지만, 3월 3일 재선에 성공한 베리샤 대통령은 임기를 채워야 한다고 주장하며 사임을 거부했다.

폭동으로 인해 사회의 무질서가 횡횡하자 남부의 여러 도시들에서는 각각 구국위원회(National salvation committee)라는 반군 무장단체가 구성되어 정부의 역할을 대신했다. 그들은 스스로를 권위주의 체제에 대항한 민주주의의 수호자로 생각하고 베리샤 대통령의 사임을 요구하였다. 정부는 이들을 공산주의 시절의 정당 조직과 유사한 조직으로 간주하고,

그들의 활동이 공산주의로 회귀하려는 시도라고 생각했다. 따라서 3월 말경의 알바니아 영토 내에는 수많은 비공식적 정부와 군대가 존재하는 상황이 되었다. 남부 여러 도시에 구국위원회라는 임시정부가 존재했지만, 남부의 도시들을 실제로 장악한 것은 3월 혼란을 틈타 교도소를 탈출한 갱단이었다. 그들은 구국위원회가 낮 1시경에 활동을 마치고 나면 도시를 장악하고 서로 총격전을 벌이곤 했다. 따라서 사람들은 낮에는 구국위원회의 통제를 받고, 오후부터 다음 날 아침까지는 갱단의 통제를 받는 상황이 계속되었다. 특히 블로라(Vlora)라는 남부도시에는 5개의 갱단이 서로 이권다툼을 벌였다. 갱단들이 남부도시 대부분을 장악하면서 남부지역은 완전한 무정부 상태가 되었다. 북부지역 역시 갱단들의 약탈의 대상이 되었다. 3월 슈코더(Shkoder)에 있는 국고에서 600만 달러가 도난당했고, 4월 24일에는 티라나 외곽 크라베(Krrabe) 근처 터널에 숨겨진 국가 소유의 금괴 340kg이 도난당하기도 했다. 이러한 폭력과 약탈 행위는 공산주의 붕괴로부터 갑자기 얻은 자유에 대한 알바니아인들의 그릇된 이해로부터도 기인했다. 그들은 자유가 주어지기 시작했을 때, 그것을 공공선을 희생시켜 개인의 이득을 취하는 데 있어서 방해받지 않는 상태로 이해하곤 했다.

불과 몇 주 만에 무정부 상태가 되어 사람들은 무작위 폭력과 배고픔을 피해 마피아들이 통제하는 두러스(Durrës) 등 해안가 도시로 몰려들어 이탈리아로 향하는 난민선에 몸을 실었다. 하지만 살아남기 위한 그들의 여정은 때때로 불행으로 끝났다. 3월 28일 난민들을 가득 실은 고무보트가 아드리아해에서 이탈리아 선박과 충돌해 80여 명이 사망하는 일이 발생했다. 같은 날 UN 안전보장이사회는 법과 질서를 회복하고 평화유지를 위해 알바니아에 이탈리아군이 주도하는 다국적군을 파병할 것을 결의했다. 이탈리아, 오스트리아, 벨기에, 덴마크, 터키, 루마니아, 슬로베니아 등 11개 국가의 군대가 참여한 여명작전(Missione alba)이라 명명된 다국적군은 4월 15일 두러스에 도착해 치안 유지와 약탈된 무기 회수 작전에 돌입했다. 7,000여 명의 병력으로 구성된 이탈리아군은 질서 유지 이후에도 그대로 남아 알바니아군의 현대화 작업에 참여한 후 8월 11일 작전을 종료했다.

시위대들이 요구한 것은 책임자 처벌과 대통령의 사임이었다. 그들은 정부가 피라미드 금융을 허락해 주었고 높은 이자를 받을 수 있게 되자 피라미드 금융을 불법으로 지정해 자신들이 손해를 보았다고 생각해 정부를 공범자로 지목했다. 혹은 관료 및 정치인들이 피라미드 금융을 만들었다고 믿었는데, 이것은 근거 없는 소문은 아니었다. 실제로 정부는 1996년 3월 은행법에서 피라미드 금융을 규제 대상에서 제외시켰다. 10월에 IMF와 세계은행이 우려를 표명했을 때도 정부는 어떤 행동도 취하지 않았다. 베리샤 대통령은 오히려 알바니아인들의 돈은 세계에서 가장 깨끗하다고 선언함으로써 피라미드 기업들을 정당화해 주었다. 야당인 사회당 역시 피해자들이 많은 남부에서 지지를 잃을 것을 두려워해 문제를 제기하지 않았다.

하지만 알바니아의 상황은 이미 절체절명의 상황에 들어서 있었다. 폭동으로 약 2,000여 명이 사망했고 기업과 세무서 등이 약탈당하면서 정부의 세입 구조가 무너진 상태였다. 기업이 생산을 중단하고 무역이 중단되어 실업이 만연했을 뿐만 아니라 알바니아 통화인 렉(Lek)은 40% 가까이 평가절하되면서 경제는 붕괴 직전이었다. 알바니아 정부가 사태를 수습할 수 없는 지경에 이르자 국제사회가 개입하기 시작했다. 유럽안보협력기구(OSCE)는 브라니츠키(Franz Vranitzky)를 특사로 파견하여 사회당이 포함된 임시 연립정부를 구성하고 조기총선을 실시하기로 합의했다. 6월 29일 열린 조기총선에서 나노(Fatos Nano)가 이끄는 사회당이 31.60%을 얻어 총 101석을 획득하면서 승리했다. 민주당은 24.13%을 얻어 24석을 획득하는 데 그쳤다. 6월 총선에서는 군주제 복원에 관련된 국민투표도 실시되었다. 1939년 망명한 조구 왕가(House of Zogu)의 후손인 레카(Leka)는 1997년 내전을 틈타 국내로 들어와 수천 명의 지지자들로부터 환호받으면서 군주제 복원에 관한 국민투표를 요구했다. 선거에서는 66.7%의 시민들이 군주제 복원에 반대함으로써 레카의 희망은 무산되었다. 하지만 레카는 2011년 사망할 때까지 부정선거를 제기하며 선거의 무효를 주장하였다. 당시 대통령인 베리샤도 2011년 공산주의자들의 부정선거가 있었기 때문에 알바니아가 왕정으로 복원되어야 한다고 주장하면서 선거 불복의 모습을 보였다.

선거에서 승리한 사회당은 중도좌파 정부를 형성하고 나노를 총리로 선출하고, 7월에 사임한 베리샤 대통령 대신에 메이다니(Rexhep Meidani)를 대통령으로 선출했다. 선거 이후 부패하거나 권력을 남용한 민주당의 지도자들, 집회에 폭력을 행사한 내무부장관, 경찰청장 등 주요 관리들은 국외로 도피했다. 새 정부는 국제사회의 지원을 받아 질서를 회복하고 경제를 안정시키는 데 진전을 이루어 냈다. 정부는 IMF와 세계은행의 도움을 받아 피라미드 기업 청산법을 통과시켰다. 새로운 법에 따라 기업 청산을 담당할 책임자로 국제 회계법인의 전문가 경영자를 임명했다. 전문 경영인은 피라미드 기업과 그들의 후견인인 정치인들의 저항을 받았으나 정부로부터 독립성을 가지고 청산 작업에 임했다. 그들은 해외로 도피한 자산을 추적하고 피라미드 기업 소유주의 재산을 압류하여 매각하면서 청산에 성공했다. 이에 따라 많은 기업 소유주들은 외국으로 도망가거나 투옥되었다.

6 내전 이후의 민주화와 민주주의의 한계

1997년의 위기는 역설적으로 알바니아의 정치, 사회, 경제에 깊은 영향을 미쳐 민주화와 자유화 과정에 영향을 미쳤다. 사회당이 주도하는 중도좌파 정부의 형성 이후 정국은 빠르게 안정을 되찾아 다국적군이 참가한 여명작전은 8월에 종결되었다.

1997년의 위기가 알바니아에 준 선물은 남부와 북부 사이에 존재하는 정치적 극단화와 이를 이용한 후견주의(clientelism)가 사라지게 해 주었다는 것이다. 게그와 토스크라는 북부와 남부 씨족공동체의 분열이 위기를 거치면서 위기를 함께한 알바니아 민족이라는 의식을 일깨워 주었다. 위기와 폭동은 처음에 남부에서 시작되었지만, 나중에는 알바니아 전체가 함께 고통받은 위기였음을 깨달으면서 단일민족이라는 감정을 가지게 되었다고 할 수 있다. 이러한 시민의식의 성장은 1997년의 선거를 통해서 공산주의 붕괴 이후 최초로 시민들 스스로 부패한 정부를 교체했다는 자부심을 통해서 더욱 강화되었다. 시민들은 자신들이 겪은 끔찍한 폭력이 반복되는 것을 용납하지 않았다. 1998년 9월 12일 공산주의 붕괴 당시 학생운동을 이끈 지도자 중 한 사람이었단 민주당의 하이다리(Azem Hajdari)가 암살되었을 때 민주당 지지자들의 무장폭동이 발생해 많은 사람들이 죽거나 다쳤다. 하지만 폭동은 전국적으로 확산되지 않았고 며칠 만에 진정되었다. 시민들의 최우선적 관심은 몰락한 경제상황 속에서 생존을 위한 수단을 찾는 데 쏠렸다. 민주당의 도발에 더 이상 대중이 동의하지 않는다는 점은 1998년 공포된 새로운 헌법 제정 과정에서도 나타났다. 시민사회와 국제사회 등 광범위한 분야의 자문을 받은 새로운 헌법 제정에 대해 베리샤 등 민주당 지도부와 지지자들은 공개적으로 반대하고 나섰고 탱크 등을 동원해 쿠데타를 시도했다. 하지만 국제사회의 외교적 압력과 OSCE의 중재로 나노 총리가 사임하면서 더 이상 전국적 폭동으로 확산되지 않았다. 11월 28일 공포된 새로운 헌법은 권력분립과 기본 인권의 보호 등 민주적 제도를 포함하였다. 개방적이고 투명한 헌법의 공포는 알바니아의 정치와 시민사회에 어느 정도 안정을 가져다주었다고 할 수 있다.

이러한 성과에도 불구하고 알바니아의 민주주의는 여전히 한계를 가지고 있다. 2006년 프리덤하우스(Freedom House)는 "알바니아의 민주화는 시지프스의 신화를 떠올리게 한다. 진보의 기간이 있으면 그 뒤에는 심각한 후퇴가 뒤따라 계속해서 출발점으로 가게 만든다."라고 진단하였다. 이는 1991~1992년 혁명을 통해서 민주주의의 진보를 이루어 냈지만, 이후 민주당 정권의 독재와 1997년 내전으로 후퇴했다. 1998년 이후 시민들의 각성에 따라 민주성을 회복하는 듯했지만, 이후의 선거와 법치 및 시민사회에서 나타나는 모습들을 민주주의의 한계를 의미한다는 것을 주장하는 것이다. 실제로 체제전환 이후의 의회 선거나 지방

선거는 대부분 부정선거로 치러졌고, 1992년 선거를 제외하고는 패배한 정당은 항상 선거에 불복하면서 의회 등원을 거부해 왔다. 정당-국가라는 일체화하는 정치엘리트들에게 있어서 선거에서의 승리는 곧 국가 전체를 지배하는 것을 의미했다. 즉, 국가는 집권 정당의 재산으로 간주되는 것이다. 따라서 승리한 정당은 법을 개정하고 제도를 이용해 정당의 이익을 담보해 내고, 패배한 정당은 패배를 인정하지 않으며 의회를 보이콧하는 행태를 반복하게 된다. 따라서 체제전환 이후에도 자유롭고 공정한 선거는 성취하기 힘든 목표가 되었다.

알바니아에서 민주적 거버넌스가 뿌리내리지 못하는 또 다른 이유 중 하나는 법치의 부재이다. 1968년 폐지되었던 법무부가 1990년 부활되었지만 사법부는 비효율적이고 행정부, 즉 지배정당에 의존적인 기관으로 변질되었다. 행정부는 사법부를 정치적 목적으로 이용하기 위해 사법부의 독립성을 방해했다. 이에 따라 부정부패나 권력 남용과 같은 정치적 범죄뿐만 아니라 인신매매, 조직범죄와 같은 범죄는 검찰의 수사와 기소에도 불구하고 법원에서 형이 선고되지 않는 일이 비일비재했다. 이에 따라 과거 공산주의 시절의 인권유린이나 이후의 국가폭력 사주 혹은 피라미드 금융사기와 같은 문제를 야기한 사람들이 처벌받지 않고 국외로 도피하거나 가벼운 처벌에 그치면서 법치의 심각한 문제를 야기했다. 이러한 법치의 부재와 함께 여전히 연약하고 조직적이지 못한 시민사회의 부재 역시 알바니아 민주주의의 한계이다. 즉, 거버넌스 과정에 시민사회의 참여가 부족해 정책을 감시하고 통제하는 기능을 수행하지 못하고 있다. 이는 공산주의 시대에 국가가 시민들의 삶의 모든 측면을 통제했기 때문에 비정치적 행위자나 이익집단이 성장하지 못했기 때문이기도 하다.

1997년 이후 북과 남의 극단적 분열과 후견주의는 약화되었지만 족벌정치는 여전히 남아있는 부정적 요소였다. 알바니아의 정치체제는 경제와 밀접하게 연관되어 있는데, 벌족들은 연료, 무기, 마약, 인신매매 등을 독점하면서 자본을 축적했다. 주요 정치인들은 대부분 특정 가문과 연계되어 있다. 알바니아에서 가장 강력한 족벌은 이동전화 사업을 관리하는 나노(Nano) 족벌인데, 이 족벌 아래로 경제의 각 부문을 장악한 가문들이 존재한다. 루치(Luchi) 가문은 건축자재와 무역에 대한 독점권을 가지고 사회당을 후원하고 있다. 두레스의 시장 가문인 두카(Duka) 가문은 식료품 사업을 운영하고 있다. 안델리(Andjeli) 가문은 가스 및 연료 공급에 대한 독점권을 가지고 있다. 알바니아에서 경제적으로 강력한 씨족은 대부분 남부 출신이고 대부분 사회당을 후원하고 있다. 나노족벌과 쌍벽을 이루는 또 다른 족벌은 메타(Meta) 족벌이다. 전 대통령인 메이다니(Rexhep Meidani), 사회당 부대표를 역임한 제누시(Skender Jenushi), 전 비밀기관 국장인 클로시(Fatos Klosi) 등이 메타족벌 출신이다. 최근 북부에서도 민주당과 긴밀히 연계된 족벌들이 등장하고 있어 북과 남의 정치적·사회적 분열이 경제적 분열과 또 다른 후견주의로 재생산되고 있다.

제 7 장

발틱 3국의 체제전환 이행과 과거청산

송병준

1990년대 초중반 서유럽에서는 발틱 3국이 정치적으로는 공산주의 이전 독립국가 경험이 일천하고, 러시아에 대한 경제적 의존으로 체제전환 이행이 용이치 않을 것으로 전망하였다. 그러나 예상과 달리 발틱 3국은 독립 후 '유럽으로의 복귀(Back to Europe)'와 양차 대전 사이에 독립국가를 이루었던 기억을 되살려 '국가성의 회복(retored statehood)'을 내세워 신속하고 과감한 정치 · 경제개혁을 단행하였다. 이 결과 발틱 3국은 여타 중동유럽 국가보다 빠른 속도로 체제전환과 과거청산을 진행하고 정치 · 경제적으로 안정화되었다. 이러한 효과적인 체제전환은 스칸디나비아 국가의 전폭적 지원과 안보, 시장경제 및 민주주의 시스템 구축 등 다방면에 걸친 유럽연합과 미국의 지원에도 기인한다.

물론 발틱 3국은 각국의 러시아계 인구 비중과 이들의 대응에 따라 체제전환 및 과거청산 방식과 결과에서 차이를 갖는다. 가장 효과적인 체제전환과 과거청산을 기하고 단시간 내 정치적으로 안정되고 경제성장을 기한 선두국가는 에스토니아이다. 에스토니아는 공산당과 산업계에 중추적 역할을 담당하였던 러시아계 주민이 독립에 적극적으로 참여해 체제전환 과정에서 민족간 갈등 없이 신속하게 정치적 안정을 기하였다. 에스토니아는 이러한 정치적 안정을 배경으로 IT와 정보화에 집중한 경제정책으로 단시간 내에 북유럽의 첨단산업국가로 발전할 기반을 다졌다.

반면, 러시아계 인구비중이 높은 라트비아는 러시아계 시민에 대한 시민권 부여 제한 등 강경한 조치로 민족간 대립을 유발하여 정치적으로 혼란을 겪었다. 또한 경제개혁 과정에서 산업계에 다수를 점하는 러시아계 주민의 대량실직에 따른 사회적 갈등도 야기되었다. 반면, 리투아니아는 러시아계 인구 비중이 가장 낮고, 공산주의 시절 리투아니아인들이 공산당 내 다수를 점해 체제전환과 과거청산은 순조롭게 진행되었다. 그러나 체제전환 이후 정부를 구성한 공산당의 후신인 민주노동당의 전문성 결여로 시장경제 이행과정에서 적지 않은 혼란을 겪었다.

이와 같이 발틱 3국의 체제전환과 과거청산은 각국에서 러시아계 인구비중과 공산당 세력의 대응에 따라 정치적 안정과 시장경제 이행에 차이점을 야기하였다.

1 들어가는 말

발틱 3국 간 속도와 이행과정의 차이는 있지만 전반적으로 성공적인 체제전환은 예기치 못했던 일이다. 발틱 3국은 1990년대 초 각각 200~300백만 명에 불과한 적은 인구와 러시아와 국경을 접하여 사실상 러시아 경제권에 포함된 국가로 에너지, 무역, 인적자원과 기술을 러시아에 전적으로 의존하였다. 이들 3국은 또한 양차 대전 기간 약 20여 년간 독립국가를 이룬 경험을 제외하면 오랜 기간 러시아 제국, 독일과 폴란드의 지배를 받거나 영향권에 있었던 국가로 정상국가로 복귀에도 의문을 가졌다.[1] 그러나 발틱 3국은 1990년대 초 독립 이후 여타 중동유럽 국가보다 빠른 속도로 체제전환과 과거청산을 진행하고 경제적으로 안정화되었다.

물론 발틱 3국은 체제전환 이전 각각 자국 내 공산당과 산업계에서 중추적 역할을 담당한 러시아계의 대응에 따라 과거청산 내용과 방식이 차이를 갖는다. 단적으로 에스토니아는 러시아계 주민까지 독립 지지로 돌아서면서 이후 체제전환 과정에서 민족간 갈등이 표면화되지 않고 순조로운 정치·경제발전을 이루었다. 러시아계 인구비중이 가장 적은 리투아니아도 에스토니아와 상황이 유사하다. 반면, 라트비아는 공산당과 국영기업에 다수를 점하는 러시아계의 반발로 독립과 이후 체제전환 과정에서 정치적 혼란을 겪었다. 라트비아는 러시아계에 대한 시민권 미부여 및 각급학교에서 라트비아어 교육 실행 등 현재도 민족 간 갈등이 지속되고 있다. 이와 같이 발틱 3국 간 과거청산의 목적과 내용이 상이하며 그 영향 역시 차별적이다.

체제전환은 제도적 시스템(institutional system), 생산 시스템(production system), 사회 시스템(social system) 및 가치 시스템(value system)의 근본적 변화이다. 발틱 3국 체제전환 과정은 역시 이러한 네 가지 요소의 변화로 3국 간 유사성과 함께 차별적 형태와 내용으로 진행되었다.[2]

제도적 시스템은 헌정질서와 정치과정의 공식적 변화이며 자유화와 사유화를 통한 시장경제 이행을 포함한다. 생산시스템은 사회의 물리적 자원과 지식의 변화를 통한 생산구조와 물리적 생산물의 변화로 군수산업 위주의 중공업에서 경공업, 무역을 위시한 서비스 산업으로의 경제구조 변화를 의미한다. 사회 시스템은 여러 사회적 그룹 간 상호작용을 통한 정치·사회적 행위자의 권력과 부의 재분배를 말한다.[3] 발틱 3국의 체제전환 과정에서 사회적 상호작용은 구공산당과 독립주체 그리고 현지인과 러시아계 인구로 양분된 민족분포와 이에 따른 대립이 큰 축을 형성하였다.[4]

이 외에 가치 시스템은 사회의 문화, 규범, 선호 및 비공식적 조정을 의미하는데, 역시 발틱 3국에서는 민족 간 상이한 문화와 정체성이 가치 시스템을 결정하는 결정적 요인이 되었다. 이러한 사회 시스템과 가치

시스템은 발틱 3국에서 체제전환 시 긍정적 요인과 함께 장애요인으로도 작용하였다.[5] 특별히 사회적 상호작용과 가치 시스템은 체제전환 과정에서 러시아계 인구비중과 공산당 세력의 대응에 따라 발틱 3국 간 극명하게 대비되어 정치적 안정과 시장경제 이행에 깊은 영향을 미쳤다.

2 발틱 3국의 체제전환과 시장경제 이행

1) 체제전환과 시장경제 이행 동인

발틱국가는 역사적으로 독일과 폴란드의 영향을 받았고, 공산주의 시절 소련 내에서도 가장 현대화되고 경제적으로 앞선 국가였다. 또한 발틱 3국은 여타 중동유럽 국가와 달리 1920~1930년대에 독립국가를 이루며 당시 서유럽 수준의 민주주의 체제와 경제발전을 기한 국가이다. 이러한 역사적 경험으로 발틱 3국은 독립 이후 1920년대 초의 헌정질서를 복원하여 신속하게 서유럽식의 민주주의로 이행하였다.[6]

발틱 3국은 독립후 '유럽으로의 복귀(Back to Europe)'를 슬로건으로 내걸고 소련시절의 제도를 폐기하고 새로운 정치시스템을 도입하였고, 대외적으로는 친유럽정책을 통해 러시아와의 관계를 축소하였다.[7] 발틱 3국 지도자들이 제기한 유럽으로의 복귀는 양차 대전 사이에 독립국가를 이루었던 기억을 되살려 '국가성의 회복(retored statehood)'과 동일시되었다. 한편으로 유럽으로의 복귀라는 슬로건은 정치지도자들과 국민들에게 독립 직후에도 러시아에 경제적으로 의존하고 있는 현실을 조속히 탈피해 서유럽 경제권으로의 귀속이라는 염원을 담은 것으로 이해할 수 있다.[8]

1990년대 발틱국가의 체제전환은 루마니아와 불가리아 등 소련에서 독립한 여타 중동유럽국가와 차별화되며, 지리적으로 인접한 비세그라드 국가와 유사한 경로로 진행되었다. 발틱 3국은 폴란드의 자유노조(Solidarity)에 영향을 받아 에스토니아와 라트비아의 국민전선(Popular Fronts) 그리고 리투아니아 개혁운동(Sajudis) 등 독립운동 세력들이 등장하여 전략적이며 평화적인 방법으로 독립을 이끌고, 이후 체제전환기에도 제도권 정치에서 핵심적 역할을 하였다.[9]

발틱 3국의 체제전환 과정에서 주목할 점은 물리적 폭력이 전혀 없이 평화적으로 진행되었다는 점이다. 이점은 공산주의 붕괴이후 극심한 혼란과 군사적 충돌이 야기된 발칸국가, 코카서스 3국 및 루마니아 등 일부 중동유럽국과 대비되었다. 물론 러시아계 인구비중이 높은 라트비아에서는 러시아계와 현지 민족 간 긴장으로 경제·사회적 어려움이 가중되었지만 이러한 갈등이 폭력적 대결로 진화하지는 않았다. 이러한 이유는 발틱 3국의 정치·사회적 정체성이 여타 중동유럽보다는 스칸디나비아 국가에 가깝고, 20세기 초부터 고도의 민주주의 정부를 운영한 경험에서 비롯된 것이다.[10]

발틱 3국의 효과적인 체제전환의 또 다른 동인은 외부의 적극적 지원이다. 1990년대 체제전환기 모든 중동유럽국가가 유럽연합으로부터 정치·경제적 지원을 받았지만 발틱 3국은 핀란드와 스웨덴을 포함한 스칸디나비아 국가로부터 각별한 도움을 받았다. 발틱 3국은 현실적으로 스칸디나비아 모델의 차용이 유럽연합 가입을 위한 최선의 선택으로 여겼고, 나아가 자국의 정체성은 동유럽이 아닌 스칸디나비아 국가와 근접하다고 생각하였다. 이러한 사고에서 발틱 3국은 모두 스칸디나비아 국가를 이상적인 지향점으로 정하고, 이들 국가의 민주주의 시스템과 경제발전 모델을 지향하였다.

한편으로 스칸디나비아 국가들은 지리적으로 인접하고 역사적으로 유대가 깊은 발틱 3국의 체제전환 과정에서 안보, 시장경제이행, 민주주의 시스템 확립, 환경문제 등 다방면에서 지원을 행하였다. 단적으로 1991년 2월 국제사회에서 발틱 3국을 인정한 최초의 국가는 아이슬란드였고, 덴마크가 뒤를 잇고, 스웨덴은 리투아니아 수도 빌뉴스에 최초로 대사관을 개설하였다.[11]

특별히 중립국이었던 스웨덴 정부는 1989년 중동유럽 공산주의 붕괴에 따라 동유럽정책의 패러다임 변화를 꾀해 발틱 3국을 최우선으로 한 중동유럽 국가의 체제전환 지원으로 정책방향을 선회하였다. 이러한 스웨덴 정부의 정책기조는 정파를 떠나 1990년대 내내 지속되었다.[12] 스웨덴은 민주주의 이행과 법치 확립을 위한 자문, 행정부의 전산화 지원, 군사훈련과 장비지원은 물론이고, 금융시장 구성, 토지개혁 및 의료시스템 지원 등 정치, 사법, 경제 및 문화 등 다방면에서 발틱 3국을 지원하였다. 1993년 라트비아 수도 리가(Riga)에 스톡홀름 경제대학교(Stockholm School of Economics) 분교 설립은 발틱 3국에 대한 스웨덴의 각별한 지원을 상징한다.[13]

이 외에도 발틱 3국의 원활한 체제전환 배경에는 서유럽과 미국 등 외부의 지원 역시 결정적이었다. 에스토니아에서 핀란드를 위시한 서방세계의 지원은 타 발틱국가들에 비해 더욱 집중되었다. 단적으로 미국의 소로스 재단(Soros Foundation)은 발틱국가의 시민사회 재건을 위해 발틱-아메리칸 파트너십 프로그램(Baltic-American Partnership Programme)을 진행하였고, 에스토니아 개방재단(Open Estonian Foundation) 설립을 주도하였다.[14]

2) 체제전환

라트비아는 1991년 8월 이미 1922년에 구축한 헌법을 되살리고 뒤를 이어 1992년 6월 에스토니아 그리고 동년 10월 리투아니아도 20세기 초 헌법과 헌정질서를 복원하였다. 독립 이후 구성된 에스토니아의 의회(Riigikgu), 라트비아 의회(Saeima) 그리고 리투아니아 의회(Seimas)의 명칭과 구성은 1920~1934년 사이에 발틱 3국에서 운영하였던 단원제 의회에 연원을 둔다.[15]

발틱 3국은 1992년 독립 직후 의회와 대통령 선거를 연이어 실시하였는데 이들 3개국은 서방국가와 국제기구에서 참관인의 파견을 환영할 정도로 공정하고 투명한 절차에 따라 진행하였다. 다만 라트비아에서는 러시아계 주민의 참정권 문제로 갈등이 야기되었고, 에스토니아에서도 주로 러시아계를 겨냥하여 비시민권자도 참정권을 인정하되 공직은 철저하게 시민권자에게만 허용하여 사실상 러시아계를 배제하였다.[16]

에스토니아와 라트비아는 독립 후 정부구성에 있어 공산당과 러시아계 주민은 청산대상으로 철저하게 배제하였다. 그럼에도 에스토니아에서는 독립에 기여한 젊은 공산당 엘리트들의 다수가 새로운 정부에 기술관료로 등극하였다. 라트비아 역시 시간이 경과하면서 러시아계 정당이 등장하여 라트비아 정부의 대항세력이 되었다. 리투아니아는 예외로 1993년 2월 독립 후 최초로 실시된 대통령 선거에서 민주노동당(Democratic Labour Party)의 알기르다스 브라자우스카스(Algirdas Brazauskas)가 약 60%의 압도적 득표로 대통령에 취임하였다. 주목할 점은 브라자우스카스는 리투아니아 공산당(LCP: Lithuania Communist Party)의 당수이며 서기장 출신이라는 사실이다.[17]

리투아니아에서 공산당의 변신은 소련시절 발틱 3국에서 공산당의 성격과 소련 붕괴직전 공산당의 인적구성과 노선에 기인한다. 소련은 발틱 3국 점령 시 강하게 저항한 에스토니아와 라트비아에 대해서는 강력한 통치를 위해 1945년 이후 러시아계를 대거 이주시켰다. 이에 따라 에스토니아와 라트비아는 인구의 약 30% 이상을 점하는 러시아계가 사실상 공산당을 장악하였고 당 내에서 현지인은 극소수였다. 라트비아의 경우 소련이 1959년에 수도 리가(Riga)에 발틱군 사령부를 설립하여 현지인에 대한 엄격한 감시체제를 구축하였다.[18]

반면, 리투아니아는 러시아계 인구가 10% 미만으로 공산당 내에는 리투아니아인들이 다수를 점하였고 이들은 발틱 2개국보다 온건하고 민족주의적 성향을 가졌다. 리투아니아 공산당은 1980년대 말 공산당 일당독재를 비판하고 체제전환의 중심 세력이 되었다. 이에 따라 리투아니아는 체제전환 과정에서 러시아계와 공산당에 대한 반감이 타 발틱국가에 비해 상대적으로 덜하였다.[19] 이에 따라 공산당의 후신인 민주노동당이 적법성을 갖추고 국민들로부터 높은 지지를 받아, 독립 후 초대 정부를 구성하고 대통령까지 배출하였다.[20]

3) 시장경제 이행

발틱 3국은 독립 직후 매우 어려운 경제 상황을 맞았다. 3국 모두 인플레이션, 통화 불안정, 빈약한 인프라와 뒤처진 산업 경쟁력이라는 문제를 안고 있었다. 또한 공산주의 시절 여타 중동유럽 국가와 달리 발틱 3국은 사실상 소련과 통합된 경제권으로 산업생산의 80~90%는 소련의 통제를 받았다. 또한 이들 국가들은 소련의 원자재를 활용한 가공 혹은 중간재 생산기지였으며 라트비아와 리투아니아는 소련으로부터 에너지 공급에 전적으로 의존하였다. 따라서 발틱 3국은 체제전환 과정에서 원자재, 에너지 및 무역 등 다방면에서 소련과의 협상을 통해 경제개혁을 진행하였고, 한편으로 서유럽의 경제적 지원에도 크게 의존하였다.[21]

1990년대 초 공산주의 붕괴시 중동유럽 국가의 경제가 세계시장에서 경쟁력을 갖추기 위해서는 20여 년간의 서방의 지원이 필요하다는 견해가 제기되었다.[22] 그럼에도 발틱 3국은 1992년 15개 독립국가연합(CIS) 중 벨라루스에 이어 1인당 GNP가 가장 높은 국가였으며 개혁진행과 정치적 안정도 가장 양호하였다. 이 결과 발틱 3국의 시장경제로의 이행과정에서 거시경제 안정성은 체코와 헝가리에는 미치지 못하지만 여타 중동유럽 국가보다 앞섰다. 발트 3국은 독립과 함께 1920~1930년대 통용한 자국 화폐를 부활하여 신속하게 루블화 경제권에서 이탈하였다. 선두국은 에스토니아이다. 에스토니아는 1980년대 말부터 고르바초프의 개방개혁의 시험장으로 일부 사유화 조치가 취해졌고, 핀란드의 적극적인 경제적 지원으로 발틱 3국 중 가장 앞서 시장경제에 안착하였다.

라트비아 역시 소련시절부터 경공업 중심지로 에스토니아와 함께 비교적 시장경제 전환이 순조로웠다. 그러나 이들 양국의 경제개혁 과정에서 산업계에 다수를 점하는 러시아계 주민의 대량실직에 따른 사회적 갈등이 야기되었다. 한편, 리투아니아는 발틱 3국 중 산업발달이 가장 미미하고, 독립 후 정부를 구성한 민주노동당의 경제개혁 실패로 시장경제 전환이 상대적으로 뒤처지게 되었다.[23]

발틱 3국은 체제전환 과정에서 교역을 다변화하여 1998년에 이르러 주요 교역국은 독일과 핀란드로 전환되었고 러시아에 대한 무역은 12% 수준으로 급격히 축소되었다. 시장경제 이행이 가장 늦은 리투아니아의 경우에도 1998년 러시아와의 교역이 20% 수준으로 급감하였고, 전 세계 160여개 국가와 교역을 할 정도로 빠르게 경제의 글로벌화가 진행되었다. 이 결과 발틱 3국은 1998년 러시아의 금융위기 시 비교적 충격이 덜하였고, 독립 후 10여 년이 경과한 2000년대 초 유럽연합 가입 직전에는 발틱 호랑이(Baltic Tigers)로 불릴 정도로 경제가 급성장하였다.[24]

소련연방의 1인당 GNP(1992년)

(단위: 달러)

순위	국가	1인당 GNP	미국무부 평가(1992년 12월)	
			개혁 성공	정치적 안정
1	벨라루스	5,729	D	A
2	**라트비아**	**5,689**	A	B
3	**에스토니아**	**5,390**	A	B
4	**리투아니아**	**5,034**	B	B
5	우크라이나	4,397	C	C
6	러시아	4.396	B	C
7	카자흐스탄	3.803	C	B
8	몰도바	3,600	F	F

9	조지아	3,065	D	F
10	아르메니아	2,955	A	B
11	아제르바이잔	2,870	D	F
12	투르크메니스탄	2,682	C	A
13	키르키즈스탄	2,436	C	C
14	우즈베키스탄	2,321	F	C
15	타지키스탄	1,613	F	F

출처: Martinsons, M. G., & K. Valdemars (1992), p. 48.

이와 같이 발틱 3국은 시장경제 전환에 성공하였지만, 일반 시민들은 공산주의 붕괴 이후 심각한 경제적 어려움을 겪었고 체제전환 과정에서 부의 불균형과 도시와 농촌 간 경제적 격차가 심각한 수준에 이르렀다. 특히 자유시장 경제에 적응에 어려움을 겪는 고령층 노동인구와 연금생활자들의 경제적 여건은 공산주의 시절보다 악화되어 심각한 사회적 갈등요인이 되었다. 또한 시장경제 전환 이후 지속적으로 경제가 성장하였지만, 1990년대 말 발틱 3국 중 상대적으로 경제성장이 빠른 에스토니아의 1인당 구매력지수(PPS)는 유럽연합 평균의 1/3 그리고 라트비아와 리투아니아는 1/4 수준에 불과하였다. 이러한 뒤처진 경제상황으로 에스토니아의 1인당 GDP는 핀란드의 1/7 수준에 불과하였다.[25]

3 발틱 3국의 체제전환 과정 : 민주주의와 시장경제로의 이행

1) 에스토니아

(1) 정치개혁

1992년 독립 후 최초의 의원선거에서 민족주의 기치를 내건 중도우파 세력인 에스토니아 독립당(Estonian National Independence Party)과 친조국연합(Pro Patria National Coalition)이 다수를 점하여 이 외의 5개 정당과 함께 연정을 구성하였다. 의원선거에서 승리한 중도우파 세력은 민족적 자긍심과 반공산주의라는 도덕적 목적 구현을 내세워 정부를 운영하였다.[26] 신정부는 과거의 소련과 단절된 깨끗한 에스토니아 정치시스템을 슬로건으로 내걸고 강력한 반부패 운동과 투명한 정부운영을 기하였다.[27] 이 결과 공산당이 구축한 노조, 전문가 집단 및 청년조직 등 구 체제의 사회적 조직은 단시간에 소멸하였다.[28]

문제는 신정부를 구성하는 정치인들은 소련시절 언론인, 예술가와 작가 그리고 과학자들로 대부분 양심수로 복역한 경험을 갖는 반공산주의와 민족주의자들이라는 점이다. 따라서 이들은 도덕적 정당성을 갖고 동질의식도 높았지만, 정부운영 경험이 일천하고 기술관료적 전문성을 갖추지 못하였다. 이 결과 1995년 3월 두 번째 의원선거에서는 급진적 경제개혁에 따른 피로감과 러시아계에 대한 노골적 차별에 대항해 소련 시절 공산당 출신이 포함된 신우파 세력이 승리하였다. 새롭게 구성된 신중도우파 정부는 전임정부의 개혁정책을 계승하되 이전보다 온건한 방향으로 정책을 진행하였다.[29]

에스토니아는 라트비아와 유사하게 1990년대 체제전환기 30여 개가 넘는 많은 정당이 난립하면서 불안정한 정당시스템이 유지되었다. 또한 매 선거마다 특정 정당이 단독으로 정부를 구성할 정도의 의석을 확보하지 못해 연정이 구성되었다.[30] 이후 에스토니아는 1994년 정당법(Partics Act)을 제정해 의석해 비례해 정당에 지원금을 배분하되 유효 투표수 5%로 제한을 두었다. 이에 따라 정당법이 실행된 1996년 이후 군소정당의 난립이 줄어들고 7~8개의 정당이 경합을 벌이는 안정적인 정치적 환경이 조성되었다.[31] 또한 1995년 이후 러시아계 주민에게 점진적인 시민권 부여에 따른 투표 참여로 러시아인의 이해를 대표하는 정당도 등장하였다. 러시아계 정치인들로 구성된 정당은 라트비아에서와 달리 극단적인 민족주의 노선을 배제해 정치적 갈등은 야기되지 않았다.[32]

에스토니아는 1992년부터 2001년까지 세 번의 의원선거와 일곱 번의 정부교체가 이루어졌지만 모든 정부는 일관된 개혁을 진행하였다. 에스토니아 정부는 1993년부터 온라인 정부(e-state)를 표방하여 발틱국가 최초로 정부 웹사이트를 개설하고, 현대적인 은행 시스템을 포함한 온라인 서비스(e-services)를 실시하였다. 뒤이어 1995년에는 인터넷을 통한 공공

부분 데이터베이스도 구축하였다.[33]

이러한 에스토니아의 투명하고 효율적인 정부운영은 핀란드의 앞선 IT 시스템을 벤치마킹한 결과이다. 에스토니아는 냉전시기 민족적으로 유사하고 지리적으로 인접한 핀란드에게 절대적인 영향을 받았다. 냉전 시절 핀란드와 가까운 북쪽 지역을 중심으로 에스토니아인의 절반 이상이 핀란드 TV를 자유롭게 시청하였다. 에스토니아어와 핀란드어는 매우 유사해 에스토니아인들은 핀란드 방송을 이해하고 즐기면서 서유럽을 동경하면서 독립을 갈망하였다. 이러한 핀란드에 대한 친밀감으로 에스토니아는 자연스럽게 체제전환 모델을 핀란드에서 찾았다.[34]

(2) 경제개혁

에스토니아는 1940년 소련에 병합되기 직전에 이웃한 핀란드와 유사한 생활수준을 유지한 산업국가였다. 체제전환 이전 에스토니아의 주산업은 조선업을 비롯한 제조업, 농업, 광업, 도소매 등으로 소련연방 내에서 비교적 산업이 고루 발달하였고 경제적 자유도가 가장 높았다.[35] 이 결과 에스토니아는 소련연방 내에서 생활수준이 가장 높았고, 양호한 경제여건으로 시장경제 도입에 따른 노골적인 국민적 저항은 없었다.[36] 물론 에스토니아 역시 50여 년의 공산주의를 겪으며 무역의 92%를 러시아에 의존할 정도로 소련의 경제권에 종속되었고, 체제이행기에 있는 동유럽 국가와 같이 산업 경쟁력이 취약하였다.[37]

새롭게 구성된 에스토니아 정부에게는 경제개혁에 대한 별다른 옵션이 없었고, 단기간의 고통을 감내하면서 최대한 빠른 시간 내 전면적인 시장경제로의 이행을 통한 탈러시아와 서유럽으로의 접근을 시도하였다. 에스토니아 정부는 만약 개혁이 지체되면 국민의 신뢰를 상실하고 거시경제 불안정에 따른 대혼란과 부정부패가 야기되어 돌이킬 수 없는 파국을 맞는다는 점을 잘 알고 있었다.[38]

이에 에스토니아는 완전한 경제개방과 서유럽 시장과의 통합으로 경제정책 방향을 설정하고 이후 정권이 교체하여도 이러한 정책기조는 일관되게 유지하였다. 에스토니아는 1990년대 전반에 걸쳐 투명하고 일관된 정치적 리더십을 통해 시장경제 이행을 취하면서, 정치적 고려보다는 서방의 경제전문가의 자문과 지원에 의지하여 일관성을 유지하였다.

한편으로 에스토니아는 신자유주의 기조에 따른 완전한 시장경제 체제를 지향하였다. 에스토니아는 신정부 구성 후 1992년 6월 전면적인 화폐개혁을 단행하여 양치 대전에 사용한 자체 통화인 크룬(Kroon)을 도입하였다. 에스토니아는 크룬을 독일 마르크화에 연동하여 자연스럽게 화폐가치 절하로 수출이 증가하고 이자율을 낮출 수 있었다. 무엇보다도 에스토니아는 유럽에서 가장 신뢰할 수 있는 화폐인 마르크화에 자국화폐를 연동하고, 자의적인 정부개입을 억제하고 환율을 엄격하게 유지하여 서방세계로부터 신뢰를 얻었다.[39]

또한 에스토니아 정부는 엄격한 통화정책과 재정수지 균형에 주력하여 1992년 1,000%에 달했던 인플레이션은 1993년 89.8% 이후 1995년 29%로 낮아져 점차 거시경제가 안정되었다. 에스토니아 정부의 화폐개혁과 엄격한 통화정책은 외부의 투자유치로 이어져 많은 중소기업이 탄생하였다. 1992년 약 2,000여 개의 불과한 중소기업은 1994년에는 7,000여 개로 증가하면서 실업률 하락으로 이어졌다.[40]

한편, 가장 민감한 사안인 사유화 조치에 있어 기존의 기득권 세력의 반대가 일부 일었지만 여타 중동유럽 국가보다 신속하게 진행되었다. 당시 중동유럽국가의 사유화 정책은 정부자산의 무상분할과 외국기업과 투자자에게 매각하는 방식으로 진행되었는데, 전자는 리투아니아 그리고 후자는 에스토니아가 채택한 방식이다. 이와 같이 에스토니아 정부의 사유화 조치는 국가에서 기업으로 소유권 이전을 넘어 장기적인 경제성장을 위한 전략으로 고려하였다.[41]

에스토니아정부는 효율성에 입각해 인수자의 국적과 무관하게 정부자산과 국영기업을 매각하였는데, 이 과정에서 높은 매각금액보다는 경영과 투자계획, 고용 및 장기적인 성장 등을 고려하여 기업과 투자자에게 소유권을 넘겼다. 에스토니아는 통신, 국적 항공사 및 철도 등 핵심기간간업도 민영화를 단행하여, 1995년에는 기존 국영기업의 80%가 민영화되었다. 다만 이러한 민영화된 기업은 전체 고용의 50% 및 산업생산의 40% 정도만을 점할 정도로 고용여건이 열악하였고 경쟁력도 취약한 상태였다.[42]

이와 같이 에스토니아 정부는 국민들의 지지 속에서 단기목표를 설정하고 전면적인 시장개혁을 신속하게 단행하여 1995년 GDP 대비 직접투자 규모는 중동유럽국가 중 헝가리에 이어 두 번째에 위치할 정도로 경제적 안정과 성장이 진행되었다.[43] 2000년 유럽연합은 보고서를 통해 유럽연합이 제시하는 시장경제 조건에 가장 부합하는 국가로 에스토니아, 헝가리 및 폴란드를 지목 할 정도로 경제적 안정과 발전이 이루어졌다.[44]

2) 라트비아

(1) 정치개혁

라트비아는 1993년 6월 독립 이후 최초의 선거에서 에스토니아와 유사하게 민족주의 성향의 중도우파 정당이 승리를 거두었다. 라트비아 정부는 의원선거에서 1940년 이전 라트비아 국적을 갖거나 이의 후손으로 시민권을 한정해 이들에게만 투표권을 부여하여, 인구의 1/3을 점하는 러시아계는 완전히 배재되었다. 이에 따라 라트비아인만 투표에 참여하였지만 무려 23개의 정당이 난립하여 어느 정당도 단독으로 정부를 구성할 의석을 확보하지 못하였다.[45] 결국 최다 의석을 점한 중도우파의 라트비아의 길(Latvian Way)은 농민연합(Peasant's Union)과 연정을 구성하여 서유럽으로의 통합을 목표로 사유화 정책 등 정치경제 개혁을 진행하였다.[46]

라트비아는 여타 발틱 2개국과 달리 독립과 체제전환 과정에서 러시아계와의 민족갈등이 극단적이며 비타협적인 민족주의의 표출로 이어졌다. 이러한 이유는 민족구성, 공산당 내 러시아계 비율과 정체성 그리고 상대적으로 노골화된 러시아의 강압적 통치 등 여러 동인에 기인한다. 정치적 분열은 소련이 야기한 왜곡된 민족분포뿐 아니라 거주지에도 기인한다. 1989년 통계에 따르면 정치, 경제의 중심지이며, 경제적으로 앞서고 교육수준이 높은 수도 리가(Riga)에 거주하는 인구 중 라트비아인은 불과 36.5%에 불과하였다. 또한 제2의 도시 다우가프필스(Daugavpils)는 라트비아인의 비중이 14%에 불과해 라트비아계 정당이 안정된 정치적 거점을 구축하기 어려운 환경이었다.[47]

라트비아는 발틱 3국 중 공산주의의 유산이 가장 깊게 드리운 국가로 체제전환과 이후의 정치과정에 정치권의 부패로 대표되는 부정적 유산이 존재하였고, 이에 대한 반작용으로 민족주의 득세와 러시아계의 배제가 노골화되었다. 라트비아에서 민족주의는 양날의 검으로 작용하였다. 민족주의는 민족적 자각과 정체성을 고무하여 독립을 이끌고 새로운 공화국 태동의 원동력이 되었다. 한편으로 라트비아에서 민족주의는 공산주의 경험과 결합하여 라트비아인과 러시아인을 구분 짓는 당위성이 되어, 민주주의와 자유시장경제 발전에 역행하는 요인이 되었다. 라트비아의 민족주의는 침략자이며 외국인으로서 러시아계 주민에 대한 반감과 증오로 발전하여 정치적 갈등의 원인이 되었다.[48]

이러한 배경에서 매 선거에 참여한 정당들은 전통적 의미의 우파와 좌파의 이념보다는 러시아계에 대한 수용 혹은 배제에 대한 시각으로 구분되어 대립하였다. 심지어 독립을 이끈 국민전선(Popular Front) 내부에서도 러시아계 주민의 시민권 부여와 경제개혁 노선을 두고 분열되었다. 나아가 러시아계 국민의 지지를 얻은 정당은 의회 내에서 기존 정당들과 대립하면서 정치적 혼란이 더욱 가중되었다.[49]

결국 러시아계 수용을 둘러싼 대립은 지배적 정당의 부재를 가져와 정당의 난립으로 이어졌다. 라트비아는 독립과 함께 1993년 첫 선거를 치룬 이후 매 선거마다 이해관계에 따른 정치인간 이합집산이 일상화되어 왔다. 1993년부터 2004년까지 11개의 정부가 들어서 평균 정부의 지속기간은 14개월에 불과하였다. 물론 다수를 점하는 민족주의 성향의 중도우파는 매 정부에 연정으로 참여하였지만 한 번도 단독으로 집권하지 못하고, 보수주의 정당 간 연정, 농민단체와 녹색당 간 연합을 통해 정부를 구성하였다.[50]

이 외에도 라트비아는 에스토니아와 리투아니아보다 더욱 힘든 저항 끝에 소련으로부터 독립하였고 이러한 요인 역시 체제전환 과정에 극단적 민족주의의 득세를 야기하였다.[51] 이러한 가운데 1994년 8월까지 러시아군이 리가에 주둔하여 체제전환 과정에서 잠재적 위협요소로 작용하였다. 더불어 라트비아는 외부적으로는 에스토니아와 달리 서유럽 국가의 적극적 지원도 받지 못해 체제전환 이행이 순조롭지 않았다.[52]

(2) 경제개혁

라트비아는 독립 이전 소련연방 내에서 경제적으로 가장 발달한 국가였다. 독립 직전인 1989년 통계에 따르면 라트비아의 1인당 GDP는 소련보다 높고 노동생산성은 연방 내 2위를 점할 정도로 산업기반이 유지되었던 국가이다. 또한 1980년대 고르바초프 시기에는 일부 토지와 부동산에 대한 사유화도 진행되었다. 그러나 소련의 중공업 위주의 경제정책의 영향으로 GDP 대비 중공업 비중이 45%에 달하고 대부분 경쟁력이 없고, GDP의 25%를 점하는 농업은 심각한 토양오염으로 농업생산성 저하로 경제전반이 피폐화된 상태였다.[53]

라트비아는 에스토니아와 유사하게 전면적인 시장경제 이행을 단행하였다. 1992년 6월 러시아 루블화(Rouble)을 대치해 라트비아 고유 화폐인 라트(Lats)를 전격적으로 도입하고 이후 전면적으로 경제개혁을 진행하였다. 시장경제 전환의 핵심은 민영화 조치로 라트비아 역시 여타 발틱국가와 유사하게 국영기업의 매각과 경매와 함께 공산당의 제안을 수용하여 일부 기업은 근로자들에게 분할하는 방식도 택하였다.[54]

이 과정에서 라트비아 정부는 해외매각을 최대한 억제하고 소유권을 국내의 경제주체들에게 폭넓게 분산한다는 전략을 취하였다. 라트비아는 1단계로 소규모 기업과 서비스 산업을 매각하고 2단계에서는 규모가 큰 국영기업을 민영화하였다. 또한 은행, 미디어, 국방 및 교육 등 핵심 기간산업을 제외한 전 산업 부분에서 외국자본의 100% 소유를 허용하였다.[55]

그러나 정부의 추진력 결여로 업종과 기업 규모에 따른 근로자의 임금격차와 국영기업의 낮은 생산성이 해결되지 않았다. 이러한 가운데 공공부분 노동자의 임금삭감으로 산업계의 다수를 점한 러시아계의 저항이 뒤따랐고, 여기에 1994년 이후 재정과 금융위기를 맞으며 우파연정은 급격히 지지를 상실하였다. 결국 1995년 10월 두 번째 선거에서 기존 중도우파 연정을 대신해 6개의 좌우파 정당으로 구성된 새로운 연정이 들어서 이전 보다 온건한 경제개혁을 추진하였다.

그러나 극우에서부터 실용주의 노선까지 다양한 정치세력으로 구성된 정부 역시 분열을 거듭하였다. 결국 라트비아는 정치권의 불안정으로 공산주의 시절 산업계를 장악한 러시아계의 저항과 소련의 유산인 정치권의 뿌리 깊은 부패로 GDP 대비 25% 달하는 지하경제 규모 등 산적한 문제점을 해결하지 못하였다. 이에 따라 시장경제 전환은 타 발틱 2개국보다 뒤처져 이웃한 에스토니아의 괄목할 경제성장과 대비가 되었다.[56]

3) 리투아니아

(1) 정치개혁

리투아니아 역시 여타 발틱국가와 유사하게 양차 대전 사이에 성취한 민주주의의 경험이 체제전환의 모티브가 되었다. 리투아니아는 독립 후

1992년 11월 선거에서 여타 발틱 2개국과 달리 공산당에 뿌리를 둔 중도 좌파의 민주노동당이 60%의 압도적 지지로 정권을 획득하였다. 이와 같이 리투아니아의 체제전환 과정에서 주목되는 점은 타 발틱 2개국과 달리 리투아니아의 공산당이 독립 이후에도 대중의 지지를 얻고 민주주의로의 이행에 핵심적 역할을 하였다는 점이다.

리투아니아의 체제전환은 독립의 중추적 역할을 한 리투아니아 개혁운동(Sajudis)과 구세력인 공산당의 후신인 리투아니아 민주노동당이 이끌었다. 리투아니아 개혁운동은 독립과 민주주의 그리고 민주노동당은 개혁적 사회주의를 기치로 대립하였다. 이미 민주노동당의 전신인 리투아니아 공산당은 1980년대 말부터 모스크바와 거리를 두고 독립을 적극적으로 지지하였고, 독립 이후 공산당은 유럽지향적인 개혁주의자들은 물론이고 급진적 민족주의자들을 포함한 독립세력과의 협력을 통해 신속히 민주주의를 수용하였다.[57]

이와 같이 리투아니아 공산당이 체제전환의 중심적 세력이 된 것은 리투아니아 내 러시아계 인구가 상대적으로 소수로 리투아니아계가 공산당을 장악하였기 때문이다. 1989년 리투아니아 공산당 내 자국인 비중은 71%에 달하였고 러시아인은 불과 17%에 불과하였다. 이러한 구조로 리투아니아 공산당은 에스토니아와 라트비아 공산당과 달리 1980년대 말 이후 반소련 및 친독립 입장을 견지하면서 대중의 지지를 받았다. 이 결과 타 발틱 2개국의 신정부는 극우성향의 중도우파가 정권을 획득한 반면, 리투아니아에서는 중도좌파 성향으로 공산당의 후신인 민주노동당 정부가 들어섰다.[58]

발틱 3국의 공산당 인적구성(1989년)

구분	에스토니아	라트비아	리투아니아
인구 1,000명당 공산당원	98명	92명	78명
공산당 내 자국인 비중	50%	40%	71%
공산당 내 러시아인 비중	39%	43%	17%
공산당 내 기타민족 비중	11%	17%	12%

출처: Krupavicius, A. (1998), p. 9.

리투아니아의 체제전환은 전직 공산당 출신 정치인과 새로운 정치 엘리트간 '협상을 통한 혁명(negotiated revolution)'을 통해 이루어졌다고 할 수 있다. 이 결과 체제전환은 발틱 3국 중 가장 완만한 속도로 진행되었고, 정부는 평화적이며 새로운 헌정질서에 준해 구질서의 재구축을 통한 이른바 '인간의 얼굴을 한 사회주의(socialism with human face)'를 지향하였다.[59] 그러나 민주노동당의 이러한 사회주의와 자본주의의 융합은 실패로 돌아갔다. 민주노동당 정부는 태생적으로 자본주의와 시장경제에 대한 이해가 부족하여 정치적 무능력으로 이어졌다. 결국 민주노동당 정부는 지지부진한 경제개혁 과정에서 1995년에 금융위기를 초래해 급격히 지지를 상실하고, 1996년 11월 선거를 통해 보수정당에 정부가 이양되었다.[60]

(2) 경제개혁

리투아니아는 전통적인 농업국가로 양차대전 사이에는 독일과 스칸디나비아 경제권에 포함되었다. 당시 리투아니아는 안정적인 거시경제

여건과 통화정책으로 경제 대공항을 신속히 극복하였고 소련이 점령하기 이전까지 자국 통화인 리타스(Litas)는 당시 유럽에서 가장 안정된 통화 중 하나였다.[61]

그러나 리투아니아는 1940년 소련에 재점령되면서 소련 중공업의 중간재 생산기지화 되어 기계, 장비, 금속, 전자 등 중공업이 산업생산의 70%를 점하였다. 이 결과 리투아니아 경제는 자원분배의 왜곡과 계획경제에 따른 인센티브 결여가 야기한 낮은 생산성은 물론이고 심각한 환경오염 문제까지 안고 있었다.[62] 이러한 가운데 1992년 독립 후 소련과의 가치사슬과 공급망이 붕괴되었다.[63] 이 결과 1930년대 리투아니아의 소비수준과 경제력은 핀란드의 약 90% 수준으로 평가되었는데 1992년 독립 후 그 비중은 10~40% 수준에 불과하였다. 이와 같이 공산주의 시절 왜곡된 계획경제의 후유증으로 리투아니아는 발틱 3국 중 자유시장경제로의 전환에 가장 큰 어려움을 겪게 되었다.[64]

1992년 최초의 선거에서 정권을 획득한 공산당의 후신인 민주노동당은 사회적 시장(socialist market)과 조합주의(cooperatives)에 기반하며, 러시아와 가치사슬과 무역을 유지하는 가운데 서방으로의 접근을 추진하였다.[65] 또한 민주노동당 정부는 완만한 시장경제 이행을 통해 장기적으로 경제안정과 성장을 기한다는 목표를 설정하고 정책을 진행하였다. 정부차원에서는 통화와 재정정책에 주력하여 자국화폐인 리타스의 도입을 통해 통화와 환율안정 및 적정 외환 보유고 유지 정책을 취하였다. 또한 상업은행 설립을 통한 민간기업 지원과 외자유치 정책을 추진하고, 조세개혁을 통한 재정정책의 안정화 조치도 병행하였다.[66]

경제개혁의 핵심은 시장경제 도입과 사유화 조치이다. 리투아니아는 라트비아가 취한 해외매각 등 급진적 조치를 지양하고, 정부자산의 리스, 국영기업의 종업원 지주화와 자산분할 그리고 외국자본과의 합작 등을 통한 유연한 사유화조치를 취하였다. 리투아니아 정부는 1991년 3월 사유화법(Primary Privatization Law)을 제정하여 슬로바키아 정부가 행한 정책과 유사하게 국유재산과 대규모의 국영기업의 분할권을 발행하여 일반시민들에게 경매를 통해 매각하였다.[67]

이와 같이 리투아니아는 체제전환을 기한 여러 중동유럽국가와 달리 제3의 길 혹은 자유시장경제로의 우회로 표현될 정도로 완만하고 점진적으로 시장경제 전환을 기하였다. 당시 리투아니아는 IMF 혹은 유럽부흥개발은행(EBRD: European Bank for Reconstruction and Development)의 중단기적 시장경제 이행을 위한 조언과 달리 장기적인 목표를 정하고 점진적인 방향으로의 이행을 택하였다. 이러한 이유는 민주노동당 정부의 미숙한 경제정책 운영, 정치권의 합의 부재, 관료화 및 정치적 이해가 개입된 리투아니아 산업계의 조합주의적 성격 등 여러 요인에 기인한다.[68]

그러나 리투아니아의 시장경제 전환은 순조롭지 않았다. 독립과정에서 러시아와 대립하였던 리투아니아는 러시아의 경제적 압력으로 1990년부터 1994년까지 실질 GDP가 70%까지 감소하였다. 1992년 인플레이션은 1,100%에 달했고 이듬해에도 400%에 이르렀고 1994년까지도 경쟁력이 취약한 통신, 에너지, 운송 등 기간산업은 여전히 정부에서 운영하였고, 농업보조금이 지급되는 상황이었다.[69]

결정적으로 공산당에 뿌리를 둔 민주노동당 정부는 자유시장경제에 대한 이해와 경험이 일천해 사유화 조치도 일시적으로 중지하였다 재개하는 등 일관되고 효과적인 경제정책을 취하지 못하였다. 또한 지방정부를 중심으로 구 공산당 세력과 새롭게 등장한 마피아를 중심으로 국유재산 절취와 파업 유도로 경제개혁에 장해가 되었다.[70] 결국 사유화와 토지개혁은 부정부패에 따른 왜곡된 분배와 외국자본의 제한으로 원활히 진행되지 않았고, 국민의 불신을 야기하여 1995년 선거에서 민주노동당 정부를 대신해 보수세력이 집권하게 되었다.[71]

발딕 3국의 체제전환기 정치경제 지형

구분		에스토니아	라트비아	리투아니아
선거	구성			
독립 직후 의원선거	일시/정부 구성	· 1992년 9월 · 극우중도우파 · 극단적 민족주의	· 1993년 6월 · 극우중도우파 연합	· 1992년 11월 · 중도좌파(민주노동당) · 1993년 2월(대통령선거)
	정책	· 서유럽식의 자유주의와 급진적 시장경제정책	· 실용적 민족주의 · 전면적인 경제개혁 · 1995년 금융위기	· 조합주의적 시장경제와 완만한 경제개혁 · 1995년 금융위기
2차 의원 선거	일시/정부 구성	· 1995년 3월 · 신중도우파(구 공산당 세력 포함)	· 1995년 10월 · 좌파와 극우연합	· 1996년 11월 · 보수정부
	정책	· 완만한 경제개혁으로 전환	· 완만하고 더딘 경제개혁	· 완만한 경제개혁

출처: Mygind, N. (1997), p. 10.

4 발틱 3국의 과거청산 : 공산주의의 계승과 단절

1) 공산당 정치엘리트의 변화와 생존

발틱 3국의 체제전환기를 이끈 정치엘리트의 특징은 이전의 공산당 관료들보다 훨씬 젊은 층이라는 점이다. 1990년대 에스토니아와 라트비아의 주요 정치인과 의원의 평균연령은 43세 그리고 리투아니아는 46세로 40대가 주축을 이루었다. 정부 내 22~44세 관료의 비중은 에스토니아 52%, 리투아니아 50% 그리고 라트비아 37%였으며, 정부수립 후 최초의 의회선거를 통해 구성된 의원의 평균연령은 리투아니아 50.8세, 라트비아 45.3세 그리고 에스토니아 43.3세로 리투아니아를 제외한 발틱 2개국의 의회는 40대 초중반 의원이 주류가 되었다.[72]

1990년대 전반에 걸쳐 발틱 3국의 체제전환을 이끈 정치엘리트는 신구 세대와 국내외 그리고 정치인과 경제계 인사 등 다방면의 인물이 망라되었다. 구체적으로 발틱 3국에서 정치엘리트는 독립을 주도한 이른바 도덕적 정치인(moral politicians), 소련 시절 공산당을 위시한 관료와 정치인(nomenkulatura) 그리고 국외에서 귀국한 인물과 경제인 등으로 구성되었다. 물론 초기에는 발틱 3국 모두 독립운동을 이끌었던 이른바 도덕적 정치인이 정부구성의 약 55%를 점하였으나 빠른 속도로 소련시절 정치인과 관료들로 대치되었다.[73]

이와 같이 발틱 3국은 독립을 주도한 정치인이 당위적·도덕적 우월성을 배경으로 대거 신정부에 참여하였으나, 이후 체제전환기에는 정치적 경험과 관료적 전문성을 갖춘 구 소련시절의 정치인과 관료들이 핵심 엘리트로 등극하였다. 특별히 에스토니아 공산당은 독립의 주축 세력이었다는 점에서 정치적 정당성을 갖기 때문에 이에 대한 정치적 분쟁은 야기되지 않았다. 이들 공산당 출신 정치인과 관료는 1980년대 공산주의권에서 가장 앞선 경제적 성과를 거둔 에스토니아 정부를 운영한 경험을 갖고 있어, 어떠한 방향으로 개혁을 이끌어 가야 하는가를 익히 알고 있는 인물들이다.[74]

그러나 이러한 인적구성은 발틱 3국 간 차이가 있다. 에스토니아는 소련시절 관료와 정치인에 대한 엄격한 과거청산이 이루어져 새로운 정부 내 구 정치인과 관료 비중은 5% 정도에 불과하였다. 그럼에도 새로운 에스토니아 정부의 핵심 관료의 상당수가 관료적 전문성을 갖춘 공산당 출신으로, 발틱 3국 중 가장 효과적으로 시장경제 전환과 탈러시아화를 진행하였다.[75]

반면, 라트비아와 리투아니아에서는 소련시절의 젊은 관료들 상당수가 독립에 적극적으로 참여하여 정당성을 확보하고 새로운 정부에서도 핵심적 역할을 하였다.[76] 이러한 현상은 2000년대 초까지 이어져 라트비아와 리투아니아에서는 관료와 정치인의 약 40~50%는 소련시절의 정치 엘리트들과 관료가 점하였다. 라트비아의 경우 1992년 의회에서 극우주의와 극단적 독립을 주장하는 의원의 반대를 무릅쓰고 초대 대통령으로 선출된 카를리스 울마니스(Kārlis Ulmanis)는 20여 년간 공산당에 재직하였던 인물이었다.[77] 이러한 점에서 발틱 3국의 체제전환에서 있어 정치 엘리트의 인적구성은 소련 시스템의 단절이 아닌 계승이라고 할 수 있다.[78]

한편, 발틱 3국의 체제전환기에는 미국, 캐나다, 독일과 스웨덴 등 주로 서구권에서 망명 혹은 이주하였던 정치엘리트들이 대거 참여하였다. 이들 해외 귀국자들은 발틱 3국의 엘리트 구성 비율에서 4% 미만으로 미미한 수치였지만 구체제와의 절연을 상징하는 인물로 높은 정치적 지지를 받았다. 라트비아에서 초대 대통령 선거 입후보자 세 명 중 두 명이 외국에서 귀국한 정치인이었다. 이러한 현상은 산업계에서 보다 두드러져 2000년대 초반 발틱 3국 내 주요 기업인의 약 30%가 해외거주나 유학을 경험한 인물로 경제성장에 핵심적 역할을 하였다.[79]

2) 러시아계의 배제와 단절

발틱 3국의 공산화 이후 러시아인이 대거 본 지역으로 이주하여 공산당과 산업계에서 중추적 역할을 담당하였다. 공산주의 붕괴 직전인 1989년 발틱 3국에서 러시아계 인구 비중은 에스토니아 30.3%, 라트비아 34% 그리고 리투아니아는 9.4%에 달하였다.[80] 당시 산업계 인력 중 러시아인 비율은 에스토니아 44%, 라트비아 37%, 리투아니아 36%로 현지인 산업계 종사자 에스토니아 25%, 라트비아 25%, 리투아니아 28%를 월등히 앞섰다. 1989년 기준 발틱 3국의 러시아인들은 현지인보다

교육수준이 높고 평균 연령이 33~34세로 현지에서 출생한 젊은 층이 다수를 형성하였다.[81]

이와 같이 발틱 3국에서 정치·경제적 기득권을 누리던 러시아인들은 기본적으로 독립과 체제전환의 반대세력이었다. 그러나 러시아인 비중, 독립 이후 러시아인에 대한 대우 및 러시아계의 저항 정도 등 여러 요인으로 발틱 3국에서 현지인과 러시아계와의 갈등양상은 상이하게 전개되었다.[82] 이 결과 러시아계 인구 비중과 이들의 수용정책은 발틱 3국의 체제전환과 과거청산 과정을 특징짓는 변수로 작용하였다. 구체적으로 발틱국가는 독립 후 타민족 수용에 있어 두 가지 정책방향을 취하였다.

첫째, 에스토니아와 리투아니아는 영토 내 거주하는 타민족에게 엄격한 조건을 내세워 제한적이며 점진적으로 시민권을 부여하는 시스템을 택하였다.[83] 에스토니아와 라트비아는 러시아계 인구가 30%를 상회하여 체제전환과정에서 양국 정부는 이들이 러시아의 사주를 받는 제5열(fifth column)로 국가 주권과 정체성에 큰 위해가 된다고 생각하였다. 라트비아의 경우 1935년 전체 인구 중 11%에 불과하였던 러시아인이 1989년 34%까지 증가하였고, 이 외에도 우크라이나 및 벨라수스 등 소련연방 내 이민자까지 늘어 소련으로부터 독립시 순수한 라트비아인은 52%에 불과해 국가 정체성 문제가 표면화되었다. 또한 경제적 차원에서도 라트비아 내 러시아인은 공무원, 제조업과 운송 등 핵심산업에 집중적으로 종사해 라트비아인의 반감이 높았다.[84]

이러한 배경에서 에스토니아와 라트비아는 러시아계를 겨냥하여 시민권 부여조건을 소련이 발틱 국가를 점령한 1940년 이전에 거주한 시민으로 한정하여 사실상 러시아계를 배제하였다. 더불어 이들 국가는 1940년 이후 거주한 러시아계 주민에 대해서는 까다로운 조건과 복잡하고 긴 시간을 소요하는 심사를 거쳐 제한적으로 시민권을 부여하였다.[85]

둘째, 리투아니아는 민족과 무관하게 영토 내 거주하는 모든 사람이 일정한 자격을 갖추면 시민권을 갖는다는 입장을 취하여 국적법에 반영하였다. 리투아니아가 이러한 유연한 조건을 내세운 이유는 리투아니아 내 러시아인이 전체 인구 대비 9.4%에 불과하고, 이들 중 절반 이상이 리투아니아 태생으로 문화적·사회적으로 리투아니아화 되어 체제전환을 저해하는 큰 위협세력이 되지 않았기 때문이다. 또한 리투아니아 공산당은 리투아니아계가 다수를 점하여 독립을 이끈 세력이 되어 러시아계를 포함한 구세력에 대한 적대감이 타 발틱국가에 비해 크지 않았다.

발틱 3국의 민족구성(1989년)

구분	에스토니아	라트비아	리투아니아
자국인	61.5%	52%	79.6%
러시아인 (발틱 3국 출생 러시아인)	30.3% (48%)	34% (49.7%)	9.4% (과반수 이상)
기타(폴란드/벨리루스/ 우크라이나/유대인 등)	8.2%	14%	11%

출처: Kirch, A. (1992), p. 205; Hogan-Brun, G. et al. (2007), p. 505.

러시아계 인구가 30% 정도를 점하는 에스토니아는 라트비아와 유사하게 시민권 부여 문제는 매우 민감한 사안으로 독립과정에서 명확한 원칙을 만들지 못하였다.[86] 이후 에스토니아는 1991년 11월 1938년에 제정한 국적법(citizenship law)을 복원하였다. 복원된 국적법에 따르면 1940년 6월 기준 에스토니아 시민이었거나 이의 후손은 민족적 배경과 무관하게 원칙적으로 시민권이 부여된다. 이는 곧 1940년 이전 에스토니아 국적을 가진 시민과 후손에게만 시민권을 부여한 것으로 이후에 이주한 러시아계를 배제한 것이다. 그러나 에스토니아 정부는 국적법에 유연성을 두어 국적 취득의사가 있는 러시아인들에게는 3년에 걸친 귀화심사 절차를 밟아 시민권을 부여하였다.[87]

1992년 9월 최초의 의원선거를 통해 구성된 중도우파 정부는 노골적인 민족주의 노선을 취하였다. 에스토니아 의회는 1993년 6월 러시아계 주민의 권리를 박탈한 외국인법(aliens law)을 제정하였는데 이는 서유럽에서도 비판의 대상이 되어 조정 끝에 러시아계 에스토니아인 거주 권한과 선거권을 담아 입법화되었다.[88] 이러한 일련의 국적법 입법으로 1999년 에스토니아 내 러시아인 중 30%는 시민권을 취득하였고, 20%는 러시아 국적을 고수하였고, 나머지 50%는 무국적자로 남았다. 에스토니아 내 다수의 러시아인이 무국적자라는 사실은 정치적 안정과 사회통합 차원에서 잠재적인 불안요소가 되었다.[89]

한편, 에스토니아와 리투아니아에서는 공산당에 현지인이 다수를 점하여 KGB가 공산당을 통제하거나 대항할 권력을 갖지 못한 반면, 라트비아에서는 러시아계가 고위직을 비롯해 공산당을 장악하였고 이들은 라트비아인과 철저하게 유린되었다. 라트비아 수도 리가에는 발틱지역 군(Baltic Military Region) 사령부가 위치하여 러시아 군부의 영향도 강하였다. 또한 리가는 러시아 공산당, 군부 및 KGB 간부들이 은퇴 후 정착지로 선호하는 곳으로 공산주의 붕괴 직전 이들과 가족을 포함해 200,000여 명이 거주하였다. 이러한 요인들로 라트비아는 타 발틱 2개

국과 달리 러시아의 영향이 더욱 짙게 드리운 곳이다.[90]

이러한 배경에서 라트비아는 리투아니아와 달리 과거청산은 곧 러시아계의 배제로 인식하여 국적법을 통해 러시아인의 귀화를 엄격하게 제한하였다. 이와 같이 라트비아는 발틱 3국 중 러시아계 주민 비중이 가장 높고, 엄격한 국적법으로 러시아계의 시민권 취득을 사실상 봉쇄하여, 무국적자를 양산하는 결과를 낳아 라트비아 정치에서 최대의 불안요소가 되었다.[91]

라트비아는 1991년 10월 독립과 함께 소련의 점령 이전인 1940년 이전에 라트비아 시민권을 갖거나 그 부모 중 1인이 라트비아 시민권을 갖는 후손만을 라트비아인으로 규정하였다. 이에 따라 약 70만여 명의 라트비아 내 러시아인들은 외국인 혹은 무국적자 신분이 되어, 사회·경제적 지위가 박탈되었다. 이들 라트비아 내 러시아인들은 참정권은 물론이고 사회보장 및 특정의 분야에서는 직업선택의 자유마저 박탈당하였다.[92]

이후 1994년 7월 라트비아 정부는 공식적으로 국적법을 제정하였는데 본 입법은 기존의 입장을 고수하여 러시아계를 겨냥하여 발틱 3국에서 가장 엄격한 타민족의 시민권 취득요건을 담았다.[93] 당시 라트비아 의회에서는 러시아계 주민에 대한 제한적인 시민권 할당제를 내용으로 한 국적법을 제안하여 러시아계 주민의 거센 저항을 받았다. 결국 대통령의 비토권 행사로 수정된 국적법은 원칙적으로 모든 러시아계를 수용한다는 내용을 담았지만, 실상 엄격한 요건으로 러시아계의 시민권 취득을 차단하였다.

구체적으로 라트비아 국적법에 따르면 5년 이상 이상 라트비아에 거주하며, 높은 수준의 라트비아어 능력, 헌법, 국가와 역사에 대한 지식과 새로운 공화국에 대한 충성을 맹세해야 하고 경제적 측면에서 수입도 입증해야 한다. 이러한 조건이 충족되어도 라트비아 독립에 반대해 군사적 행동에 참여한 소련군 출신은 배제되었다. 라트비아를 포함해 발틱 3국의 러시아계 주민은 1940년 러시아가 본 지역을 점령한 이후에 본격적으로 유입되었고, 이들과 후손들은 대부분 러시아어만을 사용하였다. 이러한 현실로 라트비아 내 상당수의 러시아계 주민은 국적 취득을 원하였지만, 대부분 언어장벽으로 시민권 취득 신청을 포기하였다.[94]

이 외에도 라트비아 국적 취득을 위해서는 높은 취득신청 비용과 오랜 심사기간 등 또 다른 장벽이 존재하였다. 이에 따라 1995년 2월부터 시행된 국적법에 따라 이듬해 7월까지 라트비아 국적 취득자는 2,500여 명에 불과하였다. 당시 라트비아 내 러시아계 인구는 70만 명에 육박하였다는 점을 고려하면 국적법에 따른 시민권 취득은 사실상 봉쇄된 것이라 할 수 있다.[95] 결국 라트비아 국적법은 사실상 비라트비아인의 시민권 취득을 차단한 것으로 러시아계 주민뿐 아니라 우크라이나와 벨라루스 등 타 소수민족에게도 차별적 조치로 국제사회에서 비난을 받았다.[96]

라트비아 정부의 러시아계 배제는 유럽연합 가입을 위시한 대외정책에도 부정적 영향을 미쳤다. 1990년대 유럽연합은 향후 가입을 고려하여 체제전환기의 중동유럽국가를 지속적으로 모니터링하면서 라트비아의 경우 권력분립 및 군부에 대한 통제 등 기본적인 헌정질서에는 긍정적으로 평가하였다. 그러나 유럽연합은 러시아계를 배제한 법치와 선거를 문제삼아 수차례에 걸쳐 시정의견을 내놓았다. 단적으로 1997년 유럽연합의 행정부 격인 유럽위원회(European Commission)는 공식적 견해를 통해 라트비아의 유럽연합 가입을 위해서는 러시아계 주민의 인권과 사

회통합에 획기적 진척이 필요하다는 입장을 제기하기도 하였다.[97]

이 외에 리투아니아는 에스토니아와 라트비아와 달리 리투아니아계가 다수를 점하여 체제전환 과정에서 러시아계와 갈등은 표면화되지 않았다. 리투아니아는 이미 독립이전인 1989년 11월 국적법을 제정하였다. 본 국적법에 따르면 리투아니아 출생자, 부모와 조부모가 리투아니아 태생은 자동적으로 국적이 부여되며, 리투아니아에 영구 거주하는 시민 역시 새로운 리투아니아 정부에 충성을 맹세할 경우 시민권을 부여한다는 내용을 담았다. 또한 본 국적법에서는 러시아계를 겨냥하여 영구 거주자에게 리투아니아어 능력과 무관하게 요건을 충족하면 국적부여를 허용하였다.[98]

이와 같이 리투아니아는 발틱 3국 중 가장 앞서 국적법을 제정하였고, 에스토니아와 라트비아에 비해 관대한 내용을 담아, 리투아니아 내 러시아인과 폴란드인이 대부분 국적을 취득하였다. 이러한 이유는 리투아니아 정부가 러시아계 인구비중이 낮아 자국의 정체성에 큰 위협이 되지 않는다고 판단하여, 이들 주민의 시민권 취득에 제약을 두지 않았기 때문이다.[99] 실제로 리투아니아 내 러시아계 인구가 9%에 불과해 독립 과정에서 저항세력화하지 못하였고, 체제전환기에는 새로운 정부에 협력을 취하였다. 이에 따라 리투아니아에서는 라트비아와 달리 체제전환 과정에서 민족 간 대립과 긴장은 야기되지 않았고, 러시아계의 국적부여에 따른 국민의 반감이 표면화되지도 않았다.[100]

5 결론

공산주의 붕괴 후 발틱 3국은 폴란드, 헝가리, 슬로베니아와 함께 가장 양호한 체제전환 과정을 거친 국가로 지목되어, 러시아, 우크라이나, 루마니아 및 불가리아와 대비된다.[101] 발틱 3국은 공산주의 시절 소련연방 국가와 중동유럽과 다른 몇 가지 특징을 갖고 이러한 요인이 체제전환시 여타 중동유럽과 차별적인 양상을 만들었다.

첫째, 발틱 3국의 신속한 체제전환과 과거청산은 소련 점령기 이전 독립국가 운영 경험과 공산주의 시절 민족적 정체성의 유지 그리고 소련에서 가장 양호한 경제적 여건에 기인한다. 발틱 3국은 공산권에서 가장 높은 교육과 생활수준을 누렸고, 소련의 용인 하에 일정 정도 자치권을 누렸으며, 1980년대 고르바초프의 개방개혁정책의 시험장이 되었던 지역이다.[102] 대표적으로 에스토니아는 고르바초프의 개방개혁의 가장 큰 수혜국가로 이미 1980년대 중반부터 민영기업이 존재하였고, 정도의 차이는 있지만 라트비아 역시 유사한 시기에 경제 자유화가 진척되었다.

둘째, 역사적 요인이다. 발틱 3국은 모두 20세기 초 양차 대전 사이에 민주주의 국가를 건설하였고 고도의 경제적 발전을 기한 경험이 새롭게 출범한 정부에서 무형의 자산이 되었다. 단적으로 1918년 제정 러시아로부터 독립한 리투아니아는 1920~1930년대 임시수도인 카우나스(Kaunas)는 작은 파리로 불릴 정도로 경제·문화적으로 번성하였고, 리투아니아의 실질임금은 유럽의 선도 국가인 프랑스와 독일과 비슷한 수준이었다. 무엇보다도 발틱 3국은 수백여 년간 물리적 폭력과 압제라는 경험이 존재하지 않았고, 문화적·민족적 동질성을 배경으로 내부에서는 평등하고 자유로운 정치문화가 자리잡은 국가들이다. 이러한 요인들로 발틱 3국은 철저하게 유럽지향적 국가라는 정체성이 내재하여, 소련해체 후 독립국가연합(CIS) 가입을 거부하고 유럽연합과 NATO 가입을 적극적으로 추진하였다.

셋째, 발틱 3국은 독립국가연합(CIS) 15개국 중 러시아인의 비율이 가장 높은 국가로 이는 체제전환과 과거청산에 있어 발틱 3국만의 독특한 환경을 특징짓는다. 발틱 3국은 체제전환 과정에서 공산당과 러시아계로 대표되는 구세력의 청산이 여타 중동유럽과 달리 계승과 배제라는 복합적 구조로 진행되었고, 소모적 논쟁과 체제전환을 저해 할 파국적 상황은 회피하였다. 따라서 발틱 3국에서 체제전환과 과거청산은 공산주의의 완전한 붕괴에 따른 단절 혹은 진공상태에서 새로운 민주주의로의 이행이 아니라, 구질서의 점진 혹은 급진적 재구축이 보다 타당성 있는 설명이다. 물론 구세력과의 단절은 발틱 3국 간 차별적 형태로 진행되었고 상이한 결과를 낳아 이후 정치적 안정성을 좌우하는 요인이 되었다.[103]

발틱 3국이 공통적으로 여타 중동유럽국가에 비해 신속하고 효과적인 체제전환과 과거청산을 기하였지만 이들 3국 간에는 행위자, 경로 및 결과에서 차이점 역시 갖는다.

발틱 3국 중 가장 효과적으로 체제이행을 기한 에스토니아는 1991년 독립과정에서 리투아니아와 유사하게 지방정부와 구공산당 세력의 저항으로 사회주의와 자본주의를 융합한 제3의 길을 모색하기도 하였다. 그러나 1992년 독립 후 최초의 선거로 집권한 우파연정의 32세의 마르트 라르(Mart Laar) 총리는 의회와 연합하여 서구화(Westernisation)와 시상경제(marketisation)를 지향한 전면적 개혁을 단행하였다. 라르 총리는 집권 후 독립 이후에도 정부의 고위직과 지방정부에서 기득권을 유지하는 구공산단 세력을 철저히 차단하여 과거청산을 신속히 이루었다.[104]

반면에 라트비아는 독립과 함께 러시아계가 주축이 된 구공산당 세력을 철저해 배제하고, 인구의 30%가 넘는 러시아계의 시민권을 사실상 박탈하였다. 이러한 과정에서 민족주의 세력 간 러시아계의 배제를 두고 의견이 충돌하여 정정은 불안하고, 러시아계 정치인과 시민의 저항이 노골화되었다. 경제개혁 역시 화폐개혁과 가격 자유화 조치 등은 성공적으로 진행되었으나, 구세력의 이권이 걸린 사유화 조치에서는 이해관계 대립으로 정책실행에 난항이 거듭되었다.[105]

한편, 리투아니아는 리투아니아계가 주축이 된 공산당 세력이 독립 후 중도좌파 성격의 민주노동당으로 탈바꿈하여 국민의 지지를 업고 정부를 구성하였다. 그러나 구세력이 주축이 된 민주노동당 정부는 사회주의와 조합주의적인 중도적 노선을 취하고, 관료적 전문성 결여로 시장경제 이행이 지체되는 결과를 낳았다. 리투아니아의 체제전환에서 주목되는 점은 타 발틱 국가에 비해 상대적으로 소수인 러시아계에 대한 관대

한 시민권 정책으로 이들의 저항을 봉쇄하여 정치적 안정을 기하였다는 점이다.[106]

발틱 3국은 체제전환기 이후 새로운 정부가 들어서면서 국민들의 정치에 대한 몰입과 관심은 빠른 속도로 식었다. 1995년 에스토니아 의회 선거 득표율은 69%였으나 1999년 57%로 감소하였다. 타 발틱국가에서도 유사한 상황이 전개되어 1993년 90%에 달하였던 라트비아 의원선거 투표율은 1995년 72% 그리고 리투아니아는 1992년 75%에서 1996년 53%로 투표율이 하락하였다.

이러한 상황은 독립 이후 어려운 경제적 상황에 기인한 것으로 해석할 수 있으나, 1990년대 중반 이후 경제상황이 호전되어도 국민들의 정치적 관심은 고조되지 않았다. 역설적으로 정치에 대한 국민들의 무관심이 빠르게 확산된 것은 신속한 체제전환으로 정치·경제적 상황이 안정되면서 서유럽과 유사한 맥락에서 정치적 무관심과 냉소주의의 확산에 따른 것으로 결과적으로 성공적인 체제전환을 반증한다.[107]

제 8 장

우크라이나의 체제전환과 사유화

김상원

1 서론
2 우크라이나 경제의 구조적 변화와 특징
3 우크라이나 사유화의 발전과정
4 사유화와 국영 기업
5 결론

사유화는 거시경제 안정과 경제 활동의 자유화와 함께 계획경제에서 시장경제로 이행을 시행하는 행위의 중심이다. 즉, 사유화를 통해 비효율적인 국영 기업을 민간 소유로 이전하여 기존의 정치적 인센티브로 운영하던 관행을 기업의 경영자가 스스로 예산 운영과 경제적 이익 중심으로 활용하게 만드는 것이다. 따라서 사유화는 기업 구조조정 과정의 한 단계일 뿐이지만 시장경제로 이행하는 과정에서 가장 중요한 요소이자 핵심이다.

우크라이나의 사유화는 소련의 붕괴와 함께 시작되었다. 사유화에 대한 우크라이나의 정책 입안 논의는 1990년경에 시작되었고 1992년까지 우크라이나는 주요 사유화 법안이 마련되었다. 그러나 1994년까지 성공적인 국영 기업의 사유화 사례는 찾아보기 어려웠다. 1994년 이후 서방 국가들과 국제금융기구들의 협력과 지원으로 우크라이나는 수정된 프로그램인 대규모 사유화 프로그램이 시작되었다. 이 수정된 프로그램은 그동안 사유화를 가로막았던 많은 문제를 완화했지만, 경제 개혁의 속도는 예상만큼 빠르게 증가하지 못했다.

소련 구성 공화국 중 가장 풍부한 자원과 노동력이라는 잠재력과 비교해 상대적으로 낮은 성장을 보여주는 국가이다. 여러 논쟁이 있지만, 시장경제로 이행하기 위한 초기 정책의 실패가 이런 결과를 가져온 것으로 평가받고 있다. 따라서 사유화 과정을 살펴보는 것은 우크라이나 현재의 문제점과 미래를 전망해 볼 수 있는 중요한 단서라고 할 수 있다. 이와 더불어 국영 기업의 사유화 과정에서 나타난 문제점 분석을 통해 경쟁력을 평가하는 것은 의미 있는 작업이라 할 수 있다.

이 장은 『슬라브학보』 제36권 4호(2021)에 게재된 「우크라이나의 체제전환과 사유화」를 수정 · 보완한 글이다.

1 서론

사회주의 붕괴와 더불어 소련 구성 공화국은 거의 동시다발적으로 민주화와 시장경제로의 체제전환을 시행하였다. 특히 경제적으로는 계획경제를 포기하고 시장경제를 도입한 것이 특징이었다. 소련으로부터 독립을 선언한 다수의 동유럽 국가들이 시장경제로 전환을 위해 실시했던 개혁 정책의 핵심은 사유화, 가격 및 대외무역 자유화였다. 시장이 존재하지 않았던 국가에 시장을 구축하기 위해서는 우선 경제 활동을 자유롭게 할 수 있는 경제 주체를 형성할 필요가 있었다. 따라서 국가마다 차이는 있지만 모두 사유화를 적극적으로 추진하였다. 사유화는 거시경제 안정 및 상업 활동 자유화와 함께 포스트 사회주의, 즉 시장경제로 이행의 중심 기둥이었다. 비효율적인 국영 기업을 민간에게 이전하여 정치적 인센티브 대신 예산 제약과 경제적 인센티브를 통해 운영하게 만드는 것이었다. 이 정책은 기업 구조조정 과정의 한 단계일 수도 있지만, 성공적인 시장 안착을 위한 가장 중요한 요소이기에 성공 여부는 주목받을 수밖에 없었다.

사유화는 사회주의 국가들이 자본주의 체제로 전환하는 과정에서 반듯이 추진해야 하는 정책으로 특징지어지기도 하였다. 자본주의 시장경제 체제 국가들에서, 특히 선진국을 포함하여 경제 세계화 과정에서도 사유화는 이미 1970년대부터 활발히 전개되기 시작했다. 사유화의 결과 이들 국가에서는 공공 부문의 규모와 국가의 경제적 기능 범위가 많이 축소되었다. 경제 이론과 시장에서 민간 부문을 경제 발전의 역동성과 효율성을 보장하는 주요 요인으로 제시했기 때문이다. 즉, 국가 경제의 유형이 민간 자본의 개발을 위한 최대 공간과 기능 조건의 활성화가 제공되는 합리적인 모델로 인식되기 시작했다고 할 수 있다. 이러한 맥락에서 사유화는 특히 독점을 극복하고 재산 소유관계를 개혁함으로써 달성되는 경제 및 성장의 효율성을 높이는 방법으로 간주한다. 이와 함께 재산 소유관계 개혁의 기초가 되는 국가 및 집단 재산의 사유화 및 시행 과정은 매력적인 투자 대상이 될 수 있다. 그리고 경쟁, 경제 구조 조정, 국가 및 지방 예산 충원, 동기 부여 증가로 인한 생산적인 작업을 위해 책임 있는 개인 소유자 계층의 개발을 보장하고 이에 따라 중산층을 형성 강화로 시장 발전의 기반이 될 수 있기 때문이다.

이러한 성과를 거두기 위해서 우크라이나 역시 소련에서 독립한 이후 사유화를 시작하였다. 그러나 현재 시점에서 사유화의 결과가 긍정적으로 평가되는 중동부 유럽과 발트해 연안 국가들과는 달리 우크라이나의 경우 사유화와 기업 성과 개선 결과로는 모호성과 약한 상관관계가 형성된 대표적인 사례로 제시되고 있다. 대체로 체제전환을 급진적이고 대규모로 실시한 우크라이나의 경우 지금까지 사유화의 유의미한 영향에 대한 다소 상반된 평가가 혼재되어 있다. 우크라이나는 1990년대 초반

국가 안정화 프로그램을 시작하면서 성공적인 사유화를 위해 큰 노력을 기울여 왔다. 야심에 찬 사유화 목표를 가지고 관련 법률을 채택했음에도 불구하고 사유화 과정은 많은 정책 및 개혁가들이 기대했던 것만큼 신속하고 성공적이지 못했다. 그 이유는 우크라이나를 비롯한 구소련의 체제전환 국가의 매우 일반적 상황인 복잡한 시행 절차, 비효율적인 산업 구조, 국가 명령 시스템에 익숙한 기업, 이윤 극대화 행동에 대한 약한 인센티브, 법률 및 비즈니스 환경의 불투명성, 최고 권력 기관의 과도한 관료주의 등이 지속적인 개혁 성과 달성을 방해하는 주요 걸림돌이었다. 우크라이나의 사유화는 1995년 본격적으로 시작되어 2000년 이후부터 실질적인 진전을 보이기 시작했다. 성공적인 사유화 결과를 기업 구조조정 측면에서 보면 결과 역시 고르지 않았다. 우크라이나 사유화 프로그램의 조건은 기업 수와 재정 수입액에 대한 정량적 목표에서 사유화 절차를 개선하기보다는 시간이 경과에 따른 경험치에 의해 진화했다고 할 수 있다. 이러한 변화는 재정적 측면에서 사유화의 중요성과 기업 소유 및 관리를 민간 부문으로 이전함으로써 경제의 효율성 향상을 목표로 하는 성장 촉진에 사유화의 역할을 재인식하는 계기가 되었다.

2 우크라이나 경제의 구조적 변화와 특징

1985년 소련의 고르바초프 서기장이 실시한 페레스트로이카 정책 이후 구성 공화국에 대한 소비에트 연방의 장악력은 약화되었다. 이 결과 1991년 8월 24일 우크라이나 최고회의는 독립선언법을 채택하고 결국 1991년 12월 1일 국민투표를 통해 독립을 결정하였다.[1] 결국 동년 12월 8일 벨라루스에서 러시아, 우크라이나, 벨라루스는 해체를 결정하는 벨로베좌 협정(Беловежские соглашения)을 체결함으로써 소련은 역사에서 사라지게 되었다. 이후 우크라이나에서는 체제전환을 위한 변화가 시작되었다. 주된 내용은 자유 시장, 시민사회 및 민주화의 창출이 중점이었다. 새로운 국가 건설을 위한 내용은 의회 제도 및 절차 구현 등의 제도적 변형, 사유를 기반으로 한 자유 시장 창출의 경제적 변형, 사회구조의 재구성 및 새로운 규칙 도입 등의 사회적 변형을 포함한 모든 영역을 포괄하였다. 그러나 우크라이나의 경우 러시아와 폴란드의 경우와 다르게 빠른 개혁은 없었다. 러시아와 폴란드 등은 엄청난 재정난의 결과 형성된 부채와 런던 및 파리 클럽과 같은 국제 금융 기관의 요구로 인해 이른 시일 안에 실시할 수밖에 없었던 충격 요법에 따른 개혁은 아니었다는 것이다.

1991년 이후 우크라이나의 경제는 지속해서 저조한 성과를 보여 주었다. 이러한 상황은 비슷한 처지에 있었던 러시아와 폴란드와 비교해 훨씬 더 심각했다. 1990년 우크라이나와 폴란드는 구매력 기준으로 1인당 GDP는 유사한 수준이었다. 그 이후로 폴란드는 고정 가격 기준으로 1인당 약 2배가 증가했지만, 우크라이나는 세계은행의 평가로는 1/5로 감소했다. 우크라이나보다 저조한 결과를 보인 국가는 구소련 구성 공화국 중 몰도바가 유일하였다. 1989년과 2013년의 현재 가격과 환율로 1인당 GDP를 비교하면 우크라이나는 1989년 러시아보다 약간 앞서 있었고 폴란드는 약 3배 높았다. 2014년 우크라이나 흐리브냐 가치는 크게 하락하면서 1인당 GDP는 폴란드 수준의 1/6로 떨어졌다.[2]

충분한 잠재력에도 불구하고 경제적 성과를 보여 주지 못한 주요 원인은 정치적 불안정과 사회에 만연한 부패 때문이라고 할 수 있다. 우크라이나의 독립은 두 개의 이해 집단에 의해 주도되었다. 하나는 뚜렷한 경제적 정책 없이 우선적 독립과 강력한 우크라이나의 재건설을 추구했지만, 인구의 1/4 이상의 지지를 받지 못한 주로 우크라이나 서부 지역 중심의 루흐당이라고 불리었던 민족주의 운동 집단인 우크라이나 국민운동(Народний Рух України)였다. 또 다른 중요한 이익 집단은 권력과 돈이라는 두 가지를 쟁취하기 위해 독립을 지지했던 우크라이나 동부 지역 중심의 소련 시기에 형성된 우크라이나 노멘클라투라였다. 우크라이나는 이 두 이익 집단의 연합에 의해 형성되었다고 할 수 있다. 즉, 민족주의자들은 우크라이나 민족 및 상징과 언어를 유지할 수 있다면 이전 소련 시기부터 존재했던 노멘클라투라들이 정치적·경제적 권력과 이익을 취해도 큰 문제를 제기하지 않았다. 가장 큰 문제는 이 동맹에 참여한 그 누구도 새로운 시대에 우크라이나가 선택해야만 하는 경제 정책에 관심이 없었다는 것이다.[3] 우크라이나 미래를 결정할 명확한 경제 정책 부재의 결과는 초기 독립 시기부터 현재까지 보여 준 경제 성장률이 증명해주고 있다고 할 수 있다.

우크라이나의 경제 상황의 변화를 살펴보기 위해서는 몇몇 기간으로 구별할 필요가 있다. 우선 초기 전환기인 1991년에서 1994년까지는 경제 정책이 없었던 시기라고 해도 과언이 아니었다. 이 때문에 초인플레이션과 막대한 생산량 감소가 있었다. 이 시기 우크라이나의 경제 상황은 비록 성공하지는 못했지만 충격 요법을 통해 급진적 개혁을 시도한 러시아보다 훨씬 더 나빴다. 두 번째 시기는 1994~1999년이다. 친러시아 성향을 지닌 쿠치마(Леонід Данилович Кучма) 대통령 집권기로 이 시기는 IMF의 지원으로 진행되었던 경제 개혁 프로그램이 1994년 10월 종료되면서 기본적인 시장 개혁과 재정 안정화가 진전된 결과를 보여 주었다. 그러나 경제 성장을 위해 도입된 시장경제 기반에 의한 안정적이고 지속적인 성장을 시작하기 위한 충분한 조건은 구축되지 못했다. 따라서 1999년까지 GDP는 계속 줄어들었다. 1989년에서 1999년까지 10년 동안 총 61% 감소했다. 같은 시기 러시아의 52%에 비해 더 저조했고, 폴란드는 22% 증가했다. 폴란드는 초기의 급진적이며 포괄적인 시장 개혁이 성공적으로 시행된 결과였다.[4] 세 번째 시기는 2000~2007년이다. 이 기간은 친서방파인 유셴코(Віктор Андрійович Ющенко)가 총리와 대통령으로 집권했다. 또 다른 특징은 경제 개혁의 효과가 처음으로 나타났던 시기라고 할 수 있다. 실제로 우크라이나는 2000년부터 2007년까지 연평균 7.5%의 빠른 속도로 성장하기 시작했다. 이러한 실적은 시장경제 도입 이후 처음이자 유일한 성공적인 성과를 보였던 시기라고 할 수 있다. 그러나 2004년 우크라이나 개혁을 원하는 국민의 열망이 표출된 오렌지 혁명으로 대통령으로 당선된 유셴코는 대통령에 집중되었던 권력을 총리와 의회로 분산하여 힘의 균형을 이루었지만, 정치력의 부족으로 부정부패와 경제 개혁은 성공시키지 못하고 혼란만 초래했다.[5] 네 번째 시기는 2008~2013년이다. 이 시기는 친러시아파인 야누코비치(Віктор Янукович) 대통령 집권기이다. 야누코비치 대통령은 전임 대통령인 유셴코의 실정으로 정국이 친러시아와 친EU파 간의 극심한 대립으로 혼란한 상황에서 2008년 글로벌 금융위기 여파까지 겹쳐 제대로 된 경제 정책을 실행하지 못하는 어려움을 겪었다. 금융 버블로 파생된 글로벌 금융위기 여파는 우크라이나에 심각한 영향을 미쳐 심각한 재정난을 겪었고, GDP는 2009년 15%까지 급락했다. 위기의 여파는 쉽게 해결되지 못하고 회복은 더디고 부분적으로 진행되었다. 2012년과 2013년에는 야누코비치의 약탈적인 경제 정책으로 인해 성장이 전혀 없었다.[6] 다섯 번째 기간은 2014년부터 현재까지이다. 야누코비치 대통령의 친러시아적 행보로 정국이 혼란에 빠지자 정부는 표면적으로 EU와의 교섭 재개를 시사했다. 하지만 야누코비치 대통령이 EU와의 협력 및 자유무역협정 체결, 인권 억압, 권력 남용, 부정부패 척결을 요구하는 시위대인 유로마이단(Євромайдан)을 폭력적으로 진압하면서 전국적 시위로 번지자 러시아로 피난하였다. 결국 우크라이나는 2019년 젤렌스키(Володимир Зеленський) 대통령이 당선될 때까지 트치노프(Олександр

Турчинов) 대통령 권한대행과 포로셴코(Петро Порошенко) 대통령이 집권했지만, 경제 안정을 이룩하지 못했다. 특히 이 시기는 경제 개혁이 실패하면서 생산량이 많이 감소하고 경제 침체는 지속되었다. 또한 러시아와의 계속된 분쟁으로 국내외적으로 불안정한 상황이 이어지고 있다.

지난 시기를 정리하면 우크라이나는 2000년에서 2007년 사이 8년 동안만 경제적으로 좋은 성과를 냈다. 1990년대에 유사한 경제적 성과를 보인 국가로는 러시아, 몰도바, 카자흐스탄이 있다. 이 4개 국가는 지대 추구와 과두 정치를 해결하지 못해 개혁이라는 함정에 빠지게 되었다. 2000년이 시작되면서 이들 국가는 모두 조금씩 문제점을 해결하면서 빠르게 성장하기 시작했지만, 우크라이나만 혼란에서 벗어나지 못했다. 다른 어떤 포스트 공산주의 국가보다 우크라이나는 국가를 장악한 다수의 올리가르히들이 지배하는 대기업에 의해 통치되었다. 그들은 우크라이나 경제의 가장 핵심적인 부문, 특히 에너지, 야금, 광업 및 화학 산업을 지배하며 외국인이나 소규모 민간 사업가가 이 부문에 들어오지 못하게 하였다. 그들은 1990년대 초반에 주로 석유와 천연가스 무역을 장악하면서 지대 추구를 통해 부를 얻었고, 국가를 정치 및 경제적으로 장악함으로써 지대를 유지할 수 있었다. 올리가르히 정치인들은 의회와 정부에서 다수의 의원과 연결되어 국가를 통제했지만, 고위 관리들로부터 모든 종류의 이권을 할애받기도 하였다.[7]

시장경제로의 체제전환은 정부 주도의 국정운영인 거버넌트(Goverment)에서 정부, 기업, 시민단체 등의 협력 네트워크 중심의 거버넌스(Governance)로의 전환이라고 할 수 있다. 즉, 국가와 사회 운영에서 정부와 비정부기구 사이의 적절한 견제와 협력의 틀이 구축되어야만 가능하다는 것이

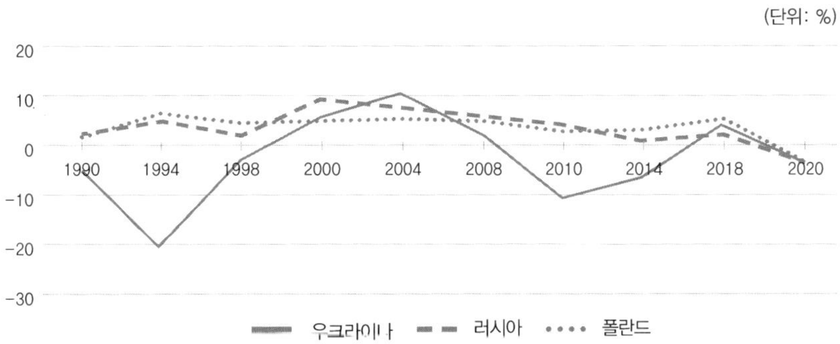

1990~2020년 우크라이나, 러시아, 폴란드 GDP 성장률
출처: IMF (2021).

다. 이유는 개선된 거버넌스를 통해 더 높은 경제 성장과 더 큰 경제적 후생을 만들어 낼 수 있으며, 경제가 발전함에 따라 성장을 위해 더욱 그 역할의 중요성은 배가되기 때문이다.[8] 포스트 소비에트 국가 중에서 우크라이나는 자유와 부패와 관련하여 매우 독특한 특징을 보여 주고 있다. 우크라이나의 경우 소련 구성 국가만큼 부정부패가 존재하지만, 훨씬 더 큰 정치적 자유를 누리고 있다. 일반적인 예를 고려하면 부정부패한 국가의 경우 그렇게 큰 투명성과 자유가 보장되지는 않는다. 그러나 이러한 현상을 균형이라고 볼 수는 없다. 부패와 권위주의 또는 자유와 좋은 거버넌스 중 하나가 승리하지 함께 공존이 지속되기는 어렵다. EU 회원국이 된 중부 및 동부 유럽 국가들은 모두 완전한 민주주의로 진전이 분명히 존재한다. 또한 완벽하지는 않지만, 부패를 제한하는데 성공했다고 할 수 있다. 따라서 이들을 민주주의와 함께 안정적인 균형에 들어섰다고 할 수 있다. 따라서 정부는 정부가 너무 부패할 수 없도록 통제할 필요가 있다. 대조적으로 대부분의 포스트 소비에트 국가들은 부패로부터 이익을 얻는 약탈적 권위주의 정권에 의해 유지되고 있으면서 부패와 차선의 균형을 이루고 있다고 할 수 있다. 문제는 우크라이나가 문제 회피의 방법으로 더 적은 부패로 또는 더 많은 권위주의로 나아갈 수 있다는 것이다. 이런 경우를 가정할 수밖에 없는 이유는 우크라이나 사회에서 올리가르히에 의한 정치의 두드러진 역할이 존재하기 때문이다. 올리가르히에 의해 운영되는 대기업 그룹 간의 경쟁으로 인해 우크라이나가 열린 사회가 된 긍정적인 측면도 있지만, 사회를 부패시키고 이익에 대해 불평등하게 만들었으며, 이는 2004년 오렌지 혁명으로 표출되었다고 할 수 있다.[9] 일례로 야누코비치 대통령은 다른 대부분의 포스트 소비에트 국가에서와 마찬가지로 가족 중심으로 권력을 공고히 하려고 노력했다. 그러나 결과적으로 그는 국민과 올리가르히 정치인 모두에게 신뢰를 잃었고 대립 관계를 형성하게 된다. 하지만 그가 실각하게 된 중요한 이유는 올리가르히 대기업이 야누코비치의 잘못을 폭로한 대부분의 텔레비전 채널을 소유했기 때문이다.

1991년 우크라이나의 전환 초기 조건은 구소련 국가 중 가장 좋았다고 할 수 있다. 그러나 심각한 부패 문제와 경제적 이익이 큰 자원에 대한 지배권을 두고 벌어진 올리가르히 간의 분쟁과 정치 세력의 개입 등으로 벌어진 혼란이 결국 국가 경제 발전을 저해하는 가장 큰 요인이었다. 이 외에도 국가 정체성에 대한 모호성, 즉 지역 및 민족 간 차이로 인한 언어와 문화 문제에 관한 상호 이해의 부족은 중앙 정부의 통제력 및 기능을 약화시켰고, 동시에 이웃 국가와의 관계에서도 문제가 되었다. 따라서 우크라이나의 경제는 많은 사회적 문제와 제도적 함정에 둘러싸여 있었다고 할 수 있다. 우크라이나는 민주주의 사회 기반 구축을 시작했지만 성공하기 위해서는 높은 수준의 제도와 그에 상응하는 수준의 경제 발전이 필요했다. 그러나 반복적으로 벌어진 선거 문제와 정치적 부패로 인해 지역 발전의 균형을 유지하는 데 도움이 되는 현대적인 경제 기반 시설을 만들기 위한 충분한 노력이 이루어지지 않았다. 이러한 혼란의 종식을 원하는 국민은 끊임없이 정부에 불만을 표출했지만, 아직도 현재 진행 중이다. 시장 제도가 신속히 만들어지고 과도기 동안 사회 및 정치적 안정이 유지되었다면 우크라이나의 체제전환은 성공 사례가 되었을 것이다.[10] 문제는 우크라이나의 체제전환은 포스트 소비에트 국가 중 가장 미미한 결과를 보여 주었다는 것이고, 이 문제의 중심에는 국가 엘리트가 있다는 것이다.

3 우크라이나 사유화의 발전과정

우크라이나의 사유화는 지금까지 진행 과정을 고려하면 크게 네 단계로 구분할 수 있다. 우선 첫 번째 단계는 1992년에서 1994년까지이다. 1992년 우크라이나 의회는 사유화 법안과 첫 번째 국가 사유화 프로그램을 승인하였다.[11] 다른 체제전환 국가들과 마찬가지로 사유화는 우크라이나 개혁가들의 주요 의제였으며 시장경제로의 전환 과정의 첫 번째 단계였다.[12] 정치적으로도 사유화 전략은 매우 중요한 과제였다. 당시 우크라이나는 개혁에 대한 인식이나 열망이 높지 않았다. 이유는 여전히 국가 최고 권력 기관은 공산주의 관료들이 지배하고 있었고 민간 자본의 부족으로 빅뱅식의 개혁은 불가능해 보였기 때문이다. 따라서 공적 소유에서 사적 소유로 가장 빠르게 소유권을 이전하고 체제전환 개혁의 불가역성을 보장하기 위해 대규모 사유화 방식이 선택되었다.[13] 한마디로 평가하면 첫 번째 단계 사유화는 계획과 사유화에 필요한 충분한 자본 그리고 적정한 외국인 투자자 없이 진행된 부실한 시작이라고 할 수 있다. 1994년까지 사유화는 직원이 우선주로 회사를 인수하는 우선주

배분 메커니즘을 기반으로 하는 경우가 많았지만, 일반 직원보다는 주로 경영진이 주축이었다. 그리고 목표는 소유권을 민간, 즉 사적 소유로 이전하는 것이었다. 국내 자본 시장이 형성되지 않았음에도 급진적인 방법을 선택했고, 외국인에게 국부를 매각한다는 부정적 시각이 있었기 때문에 배제하고 일반 우크라이나 국민을 대상으로 진행되었다. 이 결과 전략적 투자자들은 우량 자산의 소유자가 되는 경우가 거의 없었고, 대부분 시민의 지분은 신탁 펀드에 집중되었다. 이러한 사유화는 정치적으로 연결된 개인에게 국가 자산에 대한 접근을 제공하는 계기가 되어 한정된 범위에서 진행되었다. 첫 번째 단계에서 사유화 대상인 12,000개 기업 중 약 80%가 이 방식으로 사유화되어 외국인 투자자에게는 참여의 여지가 없었다. 이 기간에 진행된 사유화는 우크라이나 의회의 방해도 받았다. 의회는 다른 목표보다는 사유화로 발생하는 재정적 역할에 관심이 있었다. 사유화 법에 명시된 내용과는 달리 1993년 우크라이나 새로운 예산법 채택을 통해 사유화 수익의 50%가 예산으로 귀속되게 하였다. 그리고 의회는 매년 사유화 대상 목록을 재검토하여 다시 리스트를 설정하였다. 이 과정에서 1994년 7월에는 사유화 금지 기업 목록 작성을 8개월 동안 중단했다가 1995년 3월 승인하기도 하였다. 이유는 사유화 대상 기업이 조선, 해상 운송, 정유, 연료 및 에너지 콤플렉스 등 대다수 기업이 투자자에게 매력적인 대상이었기 때문이다. 실질적으로 정치인들과 각 부처의 간의 정치적 및 경제적 이해관계가 첨예하게 대립했고, 이는 우크라이나 올리가르히 정치의 기반이 되었다.

두 번째 단계는 1995년에서 1998년까지 실시된 바우처 사유화 기간이다. 바우처 사유화 프로그램 법안은 1994년 수정되어 승인되었다.[14]

이 프로그램은 바우처를 통해 대규모 사유화를 실시하는 것이었다. 그리고 중요한 부분은 바우처 사유화를 실시하면서부터 모든 정책결정권을 국유재산기금(Фонд державного майна України)으로 이양하도록 법을 개정한 것이었다. 1995년에서 1998년 기간 동안 11,000개 이상의 중견기업과 대기업을 포함한 약 50,000개의 기업이 사유화되었다. 1996년에 우크라이나는 시장경제 체제에 필요한 금융 시스템을 구축하면서 새로운 국가 통화를 도입하여 현금으로 주식을 판매하는 방식을 시작했다. 증권 시장에 주식 거래도 증가하기 시작했다. 가장 큰 수요는 에너지 기업, 기계 공학 및 금속 가공 기업, 화학, 석유 화학 및 식품 산업 기업이었다. 그러나 소유권의 70% 이상을 개인 소유로 변경된 기업은 전체 사유화 대상 기업 중 1/3에 그쳤다. 여전히 국가가 전체 기업에서 가장 핵심적인 소유자였다. 결과적으로 바우처 사유화는 상당한 왜곡되어 진행되었고 전체 사유화 과정에 부정적인 영향을 미쳤다. 우크라이나의 모든 시민에게 국가 자산에 대한 재산권을 '공정하게' 분배한다는 원칙이 사유화의 주요 목표 중 하나였지만, 기업 효율성 향상을 실현하는 데는 분명히 도움이 되지 않았다. 바우처 사유화의 결과로 형성된 소유구조는 기업 경영에 긍정적인 영향을 미쳤다고 할 수 없다. 기업의 직원과 관리자는 사유화 과정에서 왜곡된 상황을 통해 이점을 얻었고 이러한 왜곡은 소위 '내부자' 통제 기업의 출현으로 이어졌다.[15] 즉, 경영자는 구조조정 프로그램이 근로자의 해고로 이어질 것을 두려워하여 효율성 향상을 위한 구조 조정 프로그램을 진행할 수 있는 동력을 잃어버린 것이다. 또 사유화 바우처의 자유로운 유통도 금지되었다. 이 결과 불법적인 유통 형태는 경제의 비공식 부문을 확대하는 데 기여하기도 했다.[16] 마지막으로 대규모 사유화 과정의 전반적인 관료화와 투명성 부족도 성공적인 개혁을 가로막았다고 할 수 있다.

세 번째 단계는 1998년에서 2000년까지로 경쟁 기반의 사유화 단계이다. 이 시기는 경쟁적 사유화가 가능한 단계의 시작이라고 할 수 있다. 즉, 경쟁적인 민영화 방법이 등장한 것인데, 이를 통해 비상업 및 상업적 입찰을 사용하여 전략적 투자자에게 지분을 매각하고 기업 운영 및 개발 자금을 위해 외국 및 국내 투자를 확보하는 것이다. 이 단계는 대형 국영 기업 사유화를 위한 자본축적 및 준비과정이라고 할 수 있다. 그러나 민간 기업의 경우 기업 운영의 실질적 효과나 주주의 권익 보호가 제대로 이루어지지 않은 채 진행됐다는 문제점이 있다.

네 번째 단계는 2000년에서 현재까지로 현금 사유화 단계이다. 이 기간에는 국가 재정적자를 메우는 방법으로 사유화를 진행하고 있다. 실제 재정수입 증가로 이어지기도 하였다. 즉, 사유화가 부족한 국가 예산을 채우는 가장 쉬운 방법으로 여겨진 것이다. 이는 대형 국영 기업의 사유화를 통한 이익 추구로 경제의 불투명성 증가로 이어졌다. 이 단계에서 전직 고위 관리들은 정치 권력을 경제로 전환하면서 불법적인 수단으로 국가의 주요 자산을 취득하였다. 사유화가 실물 경제에 대한 투자를 유치하고 사유화된 기업의 효율성을 개선하는 방법으로 실행한다는 초기 목적과는 모순되는 부분이다. 2018년부터 사유화 절차를 간소화하고 최대한 구매자-투자자의 권리를 보호하는 데 집중하는 형태로 변모해 가고 있다. 그러나 국익 수호, 사유화 신청 대상의 실질 감사, 투자자의 사회 정책 모니터링 없이 진행되고 있다는 평가가 지배적이다.

현재까지의 우크라이나 사유화의 결과를 보면 긍정, 부정, 불투명한 부분 등 세 가지로 평가되고 있다. 2000년대 초까지는 사유화를 통해 창출된 민간 부문이 경제에서 중요한 역할을 하기 시작했다. 이때까지 제조업의 57.7%, 섬유 및 봉제업, 식품 산업, 농업 부문의 약 50%가 사유화되어 동 산업 부문의 활성화를 가져왔다. 하지만 주로 선택된 소수의 기득권을 위해 의회는 사유화 대상 기업 목록을 줄여 1994년 6,102개의 사유화 대상 기업이 2000년 초에는 1,307개만 사유화됨으로써 시장의 신뢰를 잃기도 했다.

사유화의 긍정적 경우는 끄리보르쥐스탈(Криворіжсталь) 사유화이다. 2005년 10월 인도 철강 기업 Mittal Steel은 끄리보르쥐스탈 주식 93.02%를 약 242억 흐리브냐(약 48억 달러)에 구매했다. 입찰 과정은 생중계될 정도로 관심을 모았다. 원래 이 기업은 2004년 6월에 우크라이나의 대표적인 올리가르히인 에스까엠(СКМ)의 아흐메도프(Ринат Ахметов)와 인터파이프(Інтерпайп)의 핀추크(Віктор Пінчук) 투자 컨소시엄에 42억 6천만 흐리브냐(약 8억 달러)에 판매된 것이었다. 하지만 새롭게 대통령에 당선된 유센코(Ющенко)는 이 결과를 번복하여 Mittal Steel에 다시 경매로 넘긴 것이다. 이후 유센코 정부는 재판매 후 국유재산기금은 42억 6천만 흐리브냐를 컨소시엄에 반환했다. 우여곡절이 있었지만, 우크라이나는 역사적으로 올리가르히에 의해 분할된 철강 분야에서 외국인직접투자와의 경쟁을 증가시키는 기회를 가지는 계기가 되었다.[17]

나쁜 경우의 예는 2008년부터 시작된 우크라이나 텔레콤(Укртелеком)의 사유화이다. 2000년대에 들어서면서 유선 전화가 모바일로 빠르게 대체됨에 따라 국영 통신 대기업은 통신 부문에서 독점 지위를 잃을 운명이었다. 문제는 2010년 이전에 시행되었던 사유화는 차별적인 경쟁 조건을 적용함으로써 기업 가치를 최소화하는 방법으로 이권 세력에게 지분이 종종 양도되었다. 당시 사유화는 대상 기업 주식을 소유한 해외 또는 국내 시장의 주주 중 투자에 관심이 있는 투자자에게 전략적 국가 자산 매각이 가능하다고 규정하고 있었다. 국내 및 해외 경쟁업체에 대한 또 다른 차별적 조건은 정부 또는 공기업 지분이 25%를 초과하는 회사에 대해 참가를 제한하는 것이었다. 이 때문에 주요 참여 예상 기업인 엠떼에스 우크라이나(МТС Україна)와 같은 일부 기업은 참여할 수 없었다. 또 다른 통신 회사인 키에프스타(Київстар)는 노르웨이 국영기업인 Telenor Group이 소유하고 있었지만, 주요 지분은 독일 정부 지분 15%인 도이치 텔레콤(Deutsche Telekom), 17%인 KfW 국영개발은행 등이어서 역시 참여하지 못했다. 결과적으로 오스트리아 회사인 EPIC의 자회사 ESU LLC만 단독 입찰하여 106억 흐리브냐(약 13.3억 달러)에 낙찰되었다. 그러나 이는 야누코비치 대통령과 올리가르히 간의 계약으로 이루어졌다는 것이 정실이다. 즉, 우크라이나 텔레콤 사유화 이후 2018년 런던에서 소송이 벌어졌고 이 과정에서 실제 구매자가 밝혀졌다. 올리가르히인 피르타쉬(Дмитро Фірташ)의 재정적 지원으로 연방 보안 국장이었던 호로쉬콥스키(Валерій Хорошковський)의 작품이었다. 2013년 올리가르히인 에스까엠의 아흐메토프가 ESU LLC의 지배권을 8억 6천만 달러에 구입하여 이미 소유하고 있었던 것이었다.[18]

불투명한 경우는 오데사 포트사이드 공장(Одеський припортовий завод)이다. 오데사 공장 매각은 친서방 정부의 새로운 성공 사례가 될 수 있었다. 그러나 2016년 두 차례의 민영화 시도는 실패했다. 처음에는 피르타쉬의 오스트 케미칼(Ostchem)이 보유한 오데사 포트사이드 공장 부채 2억 5천만 달러로 인해 5억 2,100만 달러가 소요되는 사유화에 참여하지 않았다. 이후에도 잠재적인 투자자들은 사유화 가격이 하락했음에도 참여하지 않았다. 사유화를 위한 기업 평가 과정에서 또 새로운 부채가 확인됨에 따라 매각 전망은 더 악화하였다. 그러나 새로운 부채가 확인되기 이전인 2009년에 올리가르히인 콜로모이스키(Ігор Валерійович Коломойський)는 이 공장 사유화를 위해 6억 달러까지 지급할 용의가 있었다. 오데사 포트사이드 공장의 경우는 국가가 사유화 가격 하락이 두려워 사유화 대상 기업의 전략적 가치 뒤에 있는 비밀을 감추고, 기업이 부채 손실로 가치를 부담할 때까지 사유화를 거부한 전형적인 예이다. 오데사 포트사이드 공장 매각이 성공한다면 새로운 젤렌스키(Зеленський) 정부의 성공 사례가 될 수 있지만, 아직 사유화 대상에 포함만 되어 있다.[19]

결론적으로 2000년대부터 우크라이나에서는 체제전환 과정에서 사유화를 통한 정실 자본주의가 강화되고 있었다고 할 수 있다.[20] 특히 주요 원료 및 에너지 기업은 의회가 채택한 특별법을 이용하여 선택된 소수의 손에 양도되었다. 예를 들면 2004년 우크루드프롬(Укррудпром)의 10개 기업을 판매하는 방법은 별도의 법률에 따라 결정되었다. 이 법은 우크루드프롬에 속한 기업의 주식을 최소 25%에서 1주 더 소유한 주주에게 구매할 수 있는 권리를 규정함으로써 이를 가능하게 하였다. 이 결과 우크라이나의 대표적인 올리가르히인 아흐메도프(Ринат Ахметов)의 에스까엠(СКМ) 및 노빈스키(Вадим Новинский)의 스마트(Смарт) 그룹과 콜로마이스키(Игор Коломойский)의 쁘리바트(Приват) 그룹에 인수되었다.[21] 정부는 경제적 내용을 왜곡하지 않고 사유화 과정의 원칙의 투명성과 적법성을 준수하는 것이 필요하다. 이런 경우 때문에 소유권 변화가 기업 목표의 변화를 수반할 수 있지만, 경제 및 혁신 개발의 원동력으로서 사유화의 효과에 의문을 제기할 수 있기 때문이다. 따라서 국영 기업은 일반적으로 공익과 특정 기능 전략을 결합하는 반면, 사유화된 민간 기업은 투명한 기업 운영과 서비스 및 소득 창출에 집중할 필요가 있다. 부적절하고 불투명한 사유화 과정과 조건은 범죄 수단으로 악용될 수 있고, 부정 취득한 자금의 합법화는 우크라이나 경제발전에 도움이 되지 못하고 국가 경제에 전략적으로 중요한 기업에 대한 소유권이 위협받을 수 있다. 국가의 경제 및 혁신 잠재력의 감소로 인한 문제의 심각성을 인식하고 사유화가 국가의 혁신적 발전 잠재력에 미치는 긍정적 영향을 확대하는 방법을 제안 및 준수할 필요가 있다.

4 사유화와 국영 기업

우크라이나 체제전환은 국유자산을 관리하고 사유화하는 과정이 잘못 설계되어 정책 결정에 문제가 있었다. 먼저 1990년대에 60,000개 이상의 공기업이 인위적으로 낮은 가격에 팔렸고, 이 중 상당수는 전임 경영진의 소유로 집중되었다. 사유화로 인한 수입은 2000년 GDP의 약 3%에 달했으며, 다른 체제전환 국가의 평균 9%와 비교하면 낮은 수준이었다.[22] 또한 국유재산기금이 국유자산의 관리와 사유화에 관여하는 것에 대해 문제를 제기했는데, 이에 대해 국유재산기금은 스스로 책임이 있다고 인식하고 있었다. 더욱이, 불투명한 거래에서 공기업의 판매로 인해 사유화 정책은 1992년 이후 꾸준히 감소한 대중적 지지 감소 문제를 심각하게 생각하고 있었다. 이러한 역사적 현실의 결과로 중앙 정부는 표면적으로나마 대형 공기업에 대한 통제권을 유지하면서 공공성 유지에 노력하고 있다는 점은 다행스러운 부분이다.

대부분 포스트 소비에트 국가와 비교하면 우크라이나 정부에 등록된 3,293개의 공기업이 있는 상황은 매우 광범위한 영역에서 공기업이 여전히 활동하고 있다고 할 수 있다. 이 기업 중 1,535개는 정상 운영 중이고, 1,063개는 수익성이 있으며 총이익은 약 521억 흐리브나이다. 다음 표에 있는 2019년 기업 운영 평가를 보면 민간 기업과 비교해 자기자본이익율(ROE) 및 총자산이익율(ROA)가 낮다. 그리고 나머지 기업은 비활성 상태이거나 청산 과정에 있다. 그 외에도 많은 국영 기업이 크림(Крим)과 돈바스(Донбас)에 있으며, 현재 러시아에 귀속되거나 독립 투쟁 지역이기 때문에 정보가 제공되지 않고 있다.[23] 우크라이나의 공기업 영역은 범위와 규모가 크고 국영 기업 현황을 파악하는 다양한 신고 방법을 고려하면 공기업의 정확한 수는 논쟁의 대상이 될 수 있다. 그리고 국영 기업 문제를 논의할 때는 시와 지방 소유 기업은 약 14,000개로 추정되는데 일반적으로 제외한다.

기업 유형별 주요 재무 비율(2019년)

구분	Return on equity	Return on assets	Profit margin	Current ratio	Quick ratio	Debt-to equity ratio	Asset turnover
국영기업	2%	0%	1%	1.05	0.51	0.40	0.97
시영기업	0%	0%	0%	1.81	1.02	0.05	0.93
민간기업	8%	1%	2%	1.28	0.83	0.18	1.10

출처: OECD (2021), p. 33.

우크라이나는 완전히 분산된 소유권 모델을 가지고 있으며 80개 이상의 중앙 집행 기관, 부처 및 국가 기관이 공기업을 소유하고 있다. 관련 부처 중에서 가장 큰 공기업을 운영하는 부처는 경제통상농업개발부,

에너지부, 법무부, 국방부이다. 내각 역시 공기업을 소유하고 있는데 대표적으로 천연가스 회사인 나프토가즈(Нафтогаз)와 철도 회사인 우크르잘리즈니찌(Укрзалізниці)를 포함한 일부 주요 공기업을 보유하고 있지만, 실제 운영은 해당 부처에 위임된다. 이 외에도 많은 기관이 국영 기업을 소유하고 있다. 국유림자원청과 국유재산기금도 큰 공기업을 보유하고 있다. 국가과학아카데미와 국립지질측량원은 상대적으로 작은 지분만을 소유하고 있다. 과학과 연구센터 소속의 국영 기업은 일반적으로 비상업적 활동만을 한다. 전략적으로 중요한 나프토가즈와 같은 공기업 및 지주 회사는 자회사 및 계열사에 대해서도 소유권을 행사할 수 있다.

자본 가치로 측정할 때 우크라이나 의화와 에너지부는 공기업 영역에서 가장 큰 부분을 담당한다. 이유는 이들이 소유한 에너지 공기업 때문인데, 예를 들어 나프토가즈의 경우 자산 가지는 약 3,987억 흐리브나이고 1년 수익은 2,049억 흐리브나이다. 이는 우크라이나 전체 국영 기업 운영 총 수익의 약 27.8%이다. 이 외에도 재무부는 전기송전시스템 회사인 우크르에네르고(Укренерго)[24]와 우크라이나의 천연가스송출 회사인 마기스트랄리이 가즈프로보드(Магістральні газопроводи України)[25]를 소유하고 있다. 이 두 회사를 통해 재무부는 국영 기업의 영역을 확대하고 있다. 에너지부 역시 여러 차례 구조조정을 겪으면서도 산하에 공기업을 운영하고 있다. 이들과 비교하여 상당한 공기업을 소유한 다른 부처는 사회기반시설부와 무역 및 농업부가 있지만, 이들의 지분 가치는 작은 편이다. 그러나 정부는 2021년 일부 주요 에너지 공기업의 소유권 주체를 변경할 계획을 발표했으며, 주요 내용은 민간회사인 우크르드로에네르고(Укргідроенерго)의 자본 중 국가 관리 기능 확인을 바탕으로

부동산 일부를 소유한다는 내용과 우크르인터에네르고(Укрінтеренерго)의 관리를 에너지부에서 경제 개발 및 무역부로 이관한다는 것이다.[26] 이렇게 우크라이나 정부는 국영 기업에 대한 사유화를 적극적으로 검토한다고 천명했음에도 불구하고 여전히 국영 기업에 대한 영역 확대와 권한 강화도 시행하고 있다.

국영 기업의 부문별 분포를 살펴보면 대부분 공기업은 농업, 임업 및 어업과 전문, 과학 및 수산업에 집중되어 있다. 기술 서비스와 제조 부문이 뒤를 잇고 있다. 그렇지만 실질적으로 공기업의 비율은 광업 및 채굴, ITC, 건설 및 무역을 포함한 부문이 다른 부문에 비해 약 3~7배 높다. 농업과 제조업 부문의 공기업은 순전히 숫자 측면에서 상당한 부분을 차지하지만, 후자인 광업과 ITC, 무역 등의 공기업에 비해 고용 및 자본 가치 측면에서 중요하다. 약 900개의 공기업과 71,000명의 노동자가 직간접적으로 고용되어 있으며, 자본 가치는 4,019억 흐리브나이다. 에너지 부문에서 운영되는 공기업은 그 수가 적지만 전기 및 가스 부문에 종사하는 공기업의 자기자본 가치는 약 2,014억 흐리브나이다. 그러나 1차 부문과 관련된 공기업은 상당한 손실에 직면해 있는 상황이고, 광업 및 채굴 부문에서 운영되는 회사의 자본 가치는 2019년 기준으로 최대 마이너스 199억 흐리브나를 기록하고 있다. 또 다른 주요 부문은 약 300,000명의 직원과 2,670억 흐리브나의 자본 가치를 지닌 운송, 창고 보관 및 우편 서비스이다. 마지막으로 부동산, 금융 및 통신을 포함한 기타 활동은 고용 및 자본 가치에서 차지하는 비중이 작다.

고용 및 가치 기준 공기업의 부문별 분포

구분	기업 수(개)	고용 인원(명)	자산가치(천UAH)	자산가치(천 달러)
1차 부문	818	93,673	11,808,897	429,102
제조업	729	86,599	10,414,625	378,438
금융	32	353	12,348,187	448,699
텔레콤	128	12,000	1,005,874	36,551
전기 및 가스	42	71,342	201,368,730	7,317,178
교통 및 운송	113	296,229	267,009,549	9,702,382
기타 공공 부문	28	5,460	1,396,848	50,758
부동산	50	927	602,793	21,904
기타	1,353	157,001	423,014,211	15,396,461
합계	3,293	723,584	903,340,173	32,850,166

출처: OECD (2021), p. 29.

국영 기업 운영에 대한 우크라이나 정부의 평가는 상위 100대 국영 기업이 전체 국영 기업 자산의 90% 이상을 보유하고 있으며, 이 기업 대부분은 수익을 창출하고 있다. 이러한 성과를 보여 준 대상은 주로 석유, 가스 및 전기를 담당하는 에너지 국영 기업들이다. 특히 나프토가즈의 수익이 가장 큰 부분을 차지하면서 수익성이 높은 것으로 나타났다.[27] 그러나 전체 국영 기업의 운영 현황을 보면 민간 기업과 비교해 훨씬 낮은 ROE를 보인다. 국영 기업이 우크라이나 경제 성장에서 차지하는 비중을 고려하면, 새로운 도전 과제가 될 수 있다고 본다. 다음 표를 보면 자산 수익률, 이익률, 유동성 비율 및 자산 회전율이 낮고 부채 비율이 높다. 국영 기업의 수익률은 낮은 편이었지만 그래도 지난 3년 동안 안정적이었다. 유동성 비율은 평균적으로 감소하는 경향이 더 있었고, 평균 부채 비율이 계속 증가하는 것이 강장 큰 문제로 지적되고 있다. 더욱이 IMF와 EBRD의 평가에 따르면 우크라이나 국영 기업은 민간 기업보다 직원 1인당 생산성과 수익 창출이 훨씬 적으며 이는 중·동부유럽 국가들의 경제 성과와 비교하면 가장 효율성이 떨어지는 부문이 바로 국영 기업이다. 국영 기업 직원의 월 임금은 민간 부문보다 높을 수 있으며, 이는 공기업 수익성과 수익에 추가적인 부담을 줄 수 있다고 평가하고 있다.[28] 또한 대규모 지하 경제 및 비공식 부문이 2018년 기준으로 전체 시장에서 최대 21.6%나 차지하는 것으로 나타나고 있다. 이를 통해 국영 기업과 비교해 활동이 자유로운 민간 기업이 세금 부담을 최소화할 수 있다는 평가도 문제점으로 지적되고 있다.[29]

기업 유형별 주요 재무 비율(2019년)

구분	Return on equity	Return on assets	Profit margin	Current ratio	Quick ratio	Debt-to equity ratio	Asset turnover
2017년	3%	1%	1%	1.10	0.58	0.34	0.95
2018년	3%	1%	1%	1.07	0.56	0.38	1.01
2019년	2%	0%	1%	1.05	0.51	0.40	0.97

출처: OECD (2021), p. 34.

부문별로 살펴보면 광업과 채굴, 통신 분야의 공기업은 마이너스 자본 가치를 반영했지만, 가장 비효율적인 공기업 중 일부는 제조, 건설, 용수 공급 및 폐기물 관리 부문이 더 취약할 수 있다는 평가가 있다. 또 다른 비효율성이 나타나는 부문은 최근까지 국가 독점이었던 알코올 생산 부문이다. 생산에 종사하는 21개의 공기업 중 8개만이 흑자를 냈고 11개는 파산했다. 이러한 수치에도 불구하고 우크라이나의 알코올 가격은 EU 및 기타 인접 국가의 가격과 비교하면 40% 이상 높다.[30]

우크라이나 국영 기업의 운영상의 문제에서 나타났듯이, 정치적 이유를 배제하고도 경영 성과도 낮으며 민간 기업과 비교하여 경쟁력이 떨어지는 것이 사실이다. 사유화를 통해 국가가 민간 부문과 공평한 경쟁의 장에서 상업적으로 관리해야 한다. 국영 기업 절반 이상이 소규모이며 또한 청산 상태이고 운영 중인 기업의 대부분은 경쟁력을 상실했다고 보아야 한다. 이유는 나프토가즈, 우크라이나 철도, 에네르고아톰 세 개의 국영 기업이 전체 자산의 2/3을 차지하고 있기 때문이다. 문제는 이 세 개의 국영 기업도 규모가 대형이기 때문에 구조조정을 하지 않으면 현재의 경쟁력을 상실할 가능성이 크다.

최근 6년 동안 우크라이나의 정부는 거시경제적 안정성을 회복하고 지속 가능한 개발을 촉진하기 위해 구조 개혁을 시행하려고 노력해 왔다. 특히 국영 기업은 개혁의 첫 번째 대상이었다. 2014년 상위 100대 국영 기업은 약 1,170억 흐리브나의 손실을 보았고, 이후 몇 년 동안 흑자를 내기도 하였다. 기업 지배 구조에 대한 수정안을 도입하고 사유화를 시작하는 것과 함께 정부는 또한 국영 기업 부문의 투명성 개선을 위해 노력하였다. 이 부문의 개혁을 도입하려는 정부의 노력은 EU, IMF, EBRD 및 World Bank를 포함한 국제사회와 금융 기관의 강력한 지원을 받았다. 지난 몇 년 동안 우크라이나와 IMF 간의 경제 협력 협정에는 국영 기업 개혁 및 사유화에 관한 조항이 중요한 부분을 점유하고 있다.[31] 또한 EU와 우크라이나 연합 협정에는 OECD 기업 지배구조 표준 및 후속 조치 준수의 중요성이 요구되었다. EU 재정 지원 패키지에는 국영 기업의 기업 지배구조 프레임워크의 개선에 관한 조항이 포함되어 있다.[32]

우크라이나 정부는 자체적인 경제 성장과 서방의 경제적 지원을 받기 위해 국영 기업의 기업지배구조를 개선하는 한편, 사유화를 통해 국영 기업의 규모를 줄이기 위해 노력하고 있다. 1990년대 이후 국가 자산의 사유화는 크게 둔화하여 2019년 기준으로 2013년에 비해 GDP의 0.2% 미만에 이르렀다.[33] 사유화 프로그램을 다시 시작하기 위해 2014년에 우크라이나 의회는 국유재산기금의 국영 기업 사유화 프로그램을 승인했다. 사유화 대상으로 선정된 160개 기업의 목록은 작성되었지만, 여전히 방식은 개선되지 못한 이전의 방식을 답습하고 있었기 때문에 현재까지 국가 소유로 남아 있는 오데사 포트사이드 공장 및 센트르에네르고(Центренерго)를 포함한 다수의 국영 기업을 매각하는 데 어려움을 겪고 있다.

2018년 우크라이나는 대형 및 중소형 국영 기업 판매를 쉽게 하도록 국유 재산 사유화에 관한 법률을 도입했다. 이 법은 또한 개별 거래의 투명성과 무결성에 관한 조항을 포함하고 투자자에게 보증을 제공하는 것이 특징이다.[34] 국제사회와 금융 기관의 관점에서 볼 때 이 법의 채택은 특히 전자 플랫폼인 ProZorro[35]를 통해 소규모 사유화를 촉진함에 따라 우크라이나 사유화의 새로운 단계를 시작할 수 있는 중요한 시기였다고 할 수 있다.

이 과정을 가속하기 위해 우크라이나 정부는 국영 기업을 국가 소유, 사유화 또는 청산으로 분류하는 분류 작업을 시작했다. 그러나 대규모 사유화 계획은 초기부터 지연되었고, 이후 COVID-19에 의한 사회 혼란이 확산하면서 국유재산기금 예산 또한 심하게 축소되었다. 결국 사유화 준비 작업 재개가 허용되었고 2021년 초 대규모 사유화를 지속하기 위한 법률 초안이 통과되었다.[36]

그동안 정부는 국영 기업 소유를 300개 기업만 유지하겠다고 선언했지만, 나중에 목록이 두 배로 늘어났다.[37] 국가 자산을 사유화에서 제외하는 법률 초안이 의회의 첫 번째 독회에서 승인되었다. 법안 초안은 600개 이상의 국영 기업 목록을 국가 소유로 유지하도록 명시하고 있다. 국가재산기금은 사유화를 장려하기 위한 법률 초안을 지속해서 개발했지만, 의회 심사 대상이기 때문에 제대로 진행되지 못하고 있다. 이와 동시에 일부 주요 국영 기업에 대한 IPO 계획이 발표되었다. 2020년 4월에 의회는 나프토가즈에 2025년을 목표로 IPO를 위해 준비하도록 지시했으며 회사의 소유권 정책에 대한 관련 수정이 이루어졌다. 또한 국영 우체국인 우크르포쉬타(Укрпошта) 및 국영 철도 회사인 우크르잘리즈니찌야(Укрзалізниця)를 포함한 다른 주요 국영 기업의 50% 지분에서 1주를 빼는 방식으로 사유화할 계획이다.[38]

5 결론

우크라이나의 사유화는 국가의 자유 시장경제 발전을 촉진하는 것으로 시작되었다. 그러나 불투명한 정책으로 정치권과 결탁한 올리가르히들이 경쟁력 있는 국영 자산을 소유하게 됨으로써 소귀의 목표를 달성하지 못했다고 할 수 있다. 또한 아직도 사유화 대상인 국영 기업들을 적정한 시기에 사유화하지 못함으로써 국가 경제에 부담이 되고 있다. 따라서 우크라이나 사유화는 법의 일반 원칙을 준수하는 복잡하고 어려운 과정이라 할 수 있다. 적정한 자산 평가 없는 낮은 비현실적 잔여 가치, 시장 독점에 대한 원칙 위반, 불법적 행위로 획득한 자금의 합법화 등의 문제를 극복하고 제대로 된 국가 재산에 대한 사유화 실시로 시장의 질서를 바로 세워야 한다.

사유화 과정의 전략적 방향성 부족은 경제 침체와 독립 당시 가지고 있던 강력한 경제 잠재력의 상실로 이어졌다. 산업 간의 불균형이 심하고, 에너지 산업에 대한 의존도가 높은 현 상황의 문제점을 극복하기 위해서는 더욱 강력한 국영 기업에 대한 사유화를 통해 경쟁력 있는 기업

창출을 도모해야 한다. 잘못된 사유화는 사회·경제적으로 심각한 피해를 양산할 뿐만 아니라 국가의 혁신과 경제발전에도 부정적인 영향을 미친다. 이런 사항을 고려하여 불법적으로 사유화된 국유자산에 대한 재국유화가 필요하고, 이를 통해 정당하게 창출된 국익을 국민에게 반환할 필요가 있다. 이후 정당한 사유화 정책을 도입하여 기업과 산업 그리고 경제발전의 효율성 향상을 이룩하여야 한다. 우크라이나의 국익을 보호하는 혁신적인 변화가 곧 국가 전체를 보호한다고 할 수 있다. 이는 역사적 정의의 회복과 시민의 권리 보호의 기초가 될 것이고 이를 통해 정당한 시장 질서 회복이 가능할 것이다.

미주

제1장　1989년 공산주의 붕괴 이후 폴란드의 체제 청산

1　이 사건을 둘러싸고 벌어진 내막에 대해, 1993년 야첵 쿠르스키와 피오트르 셈카가 『6월의 좌파』(폴란드어로 '상대를 한방에 녹아웃시킨다'는 뜻으로 '오른손 훅'이라는 말이 있는데, 이를 빗대어 '왼손 훅', 즉 '좌파들로부터 녹아웃 카운터펀치를 얻어맞았다'라는 의미)라는 저서를 냈다. 그리고 이 책을 바탕으로 다음 해인 1994년에 만들어진 다큐멘터리 필름 〈새벽의 바뀌지기〉가 제작됐다. 특히나 다큐멘터리 필름은 2005년과 2007년 폴란드 선거에 등장하며 커다란 논란을 불러일으켰다. 이 필름을 보면 바웬사 대통령과 훗날 유럽연합 상임의장에 임명되는 도날드 투스크 등과 같은 당대 정치계의 거물들이 체제 청산 법안 가결과 '마치에레비츠 리스트' 발표 소식에 얼마만큼 공황에 빠졌는지 잘 드러나 있다.

제2장　체코와 슬로바키아의 이행기 정의: 정화와 비밀문서 공개

1　새뮤얼 헌팅턴, 강문구, 이재영 역(2011).

2　Pettai, V., & Pettai, E. (2018), pp. 283-285.

3　1990년 8월 통일조약 제17조에서는 동독 공산당인 독일사회주의통일당의 지배하에 있었던 체제를 불법체제로 규정함과 동시에 그러한 불법 체제하에서 정치적 동기에 의한 불법 조치를 청산하기 위한 입법 작업을 추진할 임무를 통일 독일에 위임했다(한명섭, 2016, p. 41).

4 체코슬로바키아 연방의회의 '연방정부와 개별 정부 수준에서 특정 공직을 차지하는 기준에 관한 법(Zákon č. 451/1991 Sb., kterým se stanoví některé další předpoklady pro výkon některých funkcí ve státních orgánech a organizacích České a Slovenské Federativní Republiky, České republiky a Slovenské republiky)' 그리고 체코 의회의 '체코 경찰과 군부의 특정 직책 수행을 위한 조건에 관한 법(Zákon č. 279/1992 Sb., o některých dalších předpokladech pro výkon některých funkcí obsazovaných ustanovením nebo jmenováním příslušníků Policie České republiky a příslušníků Vězeňské služby České republiky)'을 각각 대(大)정화법과 소(小)정화법으로 지칭한다.

5 Stan, L. (2006), pp. 1–2.

6 Stan, L. (2009a), pp. 76–101; Stan, L. (2009b), pp. 102–127.

7 Stan, L. (2006), p. 7.

8 과거청산 혹은 이행기 정의는 그 '강도'에 따라 기소-처벌, 정화를 통한 인적 검증, 비밀문서 공개, 복권과 재산반환으로 구분되고, 이 외에 용서-화해가 있다. 이와 관련해 슈풀로바와 흘로섹은 화해와 용서하기를 이행기 정의 메커니즘에서 제외하고 보복정의에서 복권정의까지의 연속선을 제시하여, 기소와 처벌, 정화, 비밀문서 접근, 옛 정권에 대한 비난, 배상과 반환 등의 연속선을 제시했다(Šipulová & Hloušek, 2013, pp. 31–69).

9 Stan, L. (2009c), pp. 128–151; Metodiev, M. (2009), pp. 152–175.

10 Stan, L. (2006), pp. 5–8.

11 새뮤얼 헌팅턴, 강문구, 이재영 역(2011), pp. 324–325.

12 Moran, J. (1994), pp. 95–109.

13 Welsh, H. (1996), pp. 419–428.

14 Williams, K., Fowler, B., & Szczerbiak, A. (2005), pp. 22–43.

15 Szczerbiak, A. (2002), pp. 553–572.

16 Nalepa, M. (2005).

17 Stan, L. (2006), pp. 14–15.

18 Nalepa, M. (2005), pp. 65–115.

19 Nalepa, M. (2005), p. 88.

20 Skapska, G. (2003), pp. 199–202; Robertson, D. (2006), pp. 73–87; Schwartz, H. (1994), pp. 461–681.

21 Kosař, D. (2008), pp. 460–487.

22 Nedelsky, N. (2009), pp. 37–75.

23 Nedelsky, N. (2009).

24 Nedelsky, N. (2009), p. 51.

25 Time, "Spies Caught in the Web", (검색일 2021. 10. 5.).

26 David, R. (2006), pp. 387–439.

27 Kmenta, J., & Vaca, J. (2007. 2. 12.); Hospodářské Noviny (2007. 2. 22.); Malecký, R. (2007. 2. 10.).

28 Rosenberg, T. (1995); Šiklová, J. (1999), pp. 248-258.

29 Kosař, D. (2008), pp. 470-472.

30 김신규(2016), p. 181.

31 Kovanic, M. (2012).

32 Nedelsky, N. (2009), p, 53.

33 Nedelsky, N. (2009), pp. 54-56.

34 Zákon 553/2002 z 19. augusta 2002 o sprístupnení dokumentov o činnosti bezpečnostných zložiek štátu 1939 – 1989 a o založení Ústavu pamäti národa a o doplnení niektorých zákonov (zákon o pamäti národa).

35 김신규(2016), p. 182.

36 Kovanic, M. (2012), pp. 45-48.

37 Kovanic, M. (2012), p. 49.

38 김신규(2016), p. 183.

제3장 과거와의 단절, 미래로의 연결: 체제전환 이후 헝가리 역사 교과서의 내용 변화

1 헝가리의 역사서들은 왕궁의 서기들에 의해 11세기 중반부터 라틴어로 기록되기 시작한다. 현존하는 헝가리 최고(最古)의 역사서는 18세기에 발견된『게스타 훙가로룸(Gesta Hungarorum, 헝가리인의 역사)』이다.『게스타 훙가로룸』은 1200년경에 쓰인 것으로 추정되고 있으며, 이 책의 저자는 이름의 첫 글자 P로만 알려진 수도사였다. 또한 헝가리 국왕 라슬로4세의 왕궁에서 근무했던 수도사 케저이 시몬(Kézai Simon)에 의해 같은 제목으로 쓰인『게스타 훙가로룸』은 1283년경에 완성된 것으로 알려져 있는데, P의『게스타 훙가로룸』과 마찬가지로 헝가리 왕가의 혈통과 헝가리의 기원이 훈족과 함께한다고 서술하고 있다. 특히 이 책에는 훈족의 전설과 설화(신비의 사슴 등)가 포함되어 있어 헝가리 고대사 연구에 중요한 자료가 되고 있고, 헝가리인의 민족의식 형성에 많은 영향을 끼쳤다(이상협, 1996).

2 일본 및 중국의 교과서 왜곡 등에서도 확연히 들어나고 있고, 심지어 우리나라의 역사 교과서 집필 과정에서도 그러한 방식을 준용해 보고자 하는 시도가 있다.

3 MDF, Új oktatás rendszernek a celja..beszélgetés nyoman, (Kossuth Rádio, 1989. 2. 11) 코슈뜨 라디오 인터뷰

4 MDF의 구성원 중에는 역사학자, 교사 등이 상당수 포함되어 있었는데, 체제전환 이후 헝가리의 초대 수상인 Antal Jozsef 박사도 민주포럼을 창당하기 이전에 고등학교에서 역

사 교사로 근무하였다. 당시 헝가리의 고등학교 역사 교육은 여타의 사회주의 국가들과 마찬가지로 막스-레닌주의에 입각한 철저한 유물론적 사관에 기반하고 있었다. 이러한 와중에도 Antal 박사는 비교적 객관적으로 역사를 가르치려 했다고 알려져 있다. 체제전환의 도상에 있는 헝가리에서 제일 우선적으로 역사학계의 변화가 요구되었다는 점은 당연한 일이었다.

5 정흥모(2001), p. 279.

6 공산정권 시대의 역사서는 Molnár Erik. Pamlény Ervin- Székely György, Ránki György. Hajdu Tibor- Tilkovszky Loránt, Hanák péter, Mucsi Ferenc. Magyarország története. (Budapest, 1978) A magyar történettudomány válogatott bibliogáfiája 1945-1968, MTA Történettudomány Intézet munkaközössége(논문 모음). (Budapest, 1971)가 있다. 제1차 세계대전 이후의 현대사 부분에서는 Siklós András: Az 1918-1919. évi magyarországi forradalmak források, feldolgozások. (Budapest, 1964)를 분석하였다.

7 이 논문에서 체제전환 이후의 헝가리 현대사의 기술방향에 대해 주로 참고한 문헌은 헝가리 현대사의 거장인 Romsics Ignác 교수의 『20세기의 헝가리 역사(Magyarország története a XX. században』(Budapest, 1999)이다. 이 문헌은 객관적이고 풍부한 자료를 이용하여 완전히 새로운 시각과 관점에서 헝가리의 현대사를 기술하고 있다. Romsics Ignác 교수는 체제전환 이후 1990년대 두 번에 걸쳐 미국 인디애나 대학교의 교환 교수를 역임하였고, 헝가리 학술원의 정회원으로서 헝가리 현대사 연구를 주도하고 있다. Romsics Ignác 교수는 헝가리 역사학계에서 과거정권 시대의 역사서술 방식과 구미의 역사서술 방식에 대해서도 깊은 안목을 가지고 있는 유일무이한 학자로 평가된다. 『20세기의 헝가리 역사』는 20세기 전반에 걸쳐 헝가리의 주요 문제들에 대한 통찰을 보여 주고 있다. 헝가리 현대사의 가장 뜨거운 쟁점 중의 하나인 1956년 혁명에 대해서는 Varga László, 1956. A forradalom kronológiája és bibliográfiája. (Budapest, 1990) Századvég-Atlanti-1956-os Intézet. Hegedűs B. András. 1956 kézikönyve. 2권. Bibliográfia. (Budapest, 1996)를 검토하였다. 공산정권 시절에는 이 주제에 대한 연구 자체가 불가능하였기 때문에 1956년 혁명에 대한 역사서는 체제전환 이후에 출간된 역사서 중 가장 중요한 문헌들을 선택하였다.

8 Romsics Ignác, Magyarország története a XX. században, (Budapest, 1998) pp. 207-208

9 '공식역사서'의 다음과 같은 기록은 이 시기의 서술의 특징을 보여 준다. ".......A bűnbakképzés ősi receptje szerint a hatalomra jutott ellenforradalmi erők is a magyarságtól idegen tényezőkre - külső ellenségekre és belső árulókra - hárították a felelősséget a történelmi Magyarország felbomlásáért..."(..속죄양이었던 조상으로부터의 오랜 전통에 따르면 권력을 장악한 반혁명세력도 역시 역사적 헝가리의 붕괴에 대한 책임을 헝가리 외부로부터의 요인에서 - 외부의 적과 내부의 매국노에 의하여 - 찾았다.) Zeidler Miklós, A magyar történetírás új útjai. Eötves Loránd Tudomány Egyetem Torténeti Tnaszék, (Budapest, 2008) p. 5. (미간행 논문)

10 "...az antifasizmus jelszavában összegezte világnézetét... a népbíróságok öt év alatt összesen 27 ezer elmarasztaló ítéletet hoztak, a 477 halálra ítélt közül 189-et ki is végeztek...." Zedler Mikols, A magyar történetírás új útjai. Eötves Loránd Tudomány Egyetem Torténeti Tnaszék, (BUdapest, 2008) p. 7. (미간행 논문)

11 Mód Aladár의 주요 저서로는 A magyar nép küzdelme(헝가리 인민의 투쟁). Kanadai Magyar Könyvkiadó, 1945, 400 év küzdelem az önálló Magyarországért(독립 헝가리를 위한 400년의 투쟁) 3. bőv. kiad. (Budapest, 1947). A párt(당).2. kiad. (Budapest, 1948) Oktatási füzetek Falusi tanfolyam Politikai ismeretek(정치적 문제에 대해 시골에서 개설한 교육 과정을 위한 교육자료 시리즈) 등이 있으며, Andics Erzsébet의 주요 저서로는 모드 얼러다르와 공동으로 저술한 A magyar nép küzdelme. Kanadai Magyar Könyvkiadó, (Toronto, 1945)가 있고, Hazafiak-e a kommunisták?(공산주의자들은 애국자들인가 아닌가?). (Budapest, 1946) Igazságos és igazságtalan háborúk:előadás (정의로운 전쟁과 정의롭지 않은 전쟁:강연) (Budapest, 1945) Munkásosztály és nemzet(노동자계급과 민족), 3. kiad. Sorozat: Tudomány és haladás, (Budapest, 1947) Molnár Erik의 주요 저서는 Sztálin nyelvtudományi cikkei és a történettudomány(스탈린의 언어학 논문들과 역사학 논문들), (Budapest, 1951) Magyar történet a XIII-XIV.században(18-19세기의 헝가리역사). 2. évesek számára. Sorozat: Budapesti Eötvös Lóránd Tudományegyetem Bölcsészkarának jegyzetei. (Budapest, 1950) 특히 이 책은 부다페스트대학교 철학부 2학년 학생들을 위한 교과서로서 헝가리 사회를 이끌어 갈 지도자들에게 당과 국가가 요구하는 사상적 수준을 보여 준다. 이 외에 Kapitalizmus és külkereskedelem(자본주의와 해외무역), (Cluj-Kolozsvár, 1933) A magyar társadalom története az Árpádkortól Mohácsig(아르파드시대부터 모하치까지 헝가리 사회사), Budapest, Szika, 1949. Materialista lételmélet(유물론적 실존이론), vázlat, (Budapest, 1934) 등이 있다. 이 들은 모두 공산당사연구소 소속의 연구원으로서 마르크스주의적 역사관에 입각한 역사서술의 선구자들이었다.

12 "..A kötet szerzői a marxista történettudomány erdményeit szintetizáaják, és ahol ez lehetséges, meghaladják a korábbi ismeretek és feltevések szintjét; feltevések szintjét; feltevések nélkül az oly korai idők töténetét lehetetlen előadni..." Magyarország története: Előzmények és magyar történet 1242-ig, Székely Gyögy főszerk. Barta Antal szerk. I. (Budapest, 1964) p.14

13 "..hogy a magyar nép küzdelmének, sorsának e gazdag és drámai szakaszait írja meg. A munka a Magyarország történetét felodlogozó első nagy marxista szintézis része, és mint ilyen képez önálló egységet..." Magyarország története: 1918-1919, 1919-1945. Hajdu Tibor, Tilkovszky Loránt. I. (XIII.) (Budapest, 1988) p.19

14 심한 경우 저자들은 대학에서 쫓겨나거나 감옥에 가기도 했다. Romsics Ignác,

Magyarország története a XX. században.(20세기 헝가리의 역사) 4. jav., bőv. kiad. (Budapest, 2010) pp. 501-502

15 헝가리에서는 1918년 공산주의자인 꾼 벨라에 의한 소비에트 혁명을 '혁명'이라 부르고, 이에 대항하여 호르띠 미끌로쉬, 베뜰렌 이쉬뜨반, 뗄레끼 빨 등이 일으킨 반공산주의 혁명을 '반혁명'이라고 부른다. 그 이유는 마르크스주의적 관점에서 혁명은 오로지 인민에 의한 프롤레타리아 혁명만 존재하기 때문에 굳이 1918년 혁명에 특정한 명칭을 붙이지 않는다는 것이다. 따라서 '혁명'에 대해 반대한 혁명은 '반혁명'일 수밖에 없다는 것이다.

16 Juhász Gyula, Magyarország külpolitikája:1919-1945, Magyar Tudományos Akadémia Történettudományi Intézete. (Budapest, 1969)pp. 26-33. Juhász Gyula, Magyarország külpolitikája:1919-1945, Magyar Tudományos Akadémia Történettudományi Intézete. (Budapest, 1975) pp. 27-35 Juhász Gyula, Magyarország külpolitikája, 1919-1945, 3. átd. kiad. (Budapest, 1988) p.30, pp. 77-80.

17 "...A felsőoktatási intézményekben s még inkább a tudományos kutatóintézetekben dolgozó történészek nagyobb szellemi szabadságot élvezhettek. Elsősorban hozzájuk jutottak el új impulzusok a történettudomány modernizációjának fellegváraiból (a német, angol és francia történetírói iskolákból), igaz, ezek csak részben és meglehetős késéssel épültek be a hazai történetírásba. Bár a marxista történetszemlélet a rendszerváltozást megelőző évekig irányadónak számított, ennek hangsúlyozása az 1980-as években már csak a reprezentatív nagy elbeszélések esetében volt szigorú norma..." 제이들레르 미끌로쉬 교수와의 인터뷰, (2011. 8. 23.) 부다페스트대학교. 이러한 평가는 1990년대 이후 박사학위를 취득한 웅그바리 크리스티안, 반 D. 언드라쉬, 롬쉬치 게르게이 등 소장학자들의 의견이라고 할 수 있으나, 롬쉬치 이그나츠, 프리츠 빨, 퓔뢰쉬께이 페렌츠 등 학계의 원로들도 상당부분 동의하고 있다.

18 이들의 대표적인 저작은 Körösényi András, Tóth Csaba, and Török Gábor, A Magyar Politikai Rendszer(헝가리 정치구조), (Budapest, 2003). Jeszenszky Géza, Kapronczay Károly, Biernaczky Sziland, A Politikus Antall József - Az Európai Úton(정치가 언떨 요제프-유럽으로 가는 길), (Budapest, 2006)를 들 수 있다.

19 폴란드나 체코에서도 지식인들에 의한 광범위한 사회 참여는 하나의 전통으로 자리하고 있다. 특히 시인, 소설가들은 이러한 운동을 주도한 대표적인 지식인이었다. 체코의 경우 바츨라프 하벨 전 체코슬로바키아 대통령을 들 수 있는데, 하벨 대통령은 대표적인 문학가로서 77헌장 운동을 이끈 지식인이다. 또한 폴란드에서는 노벨상 수상자인 체스와브 미워시를 비롯하여 예쥐 기에도로이츠(Jezry Giedroyc, 1906-2000) 등의 작가들도 같은 활동을 했다고 할 수 있다. 공산주의 시대 폴란드의 문학가들의 반체제운동은 폴란드의 '전통적인' 망명지인 프랑스 파리의 '폴란드 문학가 센터'를 중심으로 펼쳐졌으며, 중심인물은 예쥐 기에도로이츠였다. 이 센터는 1947년부터 월간지『문화(쿨투라 Kultura)』

를 발행하며 반공투쟁을 벌여왔다. 폴란드 내에서는 바르샤바 대학생을 중심으로 공산정권에 항거한 대표적인 지식인 운동으로 1968년 3월 사태를 들 수 있으며, 이 당시 참여한 지식인은 카롤 모젤레프스키(Karol Modzelewski) 야첵 쿠로인(Jacek Kuroń) 아담 미흐닉(Adam Michnik- 현재 폴란드 최대일간지인 선거신문 Gazeta Wyborcza 편집장), 헨드릭 쉴라이페르(Henryk Szlajfer) 세베린 블룸쉬타인(Seweryn Blumsztajn) 얀 리티인스키(Jan Lityński) 등이다. 헝가리의 경우에는 체제전환 이후 최초의 민주정권인 헝가리 제3공화국의 대통령을 지낸 아르파드 괸츠가 1956년 혁명에 가담하여 징역형을 선고받고 복역한 영문학자이고, 노벨상 문학상 후보로 여러 번 거론된 콘라드 죄르지(Konrád György)를 들 수 있다.

20 오랜 역사를 가지고 있는 꼬르비너(Corvina)출판사와 헬리콘(Helikon)출판사는 헝가리어와 외국어로 체제전환 이후의 변화된 시각을 반영한 역사서를 출판하는데 선두에 나섰으며, 꼬슈뜨(Kossuth) 출판사와 즈리니(Zrínyi) 출판사는 보다 대중적인 역사학 서적들을 출판하는데 집중하였다. 곤돌러트(Gondolat) 출판사는 주로 학회 등 연구단체의 저작들을 출간하였다. 헝가리 최고의 학술적 권위를 자랑하는 어커데미어이(Akadémiai Kiadó)는 헝가리 학술원에서 저술된 작품들을 출판하였다. 체제전환 이후 출판업은 대부분 자유로워졌다. 그러나 국가가 시직의 유통과 보급을 담당하던 체제기 변경되어, 출판사가 독자적으로 공급을 해야 하는 상황이 되면서 책의 가격이 급격하게 상승했고, 발행 부수도 하락하였다. 물론 출판된 저작들의 양은 현저하게 증가하였다. 1990년에 역사부문에서 379종류의 학술 서적이 출판된 반면에, 2002년에는 564종류로 증가하였다. 그러나 총 역사학 저서의 발행부수는 1990년의 320만 부에서 130만 부로 감소하였다. 그렇지만 역사학 서적이 전체 헝가리에서 출판된 서적에서 차지하는 비율이 1990년에 5%였던 것이 2002년에는 5.6%로 증가하였다. Zeidler Miklos, A magyar történetírás új útjai. Eötves Loránd Tudomány Egyetem Torténeti Tnaszék, (Budapest, 2008) pp. 17-18.(미간행 논문)

21 Magyarok Európában, szerk. Glatz Ferenc, (Budapest, 1990) Engel Pál, Európa ezer éve: a középkor, szerk. Klaniczay Gábor, (Budapest, 2005)

22 Gergely Jenő, A magyarországi forradalmak 1918-1919. (Budapest, 1992) Magyarország története 1919 őszétől a II. világháború végéig. (Budapest, 1992) Mózes Mihály, A nyugati polgári demokráciák születése. (Budapest, 1992) Szerencsés Károly, A politikai fejlődés fő irányai a II. világháború után, (Budapest, 1992) Magyarország története a II. világháború után (1945-1975). (Budapest, 1992) Kertész István, Az ókori görögök és rómaiak története. (Budapest, 1992) Jónás Ilona, Európa születése. (Budapest, 1992) Gergely András, Magyarország története(1790-1918). (Budapest, 1992) Kalmár János. Magyarország története a 16-18. században, (Budapest, 1992) Galántai József, Háború és békekötés (1914-1920). (Budapest, 1992)

23 Egyetemes történet Négy kötetben, szerk. Hóman Bálint, Szekfű Gyula, Kerényi Károly.

Hasonmás kiad. (Budapest. 1991)

24 『헝가리문화사』의 출간은 큰 의미를 갖는다. 헝가리의 초기역사시대부터 1942년까지의 헝가리 문화, 문예의 역사를 서술하고 있는 이 책은 기본적으로 헝가리 문화의 특징을 기독교적이고, 부르조아적이며, 서구지향적이라고 보고 있다. 따라서 애당초 마르크스주의적 관점에서 보면 받아들이기 어려운 입장을 보이고 있는 것이다. 따라서 사회주의 정권 시절 검열관들이 이 책을 '부르조아의 서술 전통'을 충실히 따르고 있다고 비판한 것은 당연한 일이었다. 체제전환 이전의 시기에는 이 저서를 구할 수가 없었는데, 다시 출판되어 나오자 순식간에 매진되기도 하였다. 다시 출판 된 '헝가리문화사'의 서술방식을 보면 현재 서구국가들의 서술방식과 전혀 다르지 않은 모습을 보여 준다.

25 A 20. századi magyar történelmet a világtörténelem három sorsdöntő eseménye osztotta négy, egymástól élesen elváló korszkra. Az első nagy fordulópont az I. világháborút követő területi átrendeződés volt, amit az 1920-ban aláírt trianoni békeszerződés szentesített. A második az ország szovjet érdekszférába kerülése 1945-ben, a II. világháború végén. S végül harmadik: a Szovjetunió meggyengülése, majd összeomlása következtében lehetségessé vált rendszerváltozá 1989-1990-ben. Romsics Ignác, Magyarország története, (Budapest, 2007) p. 446.

제4장 불가리아의 공산체제에 대한 과거청산 과정

1 НАРОДНО СЪБРАНИЕ НА РЕПУБЛИКА БЪЛГАРИЯ, "Конституция на Народ на република България, 1971".

2 Raykov, N. (2018).

3 Novinite, "Bulgaria Marks 20 Years since Communist Party Coup of November 10, 1989".

4 Lévesque, J. (1997), p. 173.

5 Ружа Смилова, pp. 182-190.

6 Refworld, "Political Parties and Groups".

7 Bulgaria Parliamentary Assembly.

8 Radio Bulgaria, "1998 г. - Тодор Живков - краят на един диктатор".

9 Blitz BG, "Тодор Живков се разминал на косъм от екзекуция като Чаушеску".

10 Pamet, "Pamet(1944-1989)".

11 The Times UK, "Patriarch Maxim".

12 Secretariat Petitions, "Direction générale des politiques internes de l'union".

13 Ahtehn, "Преди 28 години Филип Димитров пада след вот на доверие".

14 Bulgaria elections held in 1994, http://archive.ipu.org/parline-e/reports/arc/2045_94.

htm.

15 BG Haber, "Над 40 Сътрудници На Комунистическите Служби Са Участвали В Приватизацията През 1995 Г. При Кабинета Виденов".

16 Libertarium Civil Association, "Банковият фалит на България".

17 OSCE/ODIHR International observer mission (1997), pp. 4–18.

제5장 유고슬라비아 체제전환의 특징과 국제사적 의미: NATO 전략 개념 변화를 중심으로

1 '티토이즘'의 붕괴와 '문화적 민족주의 부활'의 관점에서 본 '유고슬라비아 체제전환 배경과 그 기원에 관한 연구'는 김철민(2020a) 참조.

2 1999년 4월 워싱턴 NATO 정상 회담의 기본 정신을 토대로 한 2010년 리스본 회담에서 NATO는 기존 냉전 시대와는 다른 새로운 안보 위협 요인을 규정하고자 했다. '냉전 2.0' 개념에 따라 'NATO 버전 2.0'으로도 묘사되는 NATO 신전략개념의 3대 핵심은 첫째, 전통적인 회원국 간 집단방위(collective defense) 개념 유지, 둘째, 새로운 안보 위협 요소에 따른 위기관리(crisis management) 강화, 셋째, 국제 안보를 위해 NATO 역외국가들과의 다양한 파트너십 증진(cooperative security)을 들 수 있다("NATO adopts new Strategic Concept"). NATO가 수립한 '신전략개념'은 한마디로 '깊숙한 개입(Deep Engagement)'과 '스마트한 방위(Smart Defence)'라 정리할 수 있다. 우선 '깊숙한 개입' 개념은 NATO의 활동 영역을 역내를 벗어나 전 세계로 넓히고, 그 활동 영역 또한 기존의 군사적 대응뿐만 아니라 평화유시 및 조싱, 법질서 확립 등 비군사 분야로 획대하는 것을 의미하고 있다. 두 번째, '스마트한 방위' 개념은 2008년 이후 제기된 미국 금융위기와 유로존 국가들의 경제 악화 그리고 러시아와 중국의 본격적인 연대에 그 배경을 두고 있다. 이후 미국은 자국의 지나친 방위비 부담을 줄이기 위해 한국과 일본을 비롯한 '접촉국가(Contact Countries)' 등과의 파트너십 강화와 함께 NATO 회원국 국방비 예산을 국가 GDP 대비 2%에 맞추는 등 회원국들의 방위비 부담을 늘리는 것을 목표로 하여 왔다.

3 본 연구는 3년 프로젝트 과제에 해당하며, 동유럽 국가 중 유고를 주요 사례로 하여 첫 단계는 체제전환 배경과 기원, 두 번째 단계는 체제전환과정과 그 특징, 그리고 마지막으로 세 번째 단계에선 체제전환 이후의 오늘날 양상과 전망 분석 등을 중심으로 분석이 이루어진다. 본 연구자는 단계별 연구 특징에 따라 이를 들여다보는 관점과 주제를 달리하고자 했으며, 다음 세 번째 단계에서는 '화해와 상생의 관점'에 기초하여 체제전환 이후 대두되는 유고 지역의 양상들을 제시하고 이에 따른 전망을 분석해 나가고자 한다.

4 역사적 경험을 통해 크로아티아와 보스니아에 거주하던 세르비아인들은 과거 제2차 세계대전 당시 이 지역들을 지배했던 크로아티아 극우 정권의 대량학살 재현 공포와 오스만 터키 지배 이후 자행된 무슬림들의 착취와 탄압이 재현될 것을 크게 우려하였다(Bugajski,

1995, p. 8).

5 바비치는 전범으로 기소되어 2004년 ICTY에서 재판을 받았지만, 재판의 부당성을 제기하며 2006년 자살하였다. 두 번째 대통령인 하쥐치(Goran Hažić, 1958~2016, 재임 1992. 2.~1994. 1.) 또한 ICTY에 전범 기소된 후 숨어 지내다가 2011년 7월 세르비아에서 체포된 후 뇌암으로 사망했으며, 그의 후임이자 크닌(Knin)의 경찰서장이었던 마르티치(Milan Martić, 1954~, 1994. 1.~1995. 8.)는 2007년 6월 ICTY에서 35년형을 선고받아 투옥 중이다("Panika u Krajini: Martić naredio da puštaju na radiju četničke pjesme jer su ljudi počeli bježati.") ("Court considering release of war criminals serving sentences in Estonia."); '크라이나(Krajina)'는 '국경(Frontier)'이란 뜻으로, 이것은 '전선 또는 군사경계선(Military Frontier)'이란 의미를 지닌 과거 합스부르크와 오-헝 이중제국 당시 '보이나 크라이나/보이나 그라니짜(Vojna krajina/Vojna granica)'에서 유래했다.

6 세르비아는 메시치가 과거 1971년 '크로아티아 봄(Croatian Spring/Hrvatsko proljeće)' 당시 연방 분리주의 움직임을 주도했다며 비난하였다. 메시치는 1967년 3월 크로아티아 지식인들의 '크로아티아 문어 이름과 지위에 관한 선언(Declaration on the Name and Status of the Croatian Literary Language/Deklaracija o nazivu i položaju hrvatskog književnog jezika)' 당시에는 크로아티아의 분리주의 움직임을 공개 비난했지만, 1971년 '크로아티아 봄'에 적극적으로 참여함으로써 20년형을 선고받았고 항소 끝에 1년 동안 투옥되기도 했다(김철민, 2020b, p. 265).

7 1991년 통계에 따르자면 유고 연방군이 와해하기 이전 이미 영관급 이상 군 고위직 장교와 군사 전문가의 약 70%, 군 장성의 약 73%가 세르비아인과 몬테네그로 출신으로 채워져 있었는데, 이 분포도는 연방 안 이 두 민족이 약 38.8% 인구수, 약 40%의 군인 수를 차지했던 것과 비교하면 매우 높은 수치였음을 확인할 수 있다(Cohen & Dragovic-Soso, 2007, p. 307, 326).

8 김철민(2020b), pp. 266-267.

9 이후 약 3개월간 이어진 부코바르 전투에선 중무장한 약 36,000여 명의 세르비아군과 민병대에 저항해 약 1,800여 명의 크로아티아 방위군과 자원군이 끝까지 저항했지만, 군인과 민간인 1,798명의 전사 속에 11월 18일 함락되게 된다. 이후 약 300여 명의 포로와 민간인에 대한 집단학살이 진행되었고, 약 20,000여 명의 현지 크로아티아인들이 강제 추방되는 등 인종청소(Ethnic Cleansing)가 단행되었다(김철민, 2020b, p. 268).

10 체제전환과정 속에서 유고 지역에서 발생한 민족분쟁들 해결에 있어 국제사회가 보인 무기력함과 평화협상의 문제들은 김철민(2004)의 제6장 '보스니아 내전과 보스니아 무슬림'을 참고할 것.

11 디트리히 가이어(1994), p. 52.

12 Gagnon, V. P. (1994/1995), p. 130.

13 이수형(2012), p. 177.

14 당시 다당제 선거에서 종교에 기반을 둔 세 민족 정당이 보스니아 전체 의석(240석, Chamber of Citizen 130석+Chamber of Municipalities 110석) 중 86%를 차지했다. 이 중 무슬림계의 '민주실천당(PDA/SDA: Party of Democratic Action/Stranka demokratske akcije)'이 86석(43+43)을 차지하며 제1당이 되었고, 카라쥐치(Radovan Karadžić, 1945~, 스르프스카 공화국 대통령 1992. 4.~1996. 7.)가 이끄는 '세르비아 민주당(SDP/SDS: Serbian Democratic Party/Srpska demokratska stranka)'이 72석(34+38)을, 클류이치(Stjepan Kljuić, 1939~)가 이끄는 '크로아티아 민주연합(CDU/HDZ: Croatian Democratic Union/Hrvatska demokratska zajednica)'이 44석(21+23)을 차지하였다(Donia & Fine, 1994, p. 210).

15 실제, 1992년 리스본회담에 따라 이후 구성된 캐링턴-쿠틸레이로안(Carrington-Cutileiro plan), 밴스-오웬안(Vance-Owen plan) 그리고 오웬-스톨렌버그안(Owen-Stolenberg Plan) 등은 모두 보스니아 민족·지역 분할 원칙을 따랐으며, 이것은 보스니아 내 민족 갈등 확대와 장기간 분쟁의 원인이 되게 된다.

16 보스니아에서의 민족분쟁 초기 서구에서 제시한 여러 평화안 내용과 대응이 실패하게 된 주요 배경에 대해선 김철민(2004), pp. 220-231 참조.

17 동유럽의 체제전환 당시 미국의 동유럽 정책에 대해선 Johnson(1989) 참조.

18 Larrabee, F. S. (1997), pp. 395-396. 1975년 8월 1일, 헬싱키 협정에 근거해 수립된 CSCE는 이후 유럽에서 발생한 다양한 분쟁들에 더 적극적으로 대처하기 위해 1995년 1월 1일 이후 '유럽안보협력기구(OSCE: Organization for Security and Co-operation in Europe)'로 명칭을 변경하였고, 현재 유럽과 중앙아시아, 북아메리카 57개국이 가입 중이다.

19 전(前) 미국 국무장관인 밴스(Cyrus Vance, 1917~2002, 국무장관 1977~1980)와 EC 특사인 영국의 오웬(David Owen, 1938~) 주도로 만들어진 이 안은 당시 보스니아 내 세력권과 거주지에 기초를 둔 것으로 다민족 다문화가 조화된 국가 유지보다는 보스니아 분할에 초점을 맞추고 있었다. 실제, 1993년 1월 초에 발표된 '밴스-오웬안'에 따르자면 보스니아는 무슬림계, 세르비아계 그리고 크로아티아계 등 세 민족집단에 기초해 10개 지역(Canton)으로 나누고, 각 민족집단이 3개씩 그리고 사라예보와 그 인근은 중립지대로 하는 것을 골자로 하고 있었다[Rabia & Lifschultz (Eds.), 1993, p. xxxi].

20 이 안의 주 내용은 10개 구역 대신 보스니아를 3개 민족-국가 지역으로 나누고 사라예보와 인근 지역 그리고 크로아티아계 포위로 고통을 받던 모스타르시는 중립지대로 함으로써 느슨한 연방제 형태의 국가를 수립하자는데 그 목적이 있었다. 당시 이 안은 각 민족 계파가 지배하던 영토 범위를 토대로 계획된 것으로 이에 따르자면 세르비아계는 영토의 52%를, 무슬림계는 영토의 30% 그리고 크로아티아계는 영토의 18%를 차지하는 것으로, 인구수 비례 적은 영토를 차지하게 되는 무슬림계의 강한 반발을 불러왔다(김철민, 2020b, pp. 286-287).

21 이후 보스니아로 파견된 NATO의 '보스니아 평화이행군(IFOR, 1995. 12. 20.~1996. 12. 20.)'은 1996년 12월 20일 '보스니아 안정화군(SFOR: Stabilisation Force, 1996. 12. 20.~2004. 12. 2.)'으로 그리고 보스니아에서 평화 정착과 안정이 확인된 2004년 12월 2일 이후로는 EU주도의 'EU 평화유지군(EUFOR Althea: EU Force Althea)'으로 대체되어 현재에 이르고 있다.

22 세르비아 현지에선 코소보 알바니아인을 혐오하는 의미로 코소바르(Kosovar)로 칭하지만, 서방 학자들과 국제사회에서 인용되는 코소바르란 용어는 코소보의 원주민 혹은 코소보의 독립과 자치권 재획득을 바라는 세력들을 뜻하는 의미로 사용된다(Malcom, 1998).

23 19세기 코소보를 중심으로 한 알바니아 민족주의 운동과 그 기초가 되는 '프리즈렌 연맹'에 대해선 Zavalani(1994)과 김철민(2005) 참조.

24 Blagojević, M. (1993), p. 21.

25 Petranović, B., & Zečević, M. (1988), p. 1250.

26 1966년 '란코비치 사건'은 사회주의 유고연방 시기 세르비아니즘 확대 속에 형성된 코소보내 알바니아인들의 역사적 피해의식과 결부 지어 설명할 수 있다. 이에 대해선 김철민(2020b), pp. 230-233 참조.

27 국제사회의 관심이 약화 된 이후로 '코소보 자유를 위한 민족운동(National Movement for the Liberation of Kosovo/LKÇK: Lëvizja Kombëtare për Çlirimin e Kosovës)' 단체는 군사 조직인 '코소보 독립군(KLA: Kosovo Liberation Army/UÇK: Ushtria Çlirimtare e Kosovës)'을 창설했고, 세르비아인 폭행과 관공서, 경찰서를 향한 조직적인 공격을 더욱더 거세게 진행해 갔다.

28 NATO Office of Information & Press (2007), pp. 7-8.

29 실제, 미국이 '데이턴 평화안'에서 코소보 독립 문제를 주요 의제로 정하지 않았던 주요 배경중 하나에는 유럽 국가들의 대(大)알바니아주의에 대한 우려 또한 자리했었다. 더불어 세르비아는 역보복 문제를 들어 코소보 내 세르비아인 자치 구역 설정과 함께 더 나아가 이들 지역의 세르비아 편입 요구를 주장해 왔었다. 코소보가 독립을 선언했음에도 불구하고 현재까지 이 지역 내 평화 정착과 민족 간 갈등 해결이 풀리지 않는 배경에는 '코소보 독립 문제와 그 미래를 바라보는 세르비아와 알바니아 민족 간 조화의 단절' 그리고 이로 인한 양측 간 '소통에 따른 합의 도출 실패'을 들 수 있다(김철민, 2018).

30 2021년 현재, EU는 세르비아와 코소보의 EU가입 조건으로 이 지역 평화 정착과 양자 간 관계 회복을 내걸고 있다. 특히 현재 가입 협상 중인 세르비아를 향해선 코소보 독립과 UN 국가 등록 인정을 요구하면서 동시에 세르비아와 코소보 정부 간 문제해결을 위해 코소보내 세르비아계 거주지를 세르비아 본토로 편입시켜 주는 대신, 세르비아 남부에 자리한 알바니아계 거주지를 코소보로 이관시켜 주는 대안을 제시하는 중이다.

31 국제기구(Human Rights Watch)에 따르자면 NATO 공습에 따라 약 500여 명의 세르비아 민간인들이 사망하고 여러 공공건물과 다리와 철도 등 기간 시설들이 파괴되었다. 세르비

아 주장에 따르자면 세르비아 본토에서만 약 2,000명이 넘는 민간인 희생자가 나왔으며, NATO 공습에 대한 세르비아의 저항은 '희생자 기억의 날'을 통해서도 확인할 수 있다(김철민, 2019).

32 NATO의 코소보 전쟁 당시 러시아는 단순히 전쟁 중단과 비난 속에 '제스쳐 외교'만을 국제사회에 보여 줌으로써 러시아의 위상이 추락했음을 확인시켜 주었다. 조지 프리드먼(George Friedman)의 주장처럼 1990년대 러시아인들의 무기력함과 나약함에 대해 미국과 NATO는 러시아를 너무 얕보았고, 이런 서구 진영의 태도는 푸틴의 탄생을 불러왔다. 푸틴의 권력이 비롯된 곳은 상트페테르부르크였지만, 그의 권력이 공고해진 곳은 세르비아의 코소보였다. 러시아는 자신의 오랜 영향력 아래에 있던 이 지역에서 휴전을 여러 차례 주장했고, 코소보에서의 평화 유지 활동 참여도 기대했지만 그런 일은 일어나지 않았다. 서구 진영에게 있어 러시아는 무관심의 대상이었다. 하지만, 러시아는 이러한 무관심이 자신들을 얕보는 것으로 판단했다. 푸틴은 1991년 이후로 지속된 이러한 국제역학구도와 국제 관계를 바꾸겠다고 주장했고, 러시아인들은 이를 지지했다(조지 프리드먼, 홍지수 역, 2020, pp. 291-292).

33 이종광(2014), p. 262; Cross, S., & Vukadinović, R. (2013), pp. 10-16.

34 김철민(2018).

35 실제, 내전 직전(1991년) 통계 당시 보스니아 민족 구성은 약 437만 명 중 무슬림계가 약 43.5%를, 정교도 세르비아계가 약 31.2%를 그리고 가톨릭 크로아티아계가 약 17.4%를 차지했다. 하지만 내전 종결 20년이 지난 2016년 통계로 보자면 전체 인구는 약 379만 명으로 대폭 감소했고, 무슬림계의 보스니아인(Bosniaks/Bošnjaci)인이 약 50.1%를, 세르비아계가 약 30.8%를 그리고 크로아티아계가 약 15.4%를 구성하고 있다.

36 NATO의 존재 위기와 확대의 필요성에 대해선 손규석(2020) pp. 93-95 참조.

37 동유럽을 향한 NATO확대의 전략적 배경에 대해선 Brezinski, Z. (2009) 참조. 실제, 1990년 10월 독일 통일과 체제전환 이후 러시아 영향력과 군사 위협에서 벗어나기 위해 동유럽 국가들은 NATO 회원국 가입을 강력히 희망하였다. 체제전환기 동유럽에서의 러시아 공백과 1990년대 드러난 유고 지역 분쟁들에서의 EU의 안보 능력 부재는 자연스럽게 NATO의 동진정책을 불러왔다. 그 결과 1999년 3월 중부유럽 3개국(체코, 폴란드, 헝가리), 2004년 3월엔 발틱 국가들과 발칸반도로 확장되어 7개국(슬로바키아/에스토니아, 라트비아, 리투아니아/슬로베니아, 루마니아, 불가리아)이, 2009년 4월엔 크로아티아, 알바니아 2개국이, 그리고 2017년 6월 몬테네그로와 2020년 2월 북마케도니아 등 서부 발칸 국가들로의 NATO 회원국 확장이 이어지는 상황이다.

38 이승근(1998), p. 245.

제7장 발틱 3국의 체제전환 이행과 과거청산

1 Bennich-Björkman, L. (2007), pp. p. 317.

2 Mygind, N. (1997), p. 1.

3 Nørgaard, O. (1992), p. 45.

4 Mygind, N. (1997), pp. 1-4.

5 Mygind, N. (1997), p. 5, 8.

6 Raun, T. U. (2000), p. 275.

7 Smirnov, V. A. (2020), p. 27.

8 Valodzkin, A. A. (2019), pp. 24-25.

9 Raun, T. U. (2000), p. 275.

10 Raun, T. U. (2000), p. 277.

11 Nekrasas, E. (1998), pp. 5-6.

12 Nekrasas, E. (1998), p. 226.

13 Eduards, K. (2004), pp. 7-11.

14 Kasemets, A. (2012), p. 28.

15 Raun, T. U. (2000), p. 275.

16 Raun, T. U. (2000), pp. 276-277.

17 Raun, T. U. (2000), p. 276.

18 Bennich-Björkman, L. (2007), p. 323.

19 Bennich-Björkman, L. (2007), p. 323, 334.

20 Raun, T. U. (2000), p. 276.

21 Nørgaard, O. (1992), p. 48.

22 Martinsons, M. G., & Valdemars, K. (1992), p. 34.

23 Mygind, N. (1997), p. 33.

24 Raun, T. U. (2000), p. 282.

25 Raun, T. U. (2000), pp. 282-283.

26 Bennich-Björkman, L. (2007), p. 334.

27 Kasemets, A. (2012), p. 22, 44.

28 Bennich-Björkman, L. (2007), p. 322.

29 Mygind, N. (1997), p. 12.

30 Kumar. M. A. (2017), p. 22.

31 Kumar. M. A. (2017), p. 25.

32 Kumar. M. A. (2017), p. 30.

33 Kasemets, A. (2012), p. 32.

34 Gillies, J. et al. (2003), p. 176.
35 Gillies, J. et al. (2003), pp. 175–176.
36 Laar, M. (2008), p. 67.
37 Mygind, N. (1997), p. 11.
38 Laar, M. (2008), p. 68.
39 Laar, M. (2008), p. 69.
40 Laar, M. (2008), pp. 70–73.
41 Gillies, J. et al. (2003), p. 176, 180, 186.
42 Hoag, J., & Mark, K. (1999), p. 929.
43 Hoag, J., & Mark, K. (1999), p. 920.
44 Gillies, J. et al. (2003), pp. 180–182.
45 King, V. O. (2012), p. 140.
46 Raun, T. U. (2000), p. 279.
47 King, V. O. (2012), pp. 144–145.
48 King, V. O. (2012), p. 144.
49 Pridham, G. (2009), p. 10.
50 Pridham, G. (2009), p. 11.
51 King, V. O. (2012), p. 127.
52 Mygind, N. (1997), pp. 12–13.
53 Martinsons, M. G., & Valdemars, K. (1992), pp. 36–37.
54 Martinsons, M. G., & Valdemars, K. (1992), p. 38.
55 Martinsons, M. G., & Valdemars, K. (1992), pp. 38–39.
56 Mygind, N. (1997), pp. 13–14.
57 Krupavicius, A. (1998), p. 6.
58 Krupavicius, A. (1998), pp. 9–10.
59 Krupavicius, A. (1998), p. 6.
60 Mygind, N. (1997), p. 14.
61 Samonis, V. (1995), p. 3.
62 Vilpišauskas, R. (2014), p. 227.
63 Samonis, V. (1995), pp. 4–5.
64 Samonis, V. (1995), p. 7.
65 Vilpišauskas, R. (2014), p. 225.
66 Samonis, V. (1995), p. 10.
67 Samonis, V. (1995), pp. 13–14.
68 Samonis, V. (1995), p. 24.

69 Vilpišauskas, R. (2014), p. 230.

70 Samonis, V. (1995), p. 13, 17.

71 Vilpišauskas, R. (2014), pp. 229–230.

72 이러한 특징은 1980년대 들어 소련 공산당 서기장 고르바초프(Mikhail Gorbachev)가 개방개혁을 취하면서 젊은 관료의 대거 등용하면서 소련 전역이 공통적으로 관찰되는 현상이었다. 1981년 소련 공산당의 중앙위원회(Central Committee of the Communist Party) 간부의 평균연령은 67세였으나 1986년에는 61세 그리고 1991년에는 56세로 낮아졌다(Smirnov, 2020, p. 29).

73 Smirnov, V. A. (2020), p. 29.

74 Bennich–Björkman, L. (2007), p. 322.

75 Mygind, N. (1997), p. 11.

76 Smirnov, V. A. (2020), pp. 29–30.

77 King, V. O. (2012), p. 140.

78 Smirnov, V. A. (2020), p. 29.

79 Smirnov, V. A. (2020), p. 30.

80 Mygind, N. (1997), p. 8.

81 Jasinskaja, T. (1996), p. 97.

82 Nørgaard, O. (1992), p. 48.

83 King, V. O. (2012), p. 141.

84 Martinsons, M. G., & Valdemars, K. (1992), p. 39.

85 Valodzkin, A. A. (2019), pp. 24–25.

86 Raun, T. U. (2000), pp. 278–279.

87 Raun, T. U. (2000), p. 279.

88 Mygind, N. (1997), pp. 11–12.

89 Raun, T. U. (2000), p. 279.

90 King, V. O. (2012), p. 133.

91 Pridham, G. (2009), p. 5.

92 King, V. O. (2012), p. 131.

93 Mygind, N. (1997), p. 13.

94 King, V. O. (2012), p. 142.

95 King, V. O. (2012), p. 142.

96 Kent, M. (2000).

97 Pridham, G. (2009), p. 5.

98 Mygind, N. (1997), p. 14.

99 Valodzkin, A. A. (2019), p. 24.

100 Mygind, N. (1997), p. 14 참조.

101 Bennich-Björkman, L. (2007), p. 317.

102 King, V. O. (2012), p. 132.

103 Krupavicius, A. (1998), p. 6.

104 Kupatadze, A. (2016), pp. 193-194.

105 Kupatadze, A. (2016), p. 194.

106 Krupavicius, A. (1998), p. 6.

107 Raun, T. U. (2000), pp. 277-278.

제8장 우크라이나의 체제전환과 사유화

1 Сторчак Юрий Анатольевич (2018) 참조.

2 IMF (2014), pp. 60-61, 188, 193, 203.

3 Rumer, E. B. (1994), pp. 129-144.

4 United Nations Economic Commission for Europe (2000), p. 225.

5 Åslund, A. (2009), pp. 125-150.

6 IMF (2014), pp. 60-61.

7 Åslund, A. (2009), pp. 125-150.

8 Acemoglu, D. (2008)., pp. 1-44.

9 Åslund, A. (2009), p. 45-68.

10 Григорьев, Л., Агибалов, С., & Салихов, М. (2009).

11 Верховна Рада України. Державна програма приватизації на 1992. No. 2545-XII, July, 7, 1992, "Про приватизацію державного майна," Документ 2163-XII, втратив чинність, поточна редакція — Втрата чинності від 07.03.2018, підстава - 2269-VIII. https://zakon.rada.gov.ua/laws/show/2163-12/ed20180307?lang=uk#Text (검색일 2021. 10. 30.).

12 Yekhanurov, Y. (2000), pp. 189-214.

13 Roland, G. (2000), pp. 85-105.

14 Yekhanurov, Y. (2000), pp. 71-93.

15 Yekhanurov, Y. (2000), pp. 78-79.

16 Paskhaver, A. (2000), pp. 1-4.

17 NBC News, "Mittal Steel buys Ukraine plant for $4.8 billion". (검색일 2021. 10. 30.).

18 112UA (2018). "Khoroshkovsky was real beneficiary of EPIC during Ukrtelecom privatization - SCM". https://112.international/finance/khoroshkovsky-was-real-

beneficiary-of-epic-during-ukrtelecom-privatization—scm-24922.html (검색일 2021. 10. 30.).

19 Bedratenko, O. (2018).

20 Balabushko, O. (2008) 참조.

21 26 **примеров системной коррупции в Украине**. https://project.liga.net/projects/corruption_schemes (검색일 2021. 10. 30.).

22 OECD (2019), p. 40.

23 크림에는 약 168개 기업이 있고, 돈바스에는 약 277개 기업이 있는 것으로 파악되고 있다.

24 **Кабінет Міністрів України, Про передачу цілісного майнового комплексу державного підприємства "Національна енергетична компанія "Укренерго" до сфери управління Міністерства фінансів**, No. 1000-р, 2018. https://zakon.rada.gov.ua/rada/show/1001-2018-%D1%80#Text (검색일 2021. 11. 2.).

25 **Кабінет Міністрів України**, 2019, **Питання управління акціонерним товариством "Магістральні газопроводи України"**, No. 791-р, 2019. https://www.kmu.gov.ua/npas/pitannya-upravlinnya-akcionernim-tovaristvom-magistralni -gazoprovodi-ukrayini-791180919 (검색일 2021. 11. 2.).

26 **Кабінет Міністрів України, Деякі питання управління об'єктами державної власності**, No. 50-р, 2021. ttps://zakon.rada.gov.ua/laws/show/50-2021-%D1%80#Text (검색일 2021. 11. 2.).

27 MDETA (2019).

28 IMF & EBRD (2019).

29 OECD (2020).

30 Talakh, V. (2020).

31 IMF (2020).

32 European Commission (2018).

33 OECD (2019).

34 **Про приватизацію державного і комунального майна**. https://zakon.rada.gov.ua/laws/show/2269-19#Text (검색일 2021. 11. 8.).

35 2016년까지 우크라이나 공공 조달 분야는 폐쇄적이고 부패했다는 평가를 받았다. 이 문제를 극복하기 위해 우크라이나 경제부는 민간 전자 플랫폼 및 IT 회사인 Quintagroup과 협력하여 Prozorro 시스템을 2016년 개발하였다. 2016년 4월 1일부터 Prozorro 시스템은 중앙 기관 및 국영 기업 모두에서 의무적으로 상용화되었으며, 2016년 8월 1일부터 기타 공공 기관에서도 사용 의무화되었다. Prozorro는 Prozorro 전자 시스템과 함께 우크라이나 정부가 100% 소유한다.

36 **Верховна Рада України, Проект Закону про внесення зміни до розділу V "Пр**

икінцеві та перехідні положення" Закону України "Про приватизацію державного і комунального майна" щодо приватизації об'єктів великої приватизації, 2021. http://w1.c1.rada.gov.ua/pls/zweb2/webproc4_1?pf3511=70747 (검색일 2021. 11. 8.).

37 Ukrinform (2020). "Only 300 enterprises should remain in state ownership – Shmyhal, Ukrinform, 2020". https://www.ukrinform.net/rubric-economy/3080087-only-300-enterprises-should-remain- instate-management-shmyhal.html (검색일 2021. 11. 8.).

38 Zubkova, D. (2021).

참고 문헌

제1장 1989년 공산주의 붕괴 이후 폴란드의 체제 청산

김용덕(2014). "Transition of the Polish Political System upon the Roundtable Talk Agreement". 동유럽발칸연구, 6, 129-160.

김용덕(2020). "공산정권과 자유노조의 대화로 이룬 폴란드 체제전환 연구". EU연구, 55.

김용덕(2021). "폴란드 체제전환 연구: 원탁회의와 6월 총선을 중심으로". 세계역사와 문화연구, 59.

김용덕, 김종석(2020). "폴란드 공산주의 체제 붕괴 연구: 1980년대 체제 위기를 가져온 원인을 중심으로". 세계역사와 문화연구, 55.

김철민, 박정오 외(2014). 동유럽 체제전환 과정과 통일한국에 주는 의미. 서울: 한국외국어대학교 지식출판원.

Bartkiewicz, A., & Gajcy, A. (2016. 2. 18.). "IPN: W aktach jest zobowiązanie Wałęsy do współpracy z SB". *Rzeczpospolita*. https://www.rp.pl/historia/art3903201-ipn-w-aktach-jest-zobowiazanie-walesy-do-wspolpracy-z-sb.

Biuletyn Instytutu Pamięci Narodowej (2002). *Sto kilometrów teczek. O archiwum IPN z Bernadettą Gronek i Leszkiem Postołowiczem rozmawiają Krzysztof Persak i Barbara Polak*. Warszawa.

Cenckiewicz, S., & Gontarczyk, P. (2008). *SB a Lech Wałęsa. Przyczynek do biografii*. Gdańsk-Warszawa-Kraków.

Co kryją teczki? O tajnych współpracownikach bezpieki z Andrzejem Chojnowskim, Grzegorzem Majchrzakiem, Zbigniewem Nawrockim i Tadeuszem Ruzikowskim rozmawia Władysław

Bułhak (2005). *Biuletyn Instytutu Pamięci Narodowej*, nr 3.

Czyżewski, A., Nowinkowski, S. M., Stobiecki, R., & Żelazko, J. (Reds.) (2012). *Bez taryfy ulgowej. Dorobek naukowy i edukacyjny Instytutu Pamięci Narodowej 2000-2010*. Łódź.

Dudek, A. (2012). *Instytut. Osobista historia IPN*. Warszawa.

Gajcy, A. (2016. 2. 18.). "IPN poinformuje o aktach ws. TW 'Bolka'". *Rzeczpospolita*. https://www.rp.pl/historia/art11185491-ipn-poinformuje-o-aktach-ws-tw-bolka.

Grajewski, A. (2011). "Gdy było tylko Kolegium. Uwagi o pierwszym roku działalności Kolegium IPN". *Arcana*, 5.

Instytut Pamięci Narodowej (2005). *Biuletyn Instytutu Pamięci Narodowej*. Warszawa.

Instytut Pamięci Narodowej (2009). *Katalog publikacji IPN 2000-2008*. Warszawa.

Instytut Pamięci Narodowej (2012). *Informacja o działalności Instytutu Pamięci Narodowej-Komisja Ścigania Zbrodni przeciwko Narodowi Polskiemu w okresie 1 stycznia 2011-31 grudnia 2011*. Warszawa.

Koczwańska-Kalita, D. (2010). *Kronika 10 lat IPN*. Warszawa.

Kovanic, M. (2012). "Transitopnal Justice dynamics in Slovakia: From Silence to the Nation's Memory Institute". M. A. Thesis, Central European University.

Kuczyński, W. (2008. 6. 26.). "Fałszywy mit nocnej zmiany". *Rzeczpospolita*. http://www.rp.pl/artykul/154598.html.

Kura, A. (2012). "Trudna przeszłość-jaka przyszłość". In R. Ignatiew & A. Kura (Reds.), *Zbrodnie przeszłość. Opracowania i materiały prokuratorów IPN*, t. 4. Warszawa.

Kurski, J., & Semka, P. (1992). *Lewy czerwcowy. Mówią Kaczyński, Macierewicz, Parys, Glapiński, Kostrzewa-Zorbas, Editions Spotkania*. Warszawa.

Musiał, F. (2007). *Podręcznik bezpieki. Teoria pracy operacyjnej Słżby Bezpiczeństwa w świetle wydawnictw resortowych Ministerstwa Spraw Wewnętrznych PRL (1970-1989)*. Kraków.

Piasecki, K. (2011. 3. 18.). "Sejm wybrał pięciu członków Rady IPN". *RMF24*. http://www.rmf24.pl/fakty/polska/news-sejm-wybral-pieciu-czlonkow-rady-ipn,nId,329944.

Skoczylas, J. (2007. 1. 17.). "Noc teczek". *Gazeta Wyborcza*. http://wyborcza.pl/1,78302,3853186.html

TNS OBOP (2008). "Rozliczenia z komunizmem". sondaż z dn. 2-6.10.2008 r.

Tomasz, G. T. (2001). *Neighbors: The Destruction of the Jewish Community in Jedwabne, Poland*. NJ: Princeton University Press.

Ustawa z dnia 23 lutego 1991 r. o uznaniu za nieważne orzeczeń wydanych wobec represjonowanych za działalność na rzecz niepodległego bytu Państwa Polskiego (Dz.U. 1991, nr 34, poz. 149)

Ustawa z dnia 4 kwietnia 1991 r. o zmianie ustawy o Głównej Komisji Badania Zbrodni Hitlerowskich-Instytucie Pamięci Narodowej (Dz.U. 1991, nr 35, poz. 195)

Wassermann, Z. (2001). "Penalizacja-pociągnięcie do odpowiedzialności karnej sprawców zbrodni komunistycznych". In P. Kuglarz & H. Sułek (Eds.), *Od totalitaryzmu do demokracji. Pomiędzy "grubą kreską" a dekomunizacją o doświadczenie Polski i Niemiec*. Kraków.

ISAP. "Uchwała Sejmu Rzeczypospolitej Polskiej z dnia 28 maja 1992 r. (M.P. 1992, nr 16, poz. 116)". http://isap.sejm.gov.pl/DetailsServlet?id=WMP19920160116.

ISAP. "Ustawa z dnia 18 grudnia 1998 r. o Instytucie Pamięci Narodowej–Komisji Ścigania Zbrodni przeciwko Narodowi Polskiemu (Dz.U. 1998, nr 155, poz. 1016, zm. Dz.U. 1999, nr 38, poz 360)". http://isap.sejm.gov.pl/DetailsServlet?id=WDU19981551016.

ISAP. "Ustawa z dnia 18 października 2006 r. o ujawnianiu informacji o dokumentach organów bezpieczeństwa państwa z lat 1944-1990 oraz treści tych dokumentów (Dz.U. 2006, nr 218, poz. 1592)". http://isap.sejm.gov.pl/DetailsServlet?id=WDU20062181592.

SEJM. "Stenogram z posiedzenia Sejmu z 23 maja 1991". http://orka2.sejm.gov.pl/Debata1.nsf.

SEJM. "Stenogram z posiedzenia Sejmu z 23 grudnia 1991". http://orka2.sejm.gov.pl/Debata1.nsf.

SEJM. "Stenogram z posiedzenia Sejmu z 4 czerwca 1992". http://orka2.sejm.gov.pl/Debata1.nsf.

제2장 체코와 슬로바키아의 이행기 정의: 정화와 비밀문서 공개

김신규(2016). "체코와 슬로바키아의 과거청산: 정치적 상황의 차이". 윤여상 편, 과거청산과 통합(pp. 157-192). 서울: 북한인권정보센터.

새뮤얼 헌팅턴, 강문구, 이재영 역(2011). 제3의 물결: 20세기 후반의 민주화. 고양: 인간사랑.

한명섭(2016). "통일 독일의 과거청산: 사법적 청산을 중심으로". 윤여상 편, 과거청산과 통합(pp. 37-70). 서울: 북한인권정보센터.

David, R. (2006). "Lustration Laws in Action: The Motives and Evaluation of Lustration Policy in the Czech Republic and Poland (1989–2001)". *Law & Social Inquiry*, 28(2), 387-439.

Hospodářské Noviny (2007. 2. 22.). "Rada ČT podržela Janečka i bývalého milicionáře". *Hospodářské Noviny*. https://archiv.hn.cz/c1-20496080-rada-ct-podrzela-janecka-i-byvaleho-milicionare.

Kmenta, J., & Vaca, J. (2007. 2. 12.). "Tošovský spolupracoval s StB". *MF Dnes*. https://www.idnes.cz/zpravy/domaci/mf-dnes-tosovsky-spolupracoval-s-stb.A070211_213228_domaci_ost.

Kosař, D. (2008). "Lustration and Lapse of Time: 'Dealing with the Past' in the Czech Republic". *European Constitutional Law Review*, 4, 460-487.

Kovanic, M. (2012). "Transitopnal Justice dynamics in Slovakia: From Silence to the Nation's Memory Institute". M. A. Thesis, Central European University.

Malecký, R. (2007. 2. 10.). "Nohavica a StB: nová fakta". *Lidovky*. https://www.lidovky.cz/domov/nohavica-a-stb-nova-fakta.A070210_121340_ln_domov_znk.

Metodiev, M. (2009). "Bulgaria". In L. Stan (Ed.), *Transitional Justice in Eastern Europe and the Former Soviet Union: Reckoning with the communist past* (pp. 152-175). New York: Routledge.

Moran, J. (1994). "The Communist Torturers of Eastern Europe: Prosecute and Punish or Forgive and Forget?". *Communist and Post-Communist Studies*, 27(1), 95-109.

Nalepa, M. (2005). "The Power of Secret Information: Transitional Justice after Communism". Ph. D. Thesis, Columbia University, Department of Political Science.

Nedelsky, N. (2004). "Divergent Responses to a Common Past: Transitional Justice in the Czech Republic and Slovakia". *Theory and Society*, 33(1), 65-115.

Nedelsky, N. (2009). "Czechoslovakia, and the Czech and Slovak Republics". In L. Stan (Ed.), *Transitional Justice in Eastern Europe and the Former Soviet Union: Reckoning with the communist past* (pp. 37-75). New York: Routledge.

Pettai, V., & Pettai, E. (2018). "Dealing with the past: Post-communist transitional justice". In A. Fagan & P. Kopecky (Eds.), *The Routledge Handbook of East European Politics* (pp. 281-294). New York: Routledge.

Robertson, D. (2006). "A Problem of Their Own, Solutions of Their Own: CEE Jurisdictions and the Problems of Lustration and Retroactivity". In W. Sadurski et al. (Eds.), *Spreading Democracy and the Rule of Law? The Impact of EU Enlargement on the Rule of Law, Democracy and Constitutionalism in Post-Communist Legal Orders* (pp. 73-87). Dordrecht: Springer.

Rosenberg, T. (1995). *The Haunted Land: Facing Europe's Ghosts after Communism*. New York: Vintage Books.

Schwartz, H. (1994). "Lustration in Eastern Europe". *Parker School Journal of East European Law*, 1(2), 461-681.

Šiklová, J. (1999). "Lustration or the Czech Way of Screening". In M. Krygier & A. W. Czarnota (Eds.), *The Rule of Law after Communism: Problems and Prospects in East-Central Europe* (pp. 248-260). Aldershot: Ashgate.

Šipulová, K., & Hloušek, V. (2013). "Different Paths of Transitional Justice in the Czech Republic, Slovakia and Poland". *World Political Science Review*, 9(1), 31-69.

Skapska, G. (2003). "Moral Definitions of Constitutionalism in East Central Europe: Facing Past Human Rights Violations". *International Sociology*, 18, 199-202.

Stan, L. (2006). "The politics of memory in post-communist Europe: A camparative analysis". *Colloque Expériences et mémoire: partager en français la diversité du monde, Bucarest* (pp.

1-16).
Stan, L. (2009a). "Poland". In L. Stan (Ed.), *Transitional Justice in Eastern Europe and the Former Soviet Union: Reckoning with the communist past* (pp. 76-101). New York: Routledge.
Stan, L. (2009b). "Hungary." In L. Stan (Ed.), *Transitional Justice in Eastern Europe and the Former Soviet Union: Reckoning with the communist past* (pp. 102-127). New York: Routledge.
Stan, L. (2009c). "Romania". In L. Stan (Ed.), *Transitional Justice in Eastern Europe and the Former Soviet Union: Reckoning with the communist past* (pp. 128-151). New York: Routledge.
Szczerbiak, A. (2002). "Dealing with the Communist Past or the Politics of the Present? Lustration in Post-Communist Poland". *Europe-Asia Studies*, 54(4), 553-572.
Welsh, H. (1996). "Dealing with the Communist Past: Central and East European Experiences after 1990". *Europe-Asia Studies*, 48(3), 419-428.
Williams, K., Fowler, B., & Szczerbiak, A. (2005). "Explaining Lustration in Central Europe: A 'Post Communist Politics' Approach". *Democratization*, 12(1), 22-43.
Zákon 553/2002 z 19. augusta 2002 o sprístupnení dokumentov o činnosti bezpečnostných zložiek štátu 1939–1989 a o založení Ústavu pamäti národa a o doplnení niektorých zákonov (zákon o pamäti národa).
Zákon č. 279/1992 Sb., o některých dalších předpokladech pro výkon některých funkcí obsazovaných ustanovením nebo jmenováním příslušníků Policie České republiky a příslušníků Vězeňské služby České republiky.
Zákon č. 451/1991 Sb., kterým se stanoví některé další předpoklady pro výkon některých funkcí ve státních orgánech a organizacích České a Slovenské Federativní Republiky, České republiky a Slovenské republiky.

Time. "Spies Caught in the Web". http://www.time.com/time/magazine/article/0,9171,433236,00.html (검색일 2021. 10. 5.).

제3장 과거와의 단절, 미래로의 연결: 체제전환 이후 헝가리 역사 교과서의 내용 변화

이상협(1996). 헝가리사. 대한교과서.
정흥모(2001). 유럽체제전환기의 동유럽 국가연구. 오름.

Balassa, I., & Ortutay, G. (Eds.) (1979). *Magyar Néprajz*. Budapest: Corvina.
Bán, D. A., Dioszegi László.stb, (1995). *Magyrok kisebbségben és szórványban*. Budapest: Teleki László Allapitvány.

Dioszegi, I. (1983). *Hungarians in the Ballhausplatz: Studies on Austro-Hungarian Common Foreign Policy*. Budapest: Corvina Kiado.

Diószegi, V. (1968). "A honfoglaló magyarság hitvilágának történeti rétegei: A világfa". In *Népi kultúra-népi társadalom*, II-III. Budapest.

Galantai, J. (1985). *Der Osterreichisch-Ungarische Dualismus 1867-1918*. Budapest/Vienna: Corvina/OBV.

Galantai, J. (1989). *Hungary: In the first World War*. Budapest: Akademiai Kiado.

Glatz, F. & Melville, R. (1987). *Gesellschaft, Politik und Verwaltung in der Habasburger monarchie 1830-1918*. Budapest: Akademiai Kiado.

Gabor, G., & György, K. (1998). *Magyarország társadalomtörténete*. Budapset: Osiris Kiadó.

Hoppál, M. (Ed.) (1990). "Népszokás, Néphit, népi vallásosság". In *Magyar Néprajz, Folklór 3*. Budapest: Akadémiai Kiadó.

Kemény, G. G. (1946). *A magyar nemzetiségi kérés története I. resz A nemzetiségi kérés a törvények és tervezetek tükeren 1790-1918*. Budapest: .

Kontler, L. (1999). *Millennium in Central Europe: A History of Hungary*. Budapest: Atlantisz Publishing House.

Kósa, L. (1999). *Magyar művelődéstörténet*. Budapest: Osiris Kiadó.

May, J. A. (1968). *Hapsburg Monarchy 1867-1914*. New York: W.W. Nortorn & Co.

MDF, Új oktatás rendszernek a celja..beszélgetés nyoman, (Kossuth Rádio, 1989. 2. 11) 코슈뜨 라디오 인터뷰.

Mikszáth, K. (1887). *Club és folyosó*. Budapest: .

Ortutay, G. (1937). *Magyar népismeret*. Budapest: .

Ranki, G., & Pok, A. (1989). *Hungary and European civilization*. Budapest: Akdemiai Kiado.

Romsics, I. (2005). *Magyarszág története a XX. században*. Budapest: Osiris Kiadó.

Salmon, K. (1995). *Magyaország történelem 1914-1990*. Budapest: Nemzeti Tankönyv Kiadó.

Taylor, A. J. P. (1990). *A Habsburg Monarchia 1809-1918*. Budapest: Scolar Kiadó.

Tibor, K. (1985). *Magyar irodalom története*. Budapest: Kossuth Könyvkiadó.

Valuch, T. (1998). *Magyarország társadalomtörténete: A XX. század második felében*. Budapset: Osiris Kiadó.

제4장 불가리아의 공산체제에 대한 과거청산 과정

Еленков, К. (2009). "История на Народна Република България". *близкото минало, София*, 28-34.

Лаков, К. (2014). "Преходът, който не стана така, както бе замислен". *Институт за пазарна икономика*, 40-48.

Минчев, О. (2016). "Пазар, държава и общество. Към една нова стратегия на обществе на справедливост и солидарност". *Християнство и култура*, 61.

Ружа, С. (2009). Новите млади и новите медии, Институт „Отворено общество" София, 182-190.

Huber, P. (2007). "Regional Labour Market Developments inTransition: A Survey of the Empirical Literature". *The European Journal of Comparative Economics*, 4(2), 302-303.

Jacques, L. L. (1997). *The Enigma Of 1989: The USSR and the Liberation of Eastern Europe*. University of California Press.

Kalinova, E. (2002). *Bulgarskite prehodi 1939-2002*. Sofia: Paradigma.

OSCE/ODIHR International Observer Mission. (1997). "Bulgarian Parliamentary elections 19 April 1997". *OSCE/ODIHR International Observer Mission*, 4-18.

Secretariat Petitions (2012). "Direction générale des politiques internes de l'union".

Wolrd Bank (2018). "Bulgaria Data". https://data.worldbank.org/country/BG.

Ahtehn. "Преди 28 години Филип Димитров пада след вот на доверие". https://www.anteni.bg.

BG Haber. https://www.bghaber.org.

BG Now. http://www.bgnow.eu.

Blitz BG. https://blitz.bg/article/17862.

BNR. https://bnr.bg.

BTA. http://www.bta.bg.

BulgariaCA. http://www.bulgarica.com.

Bulgaria Parliamentary Assembly. https://assembly.coe.int/nw/xml/XRef/X2H-Xref-ViewHTML.asp?FileID=6918&lang=en.

DIR. https://dir.bg.

Epicenter. http://epicenter.bg.

НАРОДНО СЪБРАНИЕ НА РЕПУБЛИКА БЪЛГАРИЯ. https://www.parliament.bg/bg/19.

Libertarium Civil Association. "Банковият фалит на България". https://corruptionbg.com/Bankoviqt-falit-na-Bulgaria.

Novinite. https://www.novinite.com.

Open Society Institute Sofia. https://osis.bg.

Pamet. http://pametbg.com.

Prehoda. http://prehoda.bg.

Radio Bulgaria. https://bnr.bg/radiobulgaria/post/100594802/1998-g-todor-jivkov-kraatna-edin-diktator.
Refworld. https://www.refworld.org/docid/3ae6a800a.html
Secretariat Petitions. https://www.europarl.europa.eu/meetdocs/2004_2009/documents/lt/771/771732/771732bg.pdf.
Sofia Globe. https://sofiaglobe.com.
The Times UK. https://www.thetimes.co.uk/article/patriarch-maxim-lktcjq7dzhm.
UDF. https://old.sds.bg/about.
Wikimedia Commons. https://commons.wikimedia.org.
Youtube. https://www.youtube.com/watch?v=DvtORsty8zc.

제5장 유고슬라비아 체제전환의 특징과 국제사적 의미: NATO 전략 개념 변화를 중심으로

김철민(2004). 보스니아 역사: 무슬림을 중심으로. 한국외국어대학교출판부.
김철민(2005). "알바니아 민족주의 기원과 민족문제에 관한 연구: 코소보 내 민족분쟁을 사례로". 동유럽발칸학, 7(2), 472-449.
김철민(2016). "동유럽을 향한 NATO 동진정책과 러시아: 현황과 사례 분석을 중심으로". 동유럽발칸연구, 40(5), 91-126.
김철민(2018). "독립선언 10년, 코소보(Kosovo) 현황과 평화 정착을 향한 정치적 과제". https://www.emerics.org:446/issueDetail.es?systemcode=07&brdctsNo=241846&mid=a10200000000 (검색일 2021. 2. 16.).
김철민(2019). "NATO군 '희생자 기억의 날 20주기'에 비친 세르비아의 인식과 상반된 시각". https://www.emerics.org:446/issueDetail.es?systemcode=07&brdctsNo=263592&mid=a10200000000 (검색일 2021. 2. 15.).
김철민(2020a). "유고슬라비아 체제전환 배경과 기원 연구: '티토이즘' 붕괴와 '문화적 민족주의' 부활의 관점에서". 동유럽발칸연구, 44(2), 105-135.
김철민(2020b). 갈라진 민족, 발칸유럽 남슬라브족 이야기. 한국외국어대학교 지식출판원.
디트리히 가이어(1994). "역사적 관점에서 본 소련의 붕괴: 1917년과 1991년의 공통분모와 상이점". 한스-게오르기 벨링 편, 한종만 역, 새로운 러시아: 독립국가연합(pp. 42-53). 대륙연구소출판부.
손규석(2020). 코소보 분쟁: 1998-1999. 국방부 군사편찬연구소.
온대원(2012). "NATO의 신전략개념과 글로벌 파트너십". EU 연구, 31, 83-110.
이수형(2012). 북대서양조약기구(NATO): 이론, 역사, 쟁점. 서강대학교출판부.
이승근(1998). "유럽안보환경의 변화와 NATO의 확대". 국제정치논총, 38(2), 241-263.

이종광(2014). 유럽통합과 안보질서: '영구적 평화'를 위한 도전. 한국학술정보.

조지 프리드먼, 홍지수 역(2020). 다가오는 유럽의 위기와 지정학. 김앤김북스.

NATO office of Information & Press, 한용섭, 박희락 역(2007). NATO의 실상과 이해. 국방대학교 안보문제연구소.

Blagojević, M. (1993). "On the National Identity of the Serbs in the Middle Ages". In R. Samardžić & M. Duškov (Eds.), *Serbs in European Civilization* (pp. 20-31). Beograd: Nova; Serbian Academy of Sciences and Arts; Institute for Balkan Studies.

Brezinski, Z. (2009). "An agenda for NATO toward a Global Security Web". *Foreign Affairs*, 88(5), 2-20.

Bugajski, J. (1995). *Ethnic Politics in Eastern Europe*. New York and London: M.E, Sharpe.

Cohen, L. J., & Dragovic-Soso, J. (2007). *State Collapse in South-Eastern Europe: New Perspectives on Yugoslavia's Disintegration*. Purdue University.

Cross, S., & Vukadinović, R. (2013). "Shaping the Twenty-First Century International Security Community in South East Europe and Beyond: An Introduction". In S. Cross, S. Kentera, R. C. Nation, & R. Vukadinović (Eds.), *Shaping South East Europe's Security Community for the Twenty-First Century* (pp. 10-16). New York: Palgrave Macmillan.

Danas, D. (2021. 1. 23.). "Panika u Krajini: Martić naredio da puštaju na radiju četničke pjesme jer su ljudi počeli bježati". *Dalmacija Danas*. https://www.dalmacijadanas.hr/panika-u-krajini-martic-naredio-da-pustaju-na-radiju-cetnicke-pjesme-jer-su-ljudi-poceli-bjezati (검색일 2021. 1. 29.).

Donia, R., & Fine, J. V. A. (1994). *Bosnia and Hercegovina: A Tradition Betrayed*. New York: Columbia UP.

Final report of the United Nations Commission of Experts (1994. 5. 27.). "Study of the battle and siege of Sarajevo". https://web.archive.org/web/20010222115037/http://www.ess.uwe.ac.uk/comexpert/ANX/VI-01.htm (검색일 2021. 2. 8.).

Gagnon, V. P. (1994/1995). "Ethnic Nationalism and international conflict". *International Security*, 19(3), 130-166.

Harris, O. (1993). "The Collapse of the West". *Foreign Affairs*, 72(4), 41-53.

Johnson, R. E. (1989). "Yugoslavia: Projections". In R. F. Staar (Ed.), *United States-East European in the 1990s* (pp. 279-289). New York: Taylor & Francis New York Inc.

Larrabee, F. S. (1997). "Russia and Balkans: old themes and new challenges". V. Baranovsky (Ed.), *Russia and Europe: the Emerging Security Agenda* (pp. 389-402). Oxford: Oxford Univ. Press.

Malcom, N. (1998). *Kosovo: A Short History*. New York: New York Univ. Press.

NATO (2010. 11. 19.). "NATO adopts new Strategic Concept". https://www.nato.int/cps/en/

natolive/news_68172.htm (검색일 2021. 1. 5.).

NATO Summit (1999. 4. 23.). "The Washington Declaration". https://www.nato.int/docu/pr/1999/p99-063e.htm (검색일 2021. 1. 7.).

Petranović, B., & Zečević, M. (1988). *Jugoslavija 1918/1988: Tematska zbirka dokumenata*. Beograd: Rad.

Rabia, A., & Lifschultz, L. (Eds.) (1993). *Why Bosnia?* New York: The Pamphleteer's Press.

Wright, H. (2021. 1. 7.). "Court considering release of war criminals serving sentences in Estonia". *ERR News*. https://news.err.ee/1229674/court-considering-release-of-war-criminals-serving-sentences-in-estonia (검색일 2021. 1. 29.).

Zavalani, T. (1994). "Albanian Nationalism". In P. F. Sugar & I. J. Lederer (Eds.), *Nationalism in Eastern Europe* (pp. 55-92). Seattle and London: Univ. of Washington Press.

제6장　알바니아의 체제전환: 민주주의로의 험난한 여정

김종법(2016). "알바니아 난민사태 해결을 위한 EU와 이탈리아의 대응: 인도적 지원 사례를 중심으로". 문화와 정치, 3(1), 85-120.

김철민(2005). "알바니아 민족주의의 기원과 민족문제에 관한 연구: 코소보 내 민족분쟁을 사례로". 동유럽발칸학, 7(2), 449-472.

이명열(1989). "스탈린식 정치체제, 알바니아". 北韓, 160-166.

이태영(1991). "민주화루 치닫는 알바니아". 北韓, 113-120.

진승권(2009). "알바니아, 과거 · 억압 · 폐쇄 · 고집 현재 유럽 최빈국". 통일한국, 58-61.

Chiodi, L. (2012). "Mass migration: Student Protests and the Intelligentsia Popullore in the Albanian Transition to Democracy". *COSMOS Working Paper*, 1-37.

Gërxhani, K., & Schram, A. (2000). "Albanian political-economics: consquences of a clan culture". *LICOS Working Paper*, 1-22.

Grigorov, V. (2003). "Albania: Landmarks of transition". *International Centre for Minority Studies and Intercultural Relations Working Paper*, 1-21.

Jarvis, C. (2000). "The rise and fall of Albania's pyramid schemes". *Finance & Development*, 37(1). https://www.imf.org/external/pubs/ft/fandd/2000/03/jarvis.htm.

Jusulfi, I. (2017). "Albania's Transformation since 1997: Successes and Failures". CIRR, XXIII(77), 81-115.

Kume, V., & Llaci, S. (2000). "Albania, an ex-communist country during the transition period: Problems and challenges". *Journal for East European Management Studies*, 5(2),

103-129.

Lula, L. (2021). "Albania 30 years after the fall of the'The most radical communist regime: Has justice been restored?". https://www.institutegreatereurope.com/single-post/albania-30-years-after-the-fall-of-the-the-most-radical-communist-regime-has-justice-been-restored.

Muco, K., Avdulaj, J., & Ruspi, E. (2015). "Transition analysis and the economic development of Albania during the post-transition period." *European Scientific Journal*, 11(7), 575-587.

Muco, M. (1997). "Economic transition in Albania: political constraints and mentality barriers". *Working Paper*, University of Tirana, Albania, 1-83.

Musabelliu, M. (2021). "Albanian social briefing: Albanian society in thirty years: When transition becomes a system by definition". *China-CEE Institute*, 37(3), 1-4.

Nexhipi, A. (2019). "Issues on political transition in Albania". *Challenges of the Knowledge Society*, Administrative and Political Sciences, 1220-1233.

Papathimiu, S. (2012). "The demographic and economic development of Albania during and after the decline of Communist regime (1945~2010)". *Treballs de la Societat Catalana de Geografia*, 73, 101-118.

Schwandner-Sievers, S. (1999). "The Albanian Aromanians' Awakening: Identity Politics and Conflicts in Post-Communist Albania." *ECMI Working Paper*, 3, 1-21.

Tafili, N. (2015). "Consolidation of Democracy: Albania". http://www.jpinyu.com/wp-content/uploads/2015/01/consolidation-of-democracy-albania...najada-tafili1.pdf.

제7장 발틱 3국의 체제전환 이행과 과거청산

Bennich-Björkman, L. (2007). "The Cultural Roots of Estonia's Successful Transition: How Historical Legacies Shaped the 1990s". *East European Politics & Societies*, 21(2), 316-347.

Eduards, K. (2004). "Sweden's Support to the Transition of the Baltic Countries 1990-2003". *Swedish International Development Cooperation*, 1-26.

Gillies, J. et al. (2003). "Making a Successful Transition from a Command to a Market Economy: The Lessons from Estonia". *Corporate Governance An International Review*, 10(3), 175-186.

Hoag, J., & Mark, K. (1999). "Estonia in Transition". *Journal of Economic Issues*, 33(4),

919–931.

Hogan–Brun, G. et al. (2007). "Language Politics and Practices in the Baltic States". *Current Issues in Language Planning*, 8(4), 469–631.

Jasinskaja, T. (1996). "Baltic Russians in 1989–1995: Adaptation to a New State System". *Anthropological Journal on European Cultures*, 5(2), 97–110.

Kasemets, A. (2012). "The Long Transition to Good Governance: The Case of Estonia Looking at the changes in the governance regime and anticorruption policy". *European Research Centre for Anti–Corruption and State–Building, Working Paper*, 32, 1–69.

Kent, M. (2000). "The Baltics: Demographic Challenges and Independence". Population Reference Bureau. https://www.prb.org/resources/the–baltics–demographic–challenges–and–independence (검색일 2021. 6. 24.).

King, V. O. (2012). "Latvia's Unique Path Toward Independence. The Challenges Associated with th Transition from a Soviet Republic to an Independence State". *International Social Science Review*, 87(3/4), 127–154.

Kirch, A. (1992). "Russian as a Minority in Contemporary Baltic States". *Bulletin of Peace Proposal*, 23(2), 205–212.

Krupavicius, A. (1998). "The Post–Communist Transition and Institutionalization of the Lithuania's Party". *Political Studies*, Vol. 46, 1–30.

Kumar, M. A. (2017). "Democratic Transition and Institutionalization of Party System in Estonia, 1991–2001". *International Journal of Research in Humanities, Arts and Literature*, 5(6), 21–36.

Kupatadze, A. (2016). "Accounting for diverging paths in most similar cases: Corruption in Baltics and Caucasus". *Crime Law Soc Change*, 67, 187–208.

Laar, M. (2008). "Leading a Successful Transition: The Estonian Miracle". *European View*, 7, 67-74.

Martinsons, M. G., & Valdemars, K. (1992). "Post-Soviet Reform in Latvia: Early Progress and Future Prospects". *Journal of Economic Studies*, 19(6), 33–53.

Mygind, N. (1997). "Different Paths of Transition in The Baltics". *Copenhagen Business School*, 1–34.

Nekrasas, E. (1998). "Is Lithuania a Northern of Central european country?". 1–19.

Nørgaard, O. (1992). "The Political Economy of Transition in Post–Socialist Systems: The Case of the Baltic States". *Scandinavian Political Studies*, Bind 15, 41–58.

Pridham, G. (2009). "Post–Soviet Latvia – A Consolidated or Defective Democracy? The Interaction between Domestic and European Trajectories". University of Bristol, 1–17.

Raun, T. U. (2000). "The Baltic States After the Collapse of the Soviet Union". *Hungarian Studies*, 14(2), 275–284.

Samonis, V. (1995). "Transforming the Lithuanian Economy: from Moscow to Vilnius and from Plan to Market". *Center for Social & Economic Research*, 1–36.

Smirnov, V. A. (2020). "The Transformation of the Baltic Countries' Political Elites: General and Specific Features". *Baltic Region*, 12(3), 26–39.

Valodzkin, A. A. (2019). "Russia in the Baltic States' Foreign Policy in 1990s: Conceptual Analysis". *Journal of the Belarusian State University. International Relations*, 1, 22–27.

Vilpišauskas, R. (2014). "Lithuania's Double Transition after the Re–establishment of Independence in 1990: Coping with Uncertainty Domestically and Externally". *Oxford Review of Economic Policy*, 30(2), 223–236.

제8장 우크라이나의 체제전환과 사유화

Acemoglu, D. (2008). "Oligarchic versus Democratic Societies". *Journal of the European Association*, 6(1).

Åslund, A. (2009). *How Ukraine Became a Market Economy and Democracy*. Washington, DC: Peterson Institute for International Economics.

Åslund, A., & McFaul, M. (Eds.) (2006). *Revolution in Orange: The Origins of Ukraine's Democratic Breakthrough*. Washington, D.C.: Carnegie Endowment for International Peace.

Balabushko, O. (2008). "Crony Capitalism in Ukraine: Relationship between Political Connectedness and Firms' Performance". *Policy Research Working Paper 8471*. World Bank.

Bedratenko, O. (2018). "Ukraine Is Serious about Privatization This Time". https://www.atlanticcouncil.org/blogs/ukrainealert/ukraine–is–serious–about– privatization–this–time.

European Commission (2018). "Macrofinancial Assistance to Ukraine of up to EUR 1 billion: Memorandum of Understanding between the European Union as Lender and Ukraine as Borrower". https://ec.europa.eu/info/sites/info/files/economyfinance/mou_protocol_versi on_eu.pdf (검색일 2021. 11. 5.).

IMF (2014). *World Economic Outlook*. Washington, DC: IMF.

IMF (2020). "Ukraine: Request for Stand–by Arrangement–Press Release; Staff Report; and Statement by the Executive Director for Ukraine". https://www.imf.org/en/

Publications/CR/Issues/2020/06/10/Ukraine-Request- for-Stand-byArrangement-Press-Release-Staff-Report-and-Statement-by-the-49501 (검색일 2021. 11. 5.).

IMF (2021). *World Economic Outlook 2021*. Washington, DC: International Monetary Fund.

IMF & EBRD (2019). "Reassessing the Role of State-Owned Enterprises in Central, Eastern, and Southeastern Europe". https://www.ebrd.com/what-we-do/economic-researchand-data/state-owned- enterprises.html (검색일 2021. 11. 2.).

MDETA (2019). "Top 100 state-owned companies earned profit in the amount of USD 21.5 billion in the first half of 2018, Ministry for the Development of Economy, Trade and Agricutlure". https://me.gov.ua/News/Detail?lang=en-GB&id=44187d17-f5c6-4e3b-933b7fd89 5c218ec&title=Top100-StateownedCompaniesEarnedProfitInTheAmountOfUsd21-5-BillionInTheFirstHalfOf2018 (검색일 2021. 11. 2.).

OECD (2019). "State-Owned Enterprise Reform in the Hydrocarbons Sector in Ukraine". http://www.oecd.org/corporate/SOE-Reform-in-the-Hydrocarbons-Sector-inUkraine-ENG.pdf (검색일 2021. 11. 5.).

OECD (2020). "Monitoring the Implementation of Ukraine's SME Development Strategy 2017-2020". https://www.oecd.org/eurasia/competitiveness-programme/easternpartners/M onitoring-themplementation-of-Ukraine%E2%80%99s-SME-DevelopmentStrategy -2017-2020 -ENG.pdf (검색일 2021. 11. 2.).

OECD (2021). "OECD Review of the Corporate Governance of State-Owned Enterprises UKRAINE".

Paskhaver, A. (2000). "Privatization in Ukraine: Preliminary Conclusions." *The Ukrainian Economic Monitor*, 1.

Roland, G. (2000). *Transition and Economics: Politics, Markets, and Firms*. Massachusetts: The MIT Press.

Rumer, E. B. (1994). "Eurasia Letter: Will Ukraine Return to Russia?". *Foreign Policy*, 96.

Talakh, V. (2020). "Enterprises under Public Ownership and Competition: an Overview of Problems in Ukraine". http://www.oecd.org/daf/competition/oecd-gvhnewsletter15-july2020-en.pdf (검색일 2021. 11. 2.).

Ukrinform (2020). "Only 300 enterprises should remain in state ownership - Shmyhal, Ukrinform, 2020". https://www.ukrinform.net/rubric-economy/3080087-only-300-enterprises-sh ould-remain- instate-management-shmyhal.html (검색일 2021. 11. 8.).

United Nations Economic Commission for Europe (2000). *Economic Survey of Europe*, 1. New York: UNECE.

Yekhanurov, Y. (2000). "The Progress of Privatization". In A. Aslund & G. de Ménil (Eds.), *Economic Reform in Ukraine: the Unfinished Agenda*. New York: M. E. Sharpe.

Zubkova, D. (2021). "Naftogaz Plans To Bring Company To IPO In 2025". *UkraNews*. https://ukranews.com/en/news/757451-naftogaz-plans-to-bring-company-to-ipo-in-2025 (검색일 2021. 11. 8.).

26 примеров системной коррупции в Украине. https://project.liga.net/projects/corruption_schemes (검색일 2021. 10. 30.).

Верховна Рада України. Державна програма приватизації на 1992. No. 2545-XII, July, 7, 1992, "Про приватизацію державного майна," Документ2163-XII, втратив чинність, поточна редакція- Втрата чинності від 07.03.2018, підстава- 2269-VIII. https://zakon.rada.gov.ua/laws/show/2163-12/ed20180307?lang=uk#Text (검색일 2021. 10. 30.).

Верховна Рада України, Проект Закону про внесення зміни до розділу V "Прикінцеві та перехі дніположення "Закону України "Про приватизацію державного і комунального майна" щодо приватизації об 'єктів великої при ватизації, 2021. http://w1.c1.rada.gov.ua/pls/zweb2/webproc4_1?pf3511=70747 (검색일 2021. 11. 8.).

Григорьев, Л., Агибалов, С., & Салихов, М. (2009). "Украина: раздвоениетранс формации". *Вопросы экономики*, 3, 125-142.

Кабінет Міністрів України, Про передачу цілісного майнового комплексу державного підприємства "Національна енергетична компанія "Укренерго" досфери управління Міністерства фінансів, No. 1000-р, 2018. https://zakon.rada.gov.ua/rada/show/1001-2018-%D1%80#Text.

Кабінет Міністрів України, 2019, Питання управління акціонерним товариством "Магістральні газопроводи України", No. 791-р, 2019. https://www.kmu.gov.ua/npas/pitannya-upravlinnya-akcionernim-tovaristvom -magistralni-gazoprovodi-ukrayini-791180919 (검색일 2021. 11. 2.).

Кабінет Міністрів України, Деякі питання управління об 'єктами державної власності, No. 50-р, 2021. https://zakon.rada.gov.ua/laws/show/50-2021-%D1%80#Text (검색일 2021. 11. 2.).

Про приватизацію державного і комунального майна. https://zakon.rada.gov.ua/laws/show/2269-19#Text (검색일 2021. 11. 8.).

Сторчак Юрий Анатольевич (2018). *Русскийразлом*. Москва: ИД. Аргументынедели.

112UA (2018). "Khoroshkovsky was real beneficiary of EPIC during Ukrtelecom privatization-

SCM". https://112.international/finance/khoroshkovsky-was-real-beneficiary-of-epic-during-ukrtelecom-privatization—scm-24922.html (검색일 2021. 10. 30.).
NBC News. "Mittal Steel buys Ukraine plant for $4.8 billion". https://www.nbcnews.com/id/wbna9801877 (검색일 2021. 10. 30.).